应急管理理论与实务

应急管理中的统计技术研究与应用

Research and Application on the Statistic Technique in Emergency Management

王斌会　汪志红　廖远强　著

暨南大学出版社
JINAN UNIVERSITY PRESS

中国·广州

图书在版编目（CIP）数据

应急管理中的统计技术研究与应用/王斌会，汪志红，廖远强著.—广州：暨南大学出版社，2013.6
（应急管理理论与实务）
ISBN 978-7-5668-0526-3

Ⅰ.①应… Ⅱ.①王… ②汪…③廖… Ⅲ.①突发事件—公共管理—统计技术—研究 Ⅳ.①D035

中国版本图书馆CIP数据核字（2013）第062236号

出版发行：暨南大学出版社

地　址：中国广州暨南大学
电　话：总编室（8620）85221601
营销部（8620）85225284　85228291　85228292（邮购）
传　真：（8620）85221583（办公室）　85223774（营销部）
邮　编：510630
网　址：http：//www.jnupress.com　http：//press.jnu.edu.cn

排　版：广州市天河星辰文化发展部照排中心
印　刷：佛山市浩文彩色印刷有限公司

开　本：787mm×960mm　1/16
印　张：15.25
字　数：294千
版　次：2013年6月第1版
印　次：2013年6月第1次

定　价：32.00元

总 序

中国正处在社会转型与体制转轨、机遇与风险并存的高风险期，社会的急速变化加上各种自然灾害与人为事故纠结在一起，公共危机问题被迅速地集中和放大，蕴涵着各类不可忽视的风险。金融、环境、信息、流行疾病、民族分裂主义、自然灾害等诸多非传统安全危机已成为威胁国家安全的组成部分，这些非传统安全危机深刻地考验着中国政府的执政能力。面对非传统安全危机，加强执政能力建设，趋利避害、化解风险已成为中国政府长期面临的重要课题。从2006年1月国务院颁布《国家突发公共事件总体应急预案》起，就意味着战略性地应对公共危机已提升至国家高度。

"突发公共事件"是指突然发生的，造成或者可能造成重大人员伤亡、财产损失、生态环境破坏或严重社会危害、危及公共安全的紧急事件。随着世界各国社会经济的快速发展，各类突发公共事件的危害日益凸显。突发公共事件主要分为自然灾害、事故灾难、公共卫生事件、社会安全事件四类；按照其性质、严重程度、可控性和影响范围等因素分成四级，特别重大的是Ⅰ级，重大的是Ⅱ级，较大的是Ⅲ级，一般的是Ⅳ级。一国政府应对突发公共事件的能力已经成为评价其执政、施政能力的一个重要绩效标准。

北京大学丁元竹教授曾把中国社会的风险归结为十个方面：就业问题、三农问题、金融问题、贫富差距、生态与资源问题、台湾问题、全球化问题、国内治理危机、信心和诚信问题、艾滋病和公共卫生问题。

这些风险是当代发展中国家走现代化、城市化荆棘之路的共性，也是正在进行追赶型、跨越式发展的中国社会不得不面对与思考的问题。能源安全、环境安全、生态安全、金融安全、网络安全、信息安全、卫生安全、文化安全等涉及社会生活的多个领域，具有隐蔽性、危险性、突发性和非确定性的特点。21世纪以来，各种自然灾害、事故灾难、公共卫生事件、社会安全事件等的频频发生，往往使国家遭受重大损失。研究社会转型期各类重大的突发公共事件和社会经济风险，以及自然条件状态下的各种自然灾害和次生灾害所带来的应急管理问题，提高突发公共事件应急管理能力成为政府不可回避且亟待解决的现实课题。

中央综治办主任陈冀平曾指出，从目前的社会形势看，新的社会矛盾将不断产生，原有的一些社会矛盾可能随之凸显，并呈现出经济领域的新矛盾与其他领域的矛盾相互影响、相互作用的局面。这主要表现为涉及农村土地征用、城镇房屋拆迁、国有企业改革、部分军队退役人员安置等方面的信访问题已十分突出，非法集资、股市房市受损、高校毕业生就业、医疗、养老、环境污染、城市公共服务与管理等诱发群体性事件的因素也正在增多。由经济纠纷引发的暴力讨债、绑架、哄抢等“民转刑”案件可能更加频繁，流动人口犯罪、多发性侵权犯罪和非法集资等涉众型经济犯罪可能更加明显，城市社会治安问题向农村蔓延扩散的趋势可能更加突出，尤其是个人极端事件有可能进一步增多，治安问题的敏感性将会进一步增强，一起普通的刑事案件或治安案件有可能转变为社会热点问题，甚至可能诱发其他矛盾和问题。

近50年来，世界经济发展步伐加快，在石化能源体系支撑下形成了如火电、石化、钢铁、建材、有色金属等高碳工业群，并由此衍生出汽车、船舶、航空、机械、电子、化工、建筑等行业。气候变化主要是由于人为活动排放的二氧化碳、甲烷、氧化亚氮等温室气体造成的。全球变暖的后果是冰川融化、海平面上升、生态系统退化和自然灾害频发。从企业应急管理和经营发展的长远角度来看，企业外部市场变幻莫测，内部管理与控制日趋复杂。外部风险包括市场风险、竞争风险；内部风险则包括品牌风险、战略风险、文化风险、团队风险、领导人风险、财税风险、舆论风险、法律风险和技术风险等。

马凯在《求是》杂志中撰文指出，我国正处于工业化、城镇化快速发展时期，各种传统的和非传统的、自然的和社会的风险、矛盾交织并存，公共安全和应急管理工作面临的形势更加严峻。归纳起来，应急管理面临的态势包括四个方面：一是自然灾害处于频发期。我国是世界上自然灾害最为严重的国家之一，灾害往往具有种类多、分布地域广、发生频率高、造成损失重等特点。特别是近年来，极端气候事件频发，中、强地震呈活跃态势，自然灾害及其衍生、次生灾害的突发性和危害性进一步加剧。二是安全生产形势严峻。我国经济发展较快，能源、资源、运输供给长期偏紧，再加上安全生产基础薄弱，一些地方和企业责任不落实、监管不到位，生产安全事故发生率居高不下，重、特大事故时有发生。三是公共卫生事件防控难度增大。公共卫生事件的诱因和影响都呈较强的国际性特点，全球新发的三十多种传染病已有半数在我国出现，重、特大疫情和群体性不明原因疾病时有发生。随着人口流动量的加大和流动速度的加快，疾病的防控难度加大，造成的损失更加严重。而在食品、药品生产经营中市场秩序混乱、源头污染严重、监管力量薄弱等问题尚未得到根本解决。四是社会安全面临新的挑战。我国改革发展进入关键阶段，各种利益关系错综复杂，国家安全面临的形势更加严峻，维护社会稳定的任务更加艰巨。对当前国际金融危机造成的重大影响和可能引发的各类突发公共事件，我们要有充分的准备。

2008年3月14日，少数不法分子在西藏拉萨制造了打砸抢烧暴力事件，烧死或杀死藏汉群众18人，给当地人民群众生命和财产安全造成重大损失。2009年乌鲁木齐“7·5”打砸抢烧严重暴力犯罪事件又造成197人死亡，其中绝大多数是无辜群众。后面这场打砸抢烧暴力事件的发生，是由以热比娅为首的境外敌对势力和境内极少数不法之徒极力炒作广东韶关旭日玩具厂群殴事件，把一起一般的治安案件渲染成民族事件，进而极力煽动民族仇恨所致的。2010年春节期间，山西省的晋中、太原、吕梁、长治、晋城、阳泉等地区到处都是地震将发的谣言，一场大规模的群众恐慌在山西蔓延。2010年2月20日晚至21日凌晨，许多山西人离家，躲避在广场、公园等地，夜不归宿，甚至开车逃往外乡。许多山西人在户外度过了一个不眠之夜。造谣人利用网络传播大地震谣言，而政府机构最初也处于一片迷乱中，直到21日早晨，山西省政府及各地区地震部门通过媒体及移动通信转达了政府公告，称群众的这次避震行动为谣言所惑，要广大群众安心。此类民生事件实则是2007年哈尔滨水污染事件中短信传播哈尔滨要发生大地震的翻版。非常事件与突发事件应该由民调机构和覆盖面广的大众媒体联合发布，以正视听。

应急管理是指政府及其他公共机构在对突发公共事件的事前预防、事发应对、事中处置和善后管理过程中，通过建立必要的应急机制，采取一系列必要的应急措施，以保障公众生命和财产安全，促进社会和谐、健康发展的有关活动。美国佐治亚州州立大学著名应急管理学家威廉·L.沃认为：“应急管理就是对风险进行管理，以使社会能够与环境或技术危险要素共存，并应对环境、技术危险要素所导致的灾害。”应急管理是对突发公共事件的全过程管理，根据突发公共事件的预警、发生、缓解和善后四个发展阶段，可分为预测预警、识别控制、紧急处置和善后管理四个过程。应急管理又是一个动态管理，包括预防、准备、响应和恢复四个部分，均体现在管理突发公共事件的各个阶段。

应急管理是一个完整的系统工程，可以概括为“一案三制”，即突发公共事件应急预案，应急机制、体制和法制。以政府应急管理为主线，围绕政府应急管理决策、技术管理、社会动员与响应机制等层次展开研究，达到在紧急状态下各行为主体凝聚人心、从容应对、缓解危机、减少缺失的效果。政府危机管理即政府在公共危机事件发生之前、发展过程之中和后危机时期，为减少和消除危机造成的危害和损失，根据危机管理计划和程序而对危机直接采取的对策及管理措施。它是在政府常态型危机管理基础上紧急状态的管理。各种信息资源、物质资源、人力资源如何高效配置与有效运作，如何防止灾害的蔓延与次生灾害的扩大等均是政府应急管理在紧急状态下需要解决的关键问题。我国正处于经济体制和经济增长方式双重转轨的特殊时期，存在着诱发公共危机的潜在性制度及非制度因素。高度重视公共危机管理、建立公共危机的预警机制和政府干预公共危机体系尤为必要。应急管理的基础是常规性政府危机管理，只有基础工作常抓不懈，才能在紧急状态下临危不乱。

发达国家十分重视对突发公共事件应急管理的研究，其研究范围覆盖了灾害或危机产生、发展、消亡的整个过程。日本是较早开展城市应急管理研究的国家，研究的领域和能力不断拓展，研究的水平位于世界前列。美国也在“9·11”事件发生后，组建了部级的美国国土安全部（DHS），此部门的设立标志着美国国家级突发公共事件应急管理体系从“综合应急管理”提升到“国家安全应急管理”的高度。相关国际组织也非常重视突发公共事件应急管理。联合国第二届世界减灾大会发表的《兵库宣言》要求各国将防灾减灾、保障国民生命和财产安全“作为国家的第一责任”，并将“确保减灾成为各国政府部门的工作重心之一”列为《兵库行动框架》（2005—2015 年）提出的五个行动重点之一。世界各国的政府部门、学术团体和专门机构已经开始从事各种针对突发事件的预防、监测、预报、识别、测定、控制、应急预案制定、事发时的快速反应及救灾、灾后的快速评估与重建的研究。

美国的乔治华盛顿大学、马里兰大学、北达科塔州立大学和加拿大的尼加拉瓜学院等高校，在该领域均有较为系统的研究，包括危机与应急管理，流行病及预防医学，危机和应急管理中的信息技术、自然、技术危害以及恐怖袭击之风险管理，大规模恐怖行动的预防和反应之危机管理，灾后重建以及组织持续之减灾管理，健康与医疗应急管理等各个方面。上述研究系统地为政府层面与技术层面的公共危机与应急管理技术提供了强有力的理论指导。

公共危机与突发事件已成为构建和谐社会和可持续发展的重要隐患，如何有效应对突发事件、妥善预防和处理危机越来越多地引起社会各界的高度重视。2006 年 1 月国务院颁布《国家突发公共事件总体应急预案》，标志着从战略上应对公共危机已被提升至国家高度。中央进一步明确提出，要建立健全社会预警体系，提高保障公共安全和处置突发事件的能力。2007 年 8 月，全国人大常委会通过了《中华人民共和国突发事件应对法》。汪永清、莫于川、韩大元等学者对该法进行了阐释。另一些学者，如徐高、莫纪宏等，则比较系统地研究了国外针对处理紧急状态下的法律制度。目前，我国的应急管理研究基本上处于以介绍国外经验，对其存在的问题及对策等事实进行描述和提出对策措施为主的阶段，而对法理以及制度比较的研究尚欠深入，难以为应急管理的依法施行提供充分的理论支持。另外，对危机处理研究较多，对事后重建和救济研究较少，不利于达到依法规范政府行政行为、缓解公众利益和私人利益的矛盾、维护社会稳定的目的。

关于灾害及突发公共事件应急工程的研究，国内外已经积累了大量的研究成果。从第一个应急管理国际组织——国际应急管理工程协会诞生之日起，各类研究成果层出不穷。这些成果几乎囊括了火灾、地震、矿井塌陷、核泄漏事故等各个领域的灾害。我国从20世纪80年代末开始新增了许多研究学报和学术期刊，如《自然灾害学报》、《环境污染与防治》、《环境卫生工程》、《中国环境管理》、《中国减灾》等，针对我国自然灾害以及事故灾难的防灾减灾研究已经较为深入。目前国内较为集中的研究主要体现在城市灾害应急与管理，区域应急管理实务预案、演练及绩效，突发事件应急管理，现代城市公共安全应急管理，领导干部预防和处置突发公共事件实用指南与案例分析，公共危机与管理，国家与政府的危机管理，灾难性事故与事件应急处置，城市安全学，政府应急管理实务，中央和大城市政府应急机制建设，灾害应急处置与综合减灾，地震应急等领域。

政府应急管理和企业应急管理均需要建立应急管理综合平台和预案，运筹帷幄才能在非常态情境下保持临危不乱。但无论是国内还是国外，对于突发公共事件的研究普遍侧重于对技术和具体方法应用的应急工程研究，并形成了一类特殊管理理论与方法——应急管理，而蕴涵其中的基础科学问题研究并没有得到广泛关注。这样就构成了面向突发公共事件的应急管理和应急工程两个模块紧密结合、相辅相成的研究层面。其中，应急管理中的科学问题研究是应急工程问题研究的基础，而后者又是在前者指导下的实践。

暨南大学应急管理研究中心系广东省教育厅重点人文社科研究基地，本着潜心应急管理科学研究、服务地方经济的宗旨，建立“机构开放、人员流动、内外联合、竞争创新、产学研一体化”的运行机制，形成一支高水平、高效率、出高质量成果的研究人员队伍，力图将本中心建设成为科研中心和信息中心。研究中心以培养一批优秀的科研人才为目标，在2013年度将资助部分专著的出版。

暨南大学应急管理研究中心

2013年6月

前　言

当前，我国正处于社会转型和突发事件高发的时期，因此，为了维护社会稳定，保障人民群众的生命财产安全，我们急需对突发事件的风险、应急能力以及预测预警技术进行全面、系统的研究。在应对突发事件的各类研究中，人们更多的是从管理层面上进行研究，提出了许多新的管理理念和措施，而常常忽视对获取决策依据的研究方法的研究。诚然，有效的管理方式是应对突发事件的重要手段，但一个优秀的管理或决策方案总是需要大量科学的决策依据。因此，决策者的决策依据也是不可小觑的，它与决策者的管理手段同样重要，没有丰富的决策依据，决策者的决策只是空谈。科学的决策依据需要通过各学科理论知识和方法的综合研究才能得到。有鉴于此，本书将在前人研究的基础上，以广东省突发事件为研究对象，从统计学角度，对突发事件风险评估、应急能力评价与预测预警方法进行综合研究，以期为管理决策者提供更丰富、更有效的决策依据。全书总共分 9 章，主要介绍了以下几个方面的内容：

（1）介绍了全书的研究背景、意义，设计了全书研究技术路线，指出了本书的特点。

（2）研究突发事件的内涵与特点，收集整理了当前应用在突发事件风险评估、应急能力评价以及预测预警方面的各类统计方法，并对各类方法进行介绍和评述。

（3）研究突发事件应急技术中数据库的构建过程，对广东省应急中心建立的相关数据库的建设状况进行介绍和评述。

（4）研究突发事件风险评估过程和风险识别方法；设计了基于坎蒂雷法与 G_1 法的主、客观指标组合赋权法；研究突发事件分类、评级的主、客观评价方法，并对广东省雷电灾害风险指数进行分类、评级评估比较研究，结合 GIS 技术对评估结果进行了区划显示。

（5）从统计学视角研究了极端突发事件的灾害演化机制与应急策略，采用极值理论、广义 Lambda 分布、马尔可夫链蒙特卡罗模拟技术和广义非线性回归方法，对广东省台风灾害的影响因素进行了分析。

（6）运用空间点过程、空间核密度估计方法和马尔可夫链蒙特卡罗模拟技术模拟西北太平洋热带气旋生成路径，并验证其合理性。结合该模拟过程，对广东省21个地级市热带气旋风险评估进行分析，确定其风速重现期和重现水平，并根据模拟数据绘制出大比例极端风速风险图。

（7）研究突发事件应急能力发展过程和应急能力系统指标体系构建过程，结合Logistic曲线的特点，提出基于Logistic曲线的城市应急能力发展过程和基于Logistic隶属函数的城市应急能力发展现状评价模型，并对广州市火灾应急能力发展现状与趋势进行评价。

（8）研究突发事件预测预警过程，结合监测数据特点，设计长期、短期随机时间序列预测模型，运用短期随机时间序列模型对广东省雷电灾害指数进行了预测。结合GIS技术，综合风险指数评价结果与预测结果，对广东省雷电灾害进行了整体评价和区划显示。

（9）从科学研究与实用性角度，设计突发事件应急管理信息系统，为应急工作提供了丰富的研究经验与实用的研究工具。

本书由王斌会、汪志红和廖远强共同编写，其中第1、2、3、4、7、8、9章由汪志红和王斌会编写，第5、6章由廖远强和王斌会编写，全书由王斌会和汪志红统稿。

本书是国内第一部关于应急管理和综合评价方面的统计分析专著，由暨南大学应急管理研究中心资助出版，本研究同为“广东省突发事件应急信息技术研究中心”研究成果、广东省教育部产学研结合项目（编号：2011A090200044）。

由于作者知识和水平有限，书中难免有错误和不足之处，恳请读者批评指正！

王斌会

2013年5月于暨南园

目 录

1 绪论

1.1 研究背景

人类文明的发展进程始终伴随着各种突发事件，早期的突发事件主要有自然灾害、瘟疫流行、部族攻击、群体暴动等，近期的如工业革命后新出现的技术事故、环境灾难以及当今全球化背景下的恐怖袭击，可以说突发事件是人类文明进步的影子。无论社会如何发展，突发事件都不可能彻底离开社会这个大家庭。现在的突发事件与以前的相比，除了传统的形式之外，还增添了许多由工业化与全球化引起的新型突发事件。为了更好地预防与应对突发事件，我们应该正确地看待我国在当前这个特殊时期所发生的突发事件。

从社会发展的各个角度来看，我国正处于突发事件的高发时期，而且在未来相当长的一段时期内，我国都将面临着突发事件所带来的严峻考验[1]。具体可以从以下几个角度来看待我国突发事件的发展现状：

（1）从自然角度来看，我国自然灾害种类多，随着自然环境的恶化，灾害发生频率不断增加，灾害损失也相当严重。据相关报道称，我国是世界上受自然灾害影响最为严重的国家之一。在我国，每年有2亿左右（约占全国人口的1/6）的人口受到各类自然灾害的影响，遭受的经济损失超过千亿元。我国所处的地理环境是自然灾害频繁发生的主要因素，据统计，我国有半数以上的人口、75%以上的工农业生产值、70%以上的大城市分布在海洋、洪水和地震等灾害严重的沿海和东部地区。另外，我国的自然灾害还有一定的社会性，随着社会进步与经济建设的不断发展，自然灾害造成的损失也在逐步增加。

（2）从社会角度来看，我国目前正处于经济社会发展的矛盾凸显期和关键发展期。一些值得重视的新问题和新矛盾往往会在人民内部出现，如果对这些问题处置不当，则有可能导致社会危机的发生。此外，国际政治、经济格局的最新变化使得国际间的冲突和危机显示出新的特点，如“9·11”事件凸显了国际恐怖主义的威胁力量。

（3）从工业发展角度来看，随着我国工业化的高速发展，许多地区自然环境破坏较为严重，潜在的危机随时可能爆发。另外，自新中国成立以来，我国进行了大量的基础设施建设，这些基础设施年代久远，老化比较严重，加上缺乏及时的维护和更新，使得这些基础设施变成一个个安全隐患，也成为一个个定时炸弹，随时需要我们去预防和消除。

广东省作为全国改革开放的前沿，将面临更多突发事件的威胁，如2003年的“非典”、2008年的“特大雪灾”，还有每年都有可能发生的洪涝灾害、台风和雷电灾害等。作为我国突发事件预警信息发布系统的试点，广东省对突发事件预警信息发布系统建设进行了大胆探索、积极实践，取得了可喜的成绩，如建立了广东省应急中心、暨南大学成立了我国第一个应急管理学院等。但我们必须清醒地认识到我们的不足，先进的管理理念、高效的指挥调度、完善的信息平台、顺畅的物资供应和全面的社会动员是保证广东省应急应对能力的关键，只有提高以上各方面的能力，才能使广东省的应急管理工作跨入新的高度，进而更好地建设和谐广东。

1.2　研究意义

我国每年因自然灾害、事故灾难、公共卫生和社会安全等突发事件造成的损失是巨大的。据统计，突发事件引起的非正常死亡人数超过20万，伤残人数超过200万，经济损失超过6 000亿元人民币。

面对层出不穷的突发事件和如此重大的损失，我们该如何科学应对、妥善处理？如何最大限度地减少国家和人民的生命财产损失？如何使这些突发事件不阻碍我国经济发展、不危害国家安全和社会稳定？这是我国中央政府和地方政府必须面对的问题，也是对政府应急管理能力提出的考验，是我国突发事件应急管理工作者必须思考和研究的问题。

当前，虽然广东省的经济社会整体上处于平稳有序的发展态势，但也要清醒地认识到这其中仍然存在一些不稳定、不和谐、不安全的因素。由于经济体制的变革、社会结构的调整、利益格局的变动更新、思想观念的深刻变化，使得社会不稳定的诱因不断增加，具体表现在以下几个方面：

（1）各种原因引发的群体性事件逐年增多。如2008年，由于受国际金融海啸的影响，劳资纠纷群体性事件增多，广东省经济发展面临严峻的考验。因此，广东省要把预防措施做在前面，极大地增强这方面的防范意识。

（2）经常发生安全生产事故。如2005年兴宁矿难、汕尾“12·6”红海湾事件，2007年“6·15”九江大桥坍塌事故等突发事件。据国务院安全生产委员会办公室公布的《2009年1—9月份全国安全生产控制指标实施情况》显示，全国各类事故死亡人数为56 267人，占全年控制指标的62.6%，其中，各类事故死亡人数最高的省份是广东省，为5 102人，占全年控制指标的63.3%。

（3）公共卫生领域中各类食品卫生安全问题和流行性传染疾病的威胁依然存在。如2006年高致病性禽流感疫情、2009年的甲型H1N1流感，这些突发事件在某种程度上影响了广东省的经济发展，同时也影响了整个社会的和谐稳定。

（4）洪、涝、旱、台风和雷电等自然灾害频发。广东省历来是洪、涝、旱、台风、雷电和地质等自然灾害频发地区，几乎每年都会发生洪涝灾害、台风和雷电灾害。据资料显示，广东省在1993—1997年间因各种自然灾害所造成的直接经济损失平均每年达180亿元，约占广东省国民生产总值年增长的20%；据2009年5月10日《南方日报》报道，近年来，广东省每年因自然灾害导致的直接经济损失多达190亿元。

为了预防这些突发事件，减少损害，保障人民群众的生命财产安全，急需开展广东省突发事件风险评估及预测预警系统的研究工作，进而建立健全突发事件应急机制，提高应对突发事件的能力，最大限度地预防和减少突发事件造成的损失，维护社会的稳定，促进经济发展。而要真正做到对突发事件的发生防范得早、指挥得好、控制得住，需要我们对广东省突发事件风险预警机制的内容、应用模型、评价与处理等方面进行研究，为广东省建立一套比较完善的突发事件风险预警机制，为决策者提供科学的参考资料，把风险的预警整合到应急管理的日常监督管理中。

本书将从突发事件风险预警机制的应用模型着手，从统计学角度对突发事件的一些统计技术进行研究，为完善我国的应急管理机制提供方法和模型的支持。

1.3 研究目标

在深入研究突发事件应急管理中的统计技术的基础上，结合理论研究和综合实践，充分利用现有资料和国内外研究成果，从突发事件的风险评估、应急能力评价与预测预警决策等方面进行理论研究，以提高其风险评估、应急能力评价与预测预警决策的能力。具体研究目标如下：

（1）阐述突发事件的定义、特点，国内外的研究现状，指出当前广东省乃至全国研究突发事件应急技术的必要性与迫切性。

（2）根据突发事件风险评估过程，设计突发事件风险评估主观和客观的风险分类、评级评价模型，运用该模型对广东省雷电灾害风险指数评价进行实证研究，对广东省各城市的雷电灾害风险指数分布状况进行区划显示。

（3）针对当前风险评估区域过大，对作为承载体的复杂社会系统研究较少，极端突发事件观测数据不足的现状，采用随机模拟方法来克服数据不足的问题，有针对性地引入各种统计模型，为极端突发事件的风险评估提供理论依据。采用广义线性模型、马尔可夫链蒙特卡罗方法结合贝叶斯方法，分析台风灾害的影响因素。

（4）基于空间角度的模拟仿真研究的不足，对台风路径模拟方法进行深入研究，采用 CMA－STI 热带气旋最佳路径数据集，以广东省 21 个地级市为研究区域，结合空间统计模型，运用马尔可夫链蒙特卡罗方法模拟了西北太平洋的热带气旋路径，运用各种统计检验方法验证了这种模拟方法的合理性，克服了历史数据的时空局限性。运用该历史数据绘制出大比例风险图。

（5）根据突发事件应急能力评价过程，从统计学角度构建突发事件应急能力评价指标体系，根据突发事件应急能力发展过程，建立基于 Logistic 隶属函数的应急能力发展现状评价模型，运用设计的指标体系与评价方法对广州市火灾事件的应急能力发展现状和趋势进行实证分析。

（6）根据当前为突发事件收集的数据资料的特点，设计出长期与短期随机时间序列的预测模型。运用设计的短期随机时间序列模型，对广东省雷电灾害的灾害状况进行预测，对广东省各城市的雷电灾害指数分布状况进行区划显示。

（7）设计突发事件应急管理信息系统。建立风险评估、应急能力评价与预测预警决策的相关数据库，运用 R 语言编写算法程序，实现突发事件的风险评估系统、应急能力评价系统和预测预警系统的基本功能；运用 C#. NET 设计系统的可视化界面，实现系统的人机交互功能。

1.4 框架及创新

1.4.1 结构框架

根据研究主题的研究目标设计的全书技术路线如下图所示，每个章节的基本内容如下：

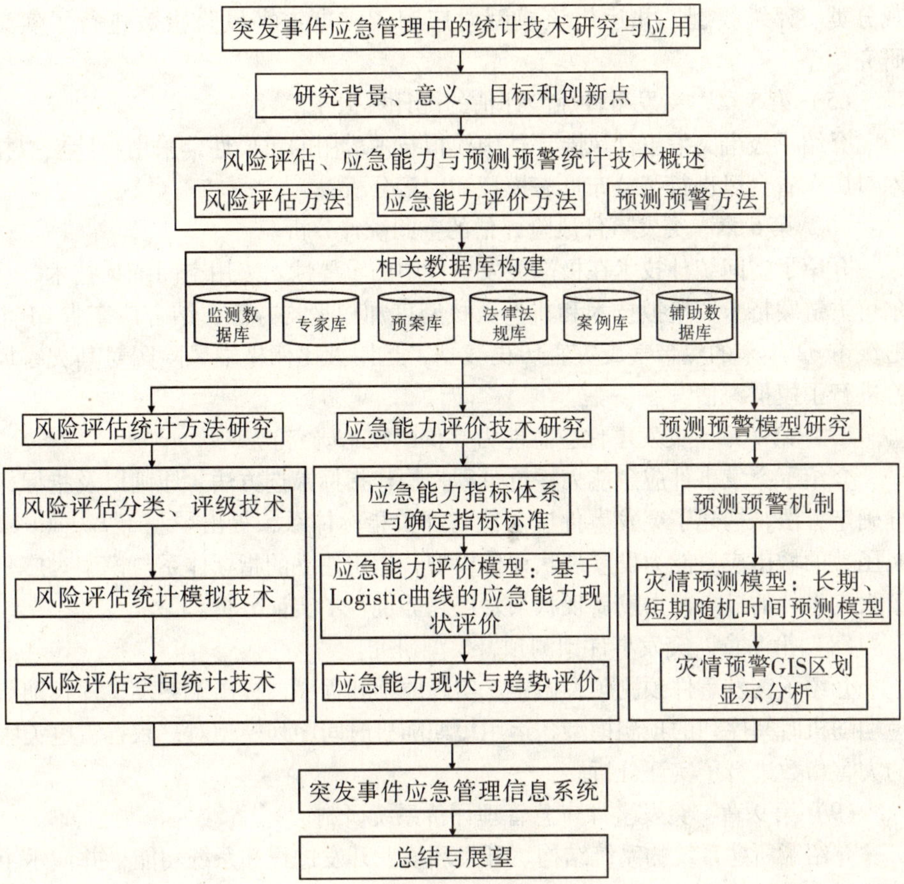

全书技术路线图

（1）第 1 章　绪论。

介绍了全书的研究背景、意义与目标、技术路线与创新点。

（2）第 2 章　突发事件应急技术研究的现状分析。

介绍了突发事件的相关概念，突发事件风险评估、应急能力评价以及预测预警统计技术的研究现状，并对各种统计技术进行了归纳、总结与评述。

（3）第 3 章　突发事件应急管理相关数据库的构建。

介绍了突发事件应急技术中需要建设的相关数据库以及相关数据库的建设过程，并重点介绍了广东省应急中心相关数据库的建设状况，对当前的建设状况进行评述。

（4）第 4 章　突发事件风险评估的分类、评级统计技术。

介绍了突发事件风险评估过程，提出了突发事件风险指数评价的主观和客观分类、评级模型，并运用该模型对广东省雷电灾害风险指数进行了实证研究。

（5）第5章　突发事件风险评估的统计模拟技术。

介绍了极端突发事件风险评估中模拟技术应用的重要性，采用统计模拟技术对广东省台风进行了分布形态模拟和因素分析。

（6）第6章　突发事件风险评估的空间统计分析。

介绍了空间统计技术在极端突发事件中的重要性。采用空间统计技术、马尔可夫链蒙特卡罗模拟技术和非参数核密度加权平均方法，结合广东省21个地级市62年来的热带气旋灾害历史数据，运用大比例极端风险图对其灾害风险进行了模拟评估。

（7）第7章　突发事件应急能力评价的技术研究。

介绍了突发事件应急能力评价过程，构建指标筛选方法、原则以及指标标准确定方法，构建了突发事件应急能力评价指标体系，提出了基于Logistic隶属函数的城市应急能力发展现状评价模型，运用建立的指标体系与模型对广州市火灾事件的应急能力发展现状与发展趋势进行了实证分析。

（8）第8章　突发事件预测预警模型研究。

介绍了突发事件预测预警内容、实施原则和程序，提出了突发事件长期和短期随机时间序列的预测模型，运用短期随机时间序列模型对广东省雷电灾害的灾害指数进行了实证分析。

（9）第9章　突发事件应急管理评价系统研制。

介绍了所建系统的系统结构、开发环境、开发过程和系统功能，并演示了系统的工作过程。

1.4.2　本书特点

（1）运用投影寻踪技术，设计了基于投影寻踪技术的突发事件风险分类、评级模型，克服了灰色关联、灰色聚类、模糊综合评价等方法的评价结果离散化、半定量化和等级划分较粗糙等缺陷。运用广东省雷电灾害的风险指数进行实证分析，结论显示：运用该模型划分的等级更细致，具有连续性的特点。

（2）创新性地给出了统计学视角下的台风灾害演化机制，为台风灾害的仿真模拟提供了一种新视角。

（3）通过模拟方法解决了极端突发事件数据稀缺的问题，研究发现基于庞大的模拟数据的风险评估更为稳健。

（4）对小区域风险评估方法进行了深入研究，通过建立适当的空间统计模型，结合模拟技术，采用非参数核密度加权平均方法绘制出了以地级市为基础的大比例尺度台风灾害风险图，该风险图比传统风险图在应急管理工作中更具实用性。

（5）在前人的基础上，从统计学角度构建了城市突发事件应急能力评价指标体系，方便了统计方法的实际研究。

（6）创新性地提出了基于 Logistic 曲线的城市突发事件应急能力发展过程的观点，指出城市应急能力演化进程应该是周期性的、螺旋式的。运用提出的基于 Logistic 隶属函数的城市应急能力发展现状评价模型对这种观点进行了验证，结论显示，当前周期内，广州市火灾应急能力发展是按曲线不断提升的，该观点与实际情况基本吻合。

(7)针对突发事件预测样本数据缺失、动态性和随机性较强的特点,设计了基于 B 样条曲线的 GM(2,1)动态组合预测模型,该模型体现了局部样本和总体样本对预测值的双重影响,也体现了预测值的动态效果。运用广东省 18 个城市的雷电灾害指数对模型进行实证检验,结论显示,12 个城市的预测值在精度允许范围内,模型通过率为 67%。

（8）以 C#. NET 作为设计平台，以 R 语言作为算法实现工具，设计了突发事件应急管理信息系统，运用 GIS 技术实现了突发事件风险指数与灾害指数的区划显示，方便了今后的实际研究工作与决策。

2 突发事件应急管理研究的现状分析

2.1 突发事件的概念与特点

当前，国际上对突发事件的定义较有代表性的主要有以下几种：欧洲人权法院将“公共紧急状态”（Public Emergency）解释为：“一种特别的、迫在眉睫的危机或危险局势，其影响全体公民，并对整个社会的正常生活构成威胁”；美国对突发事件的定义大致概括为：“由美国总统宣布的，在任何场合、任何情景的状况下，在美国任何地方发生的，需要联邦政府介入，提供及时的补充性援助来协助州和地方政府挽救生命和财产，确保公共卫生安全，减轻或转移灾难所带来的威胁的重大事件”；我国对突发事件的代表性定义来自于2007年11月1日实施的《中华人民共和国突发事件应对法》第三条，其具体表述为：“突发事件是突然发生，造成或者可能造成严重社会危害，需要采取应急处置措施予以应对的自然灾害、事故灾难、公共卫生事件和社会安全事件。”

根据突发事件的定义，可以得出突发事件一般具有以下4个特点：

（1）不确定性。突发事件没有明确的规律性时间跨度、空间范围和表现形式，是难以准确预测的。

（2）紧急性。突发事件一般没有预兆或只有短时间的预兆，具有突发性或紧急性的显著特点，如果应对部门不能及时采取应急措施，危害和损失将会迅速扩大。

（3）危害性。突发事件往往造成较大的损失，这将会严重威胁人民的生命财产、社会秩序、公共安全甚至国家安全，这也是突发事件的显著特点之一。

（4）扩散性。扩散性包括两方面的含义：一是突发事件往往会突破地域限制，向更广范围的地理空间扩张；二是突发事件会引发次生灾害，形成一个灾害链条。

2.2 突发事件的分类与分级

突发事件的分类是根据突发事件的特征把各种突发事件划分为不同的类别。分类的方法很多，而且专业性很强。我国从突发事件发生机理和原理的不同角度，将突发事件分为4种类型：自然灾害、事故灾难、公共卫生事件和社会安全事件[2]，4类突发事件的具体含义如下：

(1) 自然灾害。主要包括干旱、洪涝、台风、冰雹、雷电等气象灾害，地震、泥石流等地震地质灾害，风暴潮、海啸等海洋灾害，森林草原火灾、农作物病虫害等生物灾害。由于我国是遭受自然灾害最为严重的国家之一，故对于自然灾害的风险评估、预测预警等技术研究较多，成果也较丰富。

(2) 事故灾难。主要包括铁路、公路、民航、水运等交通运输事故，城市的水、电等公共设施、设备事故，环境污染与生态破坏事件，核与辐射事故，工、矿、商贸等企业的安全生产事故等。由于我国正处于经济发展的特殊时期，生产安全事故，特别是各种矿难事故频繁发生。

(3) 公共卫生事件。主要包括食物中毒、疫情、群体性不明原因疾病，以及其他一些严重影响公众健康和生命安全的事件。目前，人类消灭的传染病病毒只有天花一种，全球新发现的30种传染病中有一半已经在我国被发现。2008年的三鹿奶粉事件，2011年的染色馒头事件、瘦肉精事件警示我们，绝不能忽视我国的食品安全问题。

(4) 社会安全事件。主要包括重大刑事案件、群体性事件、经济安全事件、民族宗教事件、涉外突发事件、恐怖袭击事件等。目前，我国正处于人民内部矛盾的凸显期，是刑事犯罪的高发期和对敌斗争的复杂期。

目前，世界各地都采用分级技术对突发事件进行应急管理，并取得了一定的研究成果，如美国联邦应急计划、火灾危险等级评价技术和北京市应急分级技术等。按照社会危害程度、影响范围和突发事件性质，将自然灾害、事故灾难、公共卫生事件和社会安全事件分为四个等级，每一级别都有相应的组织响应，即Ⅰ级（特别重大，国家响应）、Ⅱ级（重大，省级响应）、Ⅲ级（较大，市级响应）和Ⅳ级（一般，县级响应），按照颜色对人的视觉冲击力的不同，警情严重程度从大到小依次用红、橙、黄、蓝四色表示。

2.3 突发事件中统计技术的研究现状

从主体上来看，应急管理部门包括政府、企业和第三部门，这就决定了突发事件应急管理需要对理、工、文和管等多学科进行交叉研究，将应急综合评价与应急管理结合。突发事件应急综合评价通常包括了对突发事件内在规律的研究、预案的编制、突发事件的评估和预测、突发事件的应对和灾害恢复及应急管理保障体系自身的循环和完善，是专业技术、管理方法、行为规范和实施机构的有机组合。对突发事件中统计技术的研究现状的分析将从突发事件风险评估、应急技术评价和预测预警三个方面分别进行介绍。

2.3.1 突发事件风险评估研究现状

现代科学评估是由艾奇沃斯（Edgeworth）最早提出的，1888 年，他在英国皇家统计学会的杂志上发表的《考试中的统计学》中提出了在考试中的不同部分应使用加权处理的思想；1913 年，斯皮尔曼（Spearman）在《和与差的相关性》一书中提出了不同加权的作用的问题，应用了多元回归和典型分析的方法；20 世纪 30 年代，瑟斯通（Thurstone，因子分析的创始人）和利克特（Likert）发展了定性计分方法[3]。统计评估方法首次应用于应急管理中是在 20 世纪 60—70 年代，1968 年，纽约大学斯特恩商学院的教授爱德华·阿特曼（Edward Altman）观察了美国破产和非破产生产企业的发展状况，采用 22 个财务比率，运用数理统计方法进行筛选，选出 5 个变量，建立了著名的“5 变量 Z－score 模型”。Z－score 模型是以破产企业为样本，以多变量的统计方法为基础，通过大量实验，对企业运行状况及是否破产进行分析、判别的模型。20 世纪 70—80 年代是现代科学评估和应急管理蓬勃发展的年代，在此期间，产生了许多应用广泛的评估方法，如 Selectre 法（1971—1973，1983）、多维偏好分析的线性规划法（LINMAP，1973）、层次分析法（AHP，1977）、数据包络分析法（DEA，1978）、逼近于理想解的排序方法（TOPSIS，1981）等，这些方法也开始逐渐应用于突发事件风险与应急能力评估中。20 世纪 80—90 年代，风险评估在我国开始向纵深发展，但就具体突发事件的评估模型、评估指标和方法并未达成完全的共识。

目前，随着突发事件研究的不断深入以及各种新技术（计算机、遥感和 GIS 等）的不断应用，突发事件风险评估的方法不断增加，评估过程和结论开始由定性分析逐步走向定量评估。表 2－1 归纳总结了当前我国的一些主要风险评估方法。国际突发事件风险评估正趋于标准化和模型化，针对突发事件风险评估的要求，国际社会已经提出了多种用于全球、大洲、国家、区域乃至社区等突发事件风险评估的评估方法和模型，每一种评估方法和模型都有各自的概念体系以及与之对应的数据库系统、模型库和直观表达评估结果的风险图。表 2-2 归纳总结了当前国际上所用的一些标准化评估方法。

表 2-1 常用突发事件风险评估方法

评估方法	描述
资料分析法	主要采用数理统计方法，包括自然界记载的资料和历史文献记载的资料两大类[4]。
实验模拟法	在一定灾害研究基础上，通过实验模拟突发事件的发生过程和演变规律，提取关键致灾因子，在不受外界因素干扰的前提下，深入研究和揭示突发事件形成机制，为突发事件风险预测、区划显示提供依据[5][6]。
数学模型法	选择适当的数学模型对突发事件风险进行评估，常用的有：概率法、灰色系统模型、模糊数学方法、神经网络、投影寻踪模型等[7][8][9]。
遥感、GIS 法	在突发事件的调查与动态监测过程中，通常需要运用遥感技术来完成，而对数据的管理和模型的预测则通常会用到 GIS 技术[10][11][12][13]。

表 2-2 国外主要灾害脆弱性风险评估方法[14]

指标或方法	空间尺度	方法功能
灾害风险指数	全球	脆弱性辨识，国家间脆弱性比较
多重风险评估	欧洲	地方间脆弱性比较
脆弱性评估法	地方	降低脆弱性方法的选择
应用系统分析灾害模拟模型	国家	脆弱性辨识，提高减灾意识
社区灾害风险指数	行政管理区	教育后代，赋予权利，促进性别平等
应对能力自我评估法	地方社区	脆弱性辨识，赋予权利

从表 2-1 与表 2-2 的对比中可以发现，在国际上，已有国家和地区在风险评估方法上达成共识，评估方法和模型开始标准化。而我国在这方面还有些欠缺，需要各方面的专家和学者根据本国突发事件风险的特征，设计出符合我国各类突发事件的方法和模型，使其在方法和模型的应用上达成共识，促进突

发事件风险评估技术的提升，使其逐渐与国际接轨。

2.3.2 突发事件应急能力评价研究现状

美国是全球危机管理和应急能力研究最早和最热的国家。在1994—1997年的4年间，美国平均每年遭受的灾害损失为130亿美元，花费了联邦200亿美元的公共基金。1997年6月，国会参议院委托联邦紧急事务管理局（FEMA）和联邦紧急事务管理委员会（NEMA）研究并设计了一套评价各州应急能力标准（Capability Assessment for Readiness，简称CAR），并在不同的领域开展了应急能力的评价，如自然灾害、运输系统和公共卫生部门等，成为世界上第一个进行政府应急能力评价的国家[15]。2006年，Nezih运用Meta对2000—2006年的危机管理研究成果进行统计分析，发现美国在这方面发表的文章占了全球的43.1%，充分体现了美国对应急技术的高度重视。Nezih还根据学者们对应急能力评价的不同研究角度进行了统计分析，分析结果如表2-3所示。从表中可以发现，相对于我国的应用型研究，美国更注重于应急能力的理论与模型的研究，在研究方法上，用统计与数学方法研究的比较多，说明统计学在该领域具有较大的应用价值；从研究突发事件的过程来看，还是以突发事件平时状态的应急能力研究为主，应急准备和恢复重建等方面研究较少。2002年，日本开始进行突发事件应急能力评价工作，防灾与情报研究所和消防厅消防科组织了两次“地方公共团体的区域防灾能力及危机管理应对能力评估研讨会”，讨论大阪防灾能力与应急能力评估问题，日本应急能力项目主要包括10个方面[16]。我国台湾灾害应急能力评估针对不同的对象设定了不同的体系[17]。

表2-3 Nezih的危机管理研究成果分析表[18]（2000—2006年）

研究方法	百分比（%）	研究方向	百分比（%）
数学	32.1	理论	26.6
概率与统计	19.2	模型	57.8
仿真	11.9	应用	15.6
决策理论	10.1		
排队理论	9.2	突发事件发生过程	百分比（%）
模糊集合	5.5	平时	44
随机设计	3.7	应急准备	21.1

（续上表）

研究方法	百分比（%）	突发事件发生过程	百分比（%）
专家系统与人工智能	3.7	应急响应	23.9
系统动力学	1.8	恢复重建	11
运筹学软件	0.9		
其他	0.9		

突发事件应急能力评价在我国还是一个全新的概念。20世纪80年代末，我国应急管理研究工作才开始逐步展开[19]，研究对象主要以单项研究为主，如地震、洪涝灾害、城市灾害、气象等，应急管理体系缺乏整体性和系统性。近几年，我国才开始从事灾害综合应急能力的研究工作，在2002年7月和2003年12月，河北理工大学联合河北省社科院、中国地震局地球物理研究所等单位，召开了两次“中国城市灾害应急管理能力研讨会”，第一次在国内明确提出对灾害进行综合应急能力研究的问题[20]。2002年，河北理工大学王绍玉教授主持的河北省哲学、社会科学基金项目“城市灾害应急能力建设内容设定及其评价模型研究”可以说是我国综合应急能力评价研究的起点。随后，我国在应急能力方面开始出现一些成果：邓云峰、郑双忠[21][22]等设计了城市应急能力评估体系的基本框架，利用Kappa统计方法对指标设置的合理性和专家评分的趋势进行了分析，以权重为依据对南方某城市的应急能力评价进行了实证分析；刘传铭、王玲[23]运用平衡计分卡设计了政府应急管理组织绩效评价指标体系，运用多层次模糊评测法（FAHP）建立了政府应急管理组织绩效评估模型，量化了评价指标关联因素；铁永波、唐川、周春花[24]从系统理论的角度，建立了城市灾害应急能力评价指标体系，该体系包含了6个一级指标和23个二级指标，并利用层次分析法（AHP）和专家调查法合理地确定了各评价指标权重；也有些学者如杨青、田依林借鉴国内外城市灾害应急管理能力的研究成果，构建了基于过程管理的城市灾害应急管理综合能力评价指标体系，该指标体系包括3个分系统和12个子系统，分别对灾前预警能力、灾中的应急能力和灾后的恢复重建能力进行评价。

突发事件应急能力评价是对一个组织或系统的综合能力评价，评价的目的是为了发现问题和薄弱环节，从而推动应急能力持续改进，以满足应急需求。当前，突发事件应急能力评价方法主要有：运用多元统计中的因子分析和主成分分析方法构建评价模型、定性与定量相结合的评价方法和多维度指标组合评价方法等；突发事件应急能力综合评价研究方法有G1法[25]、层次分析法[26]

(AHP)、综合模糊评价法[27]、多级模糊综合评价法[28]（FAHP）、灰色综合评价法[29]、数据包络分析法[30]（DEA）、人工神经网络评价法[31]、TOPSIS法[32]和平衡记分卡[33]等。

从突发事件应急能力评价研究发展过程来看，应急能力评价指标体系是应急能力评价的关键。我国在指标体系的设计上取得了一定的成果，但基本没有达成一致的指标体系框架，这就需要应急工作者的不断研究与实践，建立各类突发事件的标准化指标体系框架，以便合理、科学地对各地区的应急能力进行标准化评价与比较，评价方法则需要针对突发事件应急能力发展过程进行合理选择。

2.3.3 突发事件预测决策研究现状

作为突发事件应急管理综合评价的一部分，对突发事件进行预测也是一门科学。现代预测产生于20世纪20年代，最早是对市场经济的运行规律和未来发展前景进行合理解释和预测，此时，出现了综合经济指数法、趋势外推法和常态偏态法等。由于科技水平的限制，这些预测方法并没能预测出1929年经济危机，致使预测研究陷入低潮。第二次世界大战结束后的30年，西方国家经济的复苏以及计算机技术等科技的迅速发展和普及，为现代预测的发展提供了条件。1943年，德国学者费勒希特海姆提出了“未来学”这一专业名称，第二次世界大战后，“未来学”作为一门新兴学科开始得到快速发展。目前，国际上也采用“未来研究”、“未来分析”和“预测学”等概念，但所涉及的内容和范围基本是一致的。

从突发事件预测的发展实践来看，现代预测学已经融入了多种学科的知识理论方法，借助数理统计学、数学、现代管理学、系统论、控制论、经济学、心理学及计算机技术等理论方法与技术，建立适当的突发事件预测模型，预测、研究突发事件的未来状态。当前，常用的预测方法归纳如表2－4所示。

表2－4 突发事件主要预测方法[34]

评价方法	描述
定性分析法	依据人们对突发事件属性的了解以及现在的经验、判断和直觉，通过现场调查、专家打分、主观评价等对突发事件进行预测。如Delphi法、主观概率法和交叉概率法等[35]。

（续上表）

评价方法	描述
时间序列分析预测法	是一种纯数学的定量分析预测方法，是根据突发事件随时间变化的历史资料，通过系统时间序列的自相关分析、谱分析等对突发事件发展趋势进行外推的方法，如经验统计法、回归分析法和自回归滑动平均模型等[36]。
因果关系预测法	是一种定量分析法，是根据突发事件内部要素变化存在的因果关系，通过识别影响突发事件发展的主要变量，建立它们的数学模型，然后根据突发事件自变量的变化预测突发事件因变量。如回归分析、系统动力学和经济计量法等[37]。
人工智能分析法	是一种新型的预测技术，主要包括人工神经网络、投影寻踪、遗传算法、模式识别、马尔可夫链、灰色预测技术、演化算法、分形几何方法和混沌方法等[38][39][40][41]。
组合预测方法	是基于单种预测方法的局限性和近似性，通过对多种不同的预测方法进行线性或非线性组合而形成的方法，以便综合利用各种预测方法所提供的信息，从而提高预测的精度和可靠度[42]。

从突发事件预测技术的研究现状来看，由于突发事件的随机性极强，当前的预测技术并不能及时、准确地对突发事件进行预测，即使预测准确，也是极其短期的预测，如2011年3月11日13时46分，日本利用当前国际先进的地震预测技术准确地预测到1 200年一遇的9.0级地震，预测到的时间离地震时间仅仅只相隔1分钟，这样的预测结果是预测技术的巨大进步，但对于减少生命财产损失来说意义不是很大，依然造成了3万多人失踪和死亡，无数人受伤。因此，突发事件的预测技术仍是一个世界难题，仍处于不断探索和发展的阶段。需要明确的是：一般来说，预测是从方法论的角度寻求突发事件的特征和规律，研究如何提高科学预见性的一种手段，预测不是进行突发事件研究的目的，预测只是为突发事件进行决策服务。

2.4 本章小结

本章从突发事件的特征与研究现状出发，主要进行了以下几个方面的研究：

（1）介绍了突发事件的概念、特点、分类和分级。

（2）对国内外突发事件的风险评估方法进行了归纳、总结，得出国外已有国家和地区在风险评估方法上已经基本达成共识，评估方法和模型开始标准化，我国在这方面还没有达成共识的结论。

（3）对国内外突发事件的应急能力评价现状进行了分析，得出我国在突发事件的指标体系的设计上几乎没有达成一致的指标体系框架，这方面还处于一种探索阶段。

（4）对国内外突发事件的预测方法进行归纳、整理，得出的结论是，突发事件具有极强的随机性和不确定性，当前的预测技术还远远不能满足我们的需求，需要我们进行更多的研究和创新。

3　突发事件应急管理相关数据库的构建

在突发事件风险评估、应急能力评价和预测预警过程中，突发事件的相关信息是应对突发事件各项工作的基础。数据作为信息的载体，没有强大的数据做支撑，评估、评价和预测预警工作将无从进行。所以说，构建和管理各类数据的数据库是突发事件应急技术中的基础核心工作之一（见图3-1）。在应急管理过程中，主要的数据库包括历史和实时监测数据库、专家知识信息库、突发事件预案库、与突发事件相关的法律法规数据库、发生过的各类案例库以及与突发事件相关的各类辅助信息数据库（专业知识库、预案演练资料库等）等。

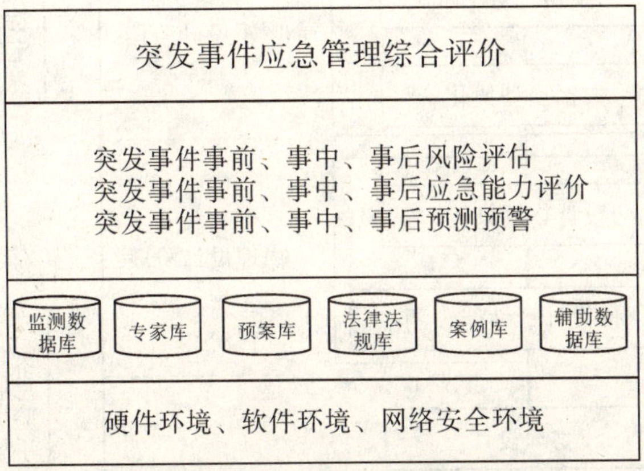

图3-1　应急管理综合评价与数据库之间的关系

3.1　数据库构建过程

突发事件应急管理系统中的数据库设计过程是根据各类突发事件的特征、相关知识以及决策者的需求而研制数据库结构并应用数据库的过程。数据库设计涉及多学科的综合技术，遵循的基本规律是三分技术、七分管理和十二分基础数据，因此，数据的收集、整理、组织和不断更新是数据库建设中的重要环节，这也是突发事件应急管理中各领域专家和统计工作者的重要任务之一。

突发事件应急管理系统中的数据库设计过程同一般的数据库设计过程一样，需要6个步骤来完成，具体过程见图3－2[43]。在数据库设计过程中，有两个重要阶段：一是需求分析和概念结构设计阶段，要针对特定的突发事件确定对象的使用用户（科研工作者、管理者），根据用户需求设计合理的数据结构（主要是各类数据指标的设定），从而提高数据的可用性；二是在数据实施阶段，要根据实际情况，由专业技术人员科学地收集、整理数据，以提高数据的可读性。

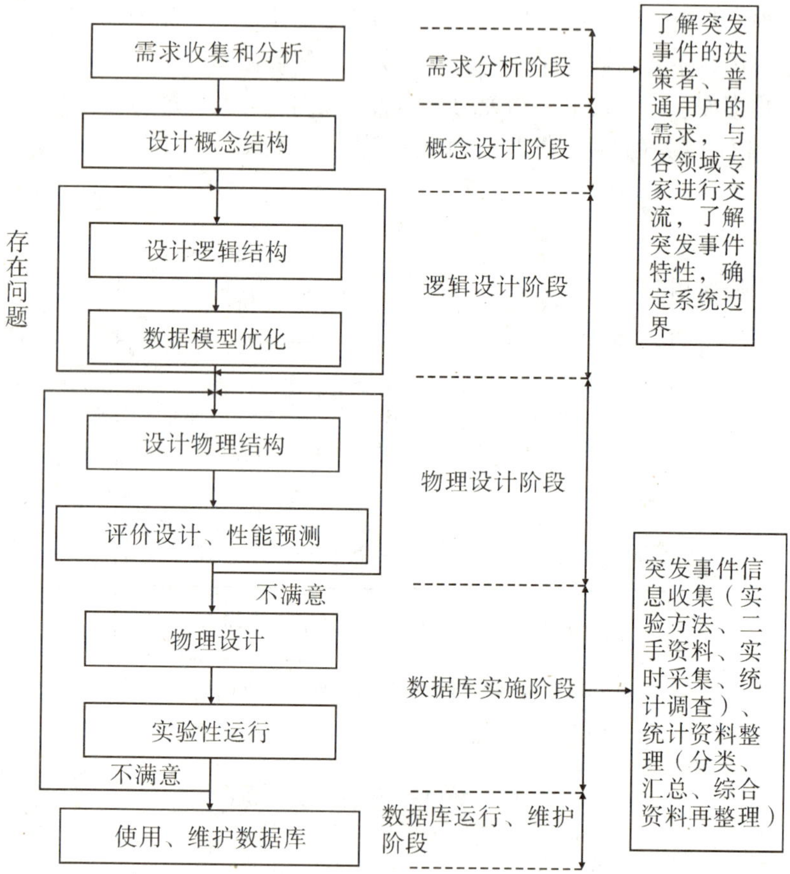

图3－2　突发事件数据库设计过程图

3.2 突发事件应急过程中相关数据库介绍

3.2.1 历史与实时监测信息数据库

在突发事件应急过程中，风险评估、应急能力评价以及预测预警都需要依靠具体的数据才能发挥作用。事前评估和预测预警以及事后评估过程需要大量的历史数据作为支撑，事中需要实时监测数据作为指示向导，尤其是在预测预警过程中，实时监测数据显得尤为重要，因为数据处理结果是变更突发事件警情级别的决策依据。

由于突发事件的随机性特点，信息的收集比较困难，对于历史数据库的来源，通常是二手资料（《自然灾害年鉴》、《台风年鉴》、《防灾减灾年鉴》、各官方网站等），另外，模拟实验和统计调查方法也是数据来源方式。目前，实时监测数据一般采用地理信息系统（GIS）技术、遥感技术、定点监测、模拟实验和实地调查等方式来获取，如气象灾害、地震灾害等。本书将主要从二手资料和模拟技术获取实证数据。

由于我国应急技术研究起步比较晚，且应急技术不够成熟，很大部分数据的收集相当困难，从而导致数据缺失以及应急过程缺乏一定的准确性、时效性和有效性，建立丰富、有效和准确的历史与实时监测信息数据库是提高应急技术的重要任务之一。

不无例外的是，广东省突发事件的相关数据也是相当缺乏的，能够收集的数据有相当一部分不够准确，且记录比较模糊，不能很好地用于应急方面的研究工作。为了提高广东省应急技术水平，除了在事后的紧急救援方面力求提高之外，加强各突发事件的信息统计工作也不容忽视。

3.2.2 专家知识信息库

先进的计算机不能代替人脑工作，如突发事件应急过程中的风险等级划分、决策判断、应急能力评价指标体系的设置等都需要各方面专家来分析、判断，因此，在突发事件应急过程中建立专家库是必须的。进入专家数据库系统的人员，应当是突发事件应急中涉及的各个领域的资深研究员和具有丰富的实际工作经验的政府工作人员，其数量和知识结构应以能够覆盖整个应急系统所涉及的知识范围为原则。目前，国家和地方政府都陆续建立了应急管理专家库，如2007年8月10日，广东省建立了突发公共事件应急管理专家库，到2011年3月，成员由最初的34名上升到了173名，涉及5大类26个领域，其中自然灾害类44名，事故灾难类45名，公共卫生事件类38名，社会安全事件类26名，综合管理类20名，平均年龄49岁，中国工程院院士3名，专家组设组长1名，由广州医学院广州呼吸疾病研究所所长、中国工程院院士钟南山担任；副组长2名，由交通部南海救助局局长、高级工程师尹干洪和原省委宣传部副部长、原省广电局局长、十届政协常委胡国华共同担任；暨南大学经济学院王斌会教授、信息科学技术学院姚国祥教授是社会安全事件类专家。其中，王斌会教授还担任了该类专家组副组长一职，这说明暨南大学比较重视应急管理综合评价研究，并在应急管理综合评价方面取得了显著成绩[44]。

突发事件类型多，起因与处理过程都是相当复杂的过程，需要各个领域的专家与学者共同解决。显然，该专家库的专家仍不能满足该省应急管理的需求，需要在今后的应急工作中不断扩大、充实专家库。

3.2.3 法律法规数据库

突发事件应急管理系统的运行离不开所处的法律政策和规章制度环境，法律和规章制度会对系统产生很大的影响，它能够从立法层面保障系统的健康、快速运转。因此，为了保障应急系统的顺利进行，需要建立法律法规数据库，所建立的应急法制应该具有权利优先性、紧急处置性、程序特殊性、社会配合性和救济有限性的特点。

目前，我国已初步建立了包括多项内容的应急法制制度和规范，主要分为战争状态法律规范、灾害性突发事件法律规范和事故性突发事件法律规范。另外，各地方也建立了自己的应急法律规范，如广东省应急管理系统根据突发事件的类型建立的法律法规库，其中包括了自然灾害类法律法规、事故灾难类法律法规、公共卫生事件类法律法规、社会安全事件类法律法规和综合类法律法规五类，各类型突发事件的法律法规又分地方性法规和省政府规章两个小类。从所建立的法律法规库来看，其显示出了一些不足，主要体现在[45]：

（1）一些领域的应急法律法规内容不健全、不规范，比如恐怖性突发事件法律法规，一般的紧急状态法规在法律法规库中没有体现，几乎是空白。

（2）一些突发事件应急处理立法的可操作性不强，表现为在内容上较为理论化、抽象化，缺乏具体的实施细则和办法相配合，尤其是紧急行政程序法律法规严重不足。

（3）缺乏突发事件应急处理的具体综合性、指导性的基本法律，仅仅针对不同类型的突发事件分别立法，造成立法冲突和矛盾较多，缺乏有效的横向联系和沟通，各自为政，降低了应急处理能力。

3.2.4　预案库

尽管突发事件具有不确定性，但人们可以在总结以往经验的基础上，在一定程度上分析出突发事件的诱因和前兆。所以，在突发事件没有爆发的情况下，通过对以往类似或相关的事件进行分析总结，制定出相应的应对措施，形成应对方案，能起到未雨绸缪的作用。

随着我国有关制定事故应急预案要求的法律法规相继出台，各地方政府和企业已经开始了应急预案的编制工作。图 3－3 是广东省应急管理办公室编制的应急预案。

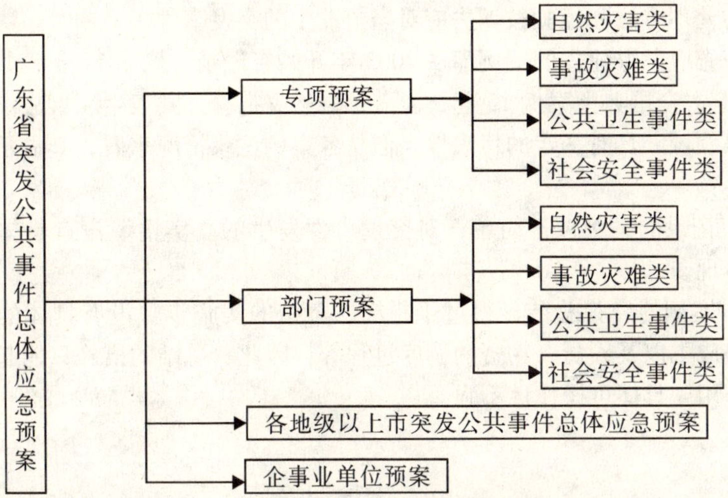

图 3－3　广东省突发事件总体应急预案结构图

从编制的应急预案来看，其显现出了一定的不足：

（1）应急预案内容不完备。大部分应急预案只是一些应急条例，预案内容只是对应急救援的有关组织机构与职责、法律责任等方面作了一些规定。

（2）应急预案的可操作性差。大部分应急预案并没有充分明确和考虑突发事件可能存在的重大危险和后果，也未能结合自身应急能力，对应急的一些关键信息进行系统而准确的描述。

（3）各种重大事故应急预案缺乏系统的规划和协调。城市面临的潜在重大事故有多种类型，但某些应急资源是共有的，大多数应急预案并没有考虑到这些内容。

（4）应急预案缺乏演练，难于事前评估预案的实施效果。有了应急预案，并不等于应急救援就有了全部保障，还需要进行演练，评估预案的演示实施效果。

（5）预案缺乏动态调整，使其难以做到随机应变。

3.2.5 案例库

在经历了许许多多的突发事件后，人们开始进行经验总结，并且把这些经验和教训以案例的形式记录下来，并通过一定的形式组织形成案例库。案例库是人类知识积累的一种形式。案例库中既包括过去发生的各种突发事件处理过程的完整记录，也包括经过事后总结得出的成功经验和失败教训。当再次遇到类似的突发事件时，人们通常可以从案例库中找到相似的案例，并根据案例中所记录的处理方法和经验教训去应对当前发生的突发事件。

广东省应急办建立的案例库从2003年开始有记录，到2011年，共有本省案例16起，全国典型案例15起，涵盖了自然灾害、公共卫生、事故灾难和社会事故等领域，具有一定的代表性。但从各案例记录情况来看，其显示出了一定的不足：

（1）记录的案例过于简单，对突发事件发生的真实情境没有具体的描述和生动体现。

（2）案例的经验总结显得过于粗糙，总结的实施步骤没有具体的实施过程、实施成本以及人员、物资的调度过程等，因此，总结的措施只能起到一定的借鉴作用，具体可操作性不强。

3.3 本章小结

本章主要介绍了以下几个方面：

（1）研究突发事件相关的数据库建设过程。

（2）详细介绍了广东省应急中心相关数据库的建设情况，指出广东省应急中心各类数据库的建设处于初级阶段，还有很多不完善的地方，需要不断扩充和完善，以便能够有针对性地为应急工作服务。

4　突发事件风险评估的分类、评级统计技术

4.1　突发事件风险评估概念

突发事件风险是一个复杂的问题，针对某一类突发事件风险可以从不同的角度和方面进行研究、分析和探讨，因此要给出突发事件风险完美的定义几乎是不可能的。本书将突发事件风险定义为：在一定区域和给定时间段内，由于特定的原因（自然灾害、公共卫生和社会原因等）引起的人们生命财产和经济活动的期望损失值。其构成要素如图 4－1 所示。

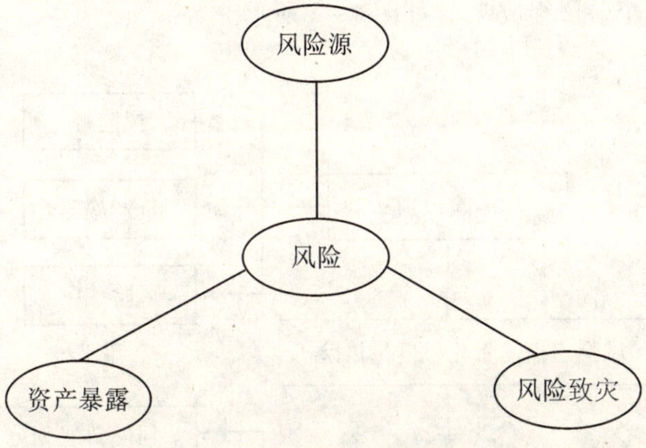

图 4－1　突发事件风险组成要素

在图 4－1 中，风险源是确认突发事件引起的组织目标和有价值资源受到足够严重的威胁；资产暴露指的是受到突发事件威胁的有价值的资产处于确认的威胁场景之中；风险致灾是指测量的突发事件引起的影响的严重性和灾害程度。此三者共同作用构成了突发事件风险。

4.1.1 风险评估的功能

突发事件风险评估是一种有别于其他评价工作的特殊评价工作，认识风险评估的性质是做好风险评估的必要工作。通过风险评估，可以合理地选择风险决策，建立最佳风险决策组合。不同决策的适用对象各不相同，风险决策的适用性需要从代价和效果两个方面考虑。风险决策的效果主要表现在降低风险发生概率和损失严重程度；风险决策一般都要付出一定的代价，如投保工程险时的保险费，采取损失控制的措施费，这些费用一般都可以准确度量，作为风险评估的依据。因此，风险评估结果是各种风险的发生概率和损失严重程度的结合，在选择风险决策时，应综合考虑不同风险决策的适用性与不同风险的后果，为不同的风险选择最合适的风险决策，最终形成最佳风险决策组合[46]。

4.1.2 风险评估的过程

突发事件风险评估是一个系列逻辑的、系统的和定义好的行为，针对同风险相关的某些自然现象或人为活动，风险评估过程给决策者提供了很好的度量、量化和评估依据。它主要是由风险识别、风险建模（量化、度量风险）及风险评估三个阶段组成[47]，如图 4－2 所示。

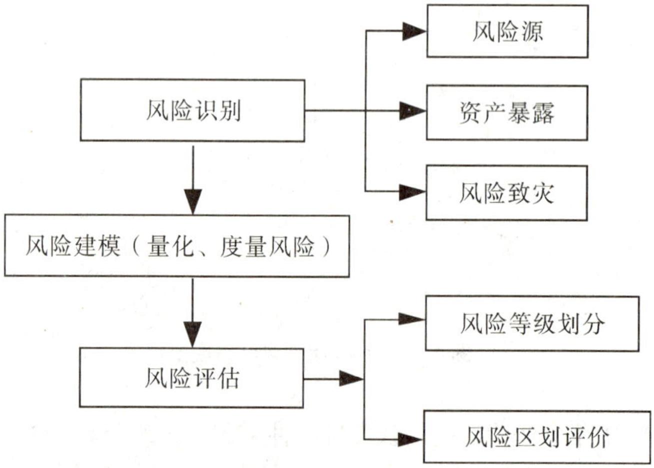

图 4－2 突发事件风险评估过程

在图 4－2 中，突发事件风险评估的首要且最重要的步骤就是识别风险不确定的源头和本质，风险识别要求对所有可能发生的基于风险的突发事件都有一个完整的描述，同时也要尝试回答“什么导致了突发事件”的问题；突发事件风险建模、量化和度量是通过主、客观的概率分布评价出错的可能性、风险源以及相互影响的因果关系，并根据因果关系建立模型。根据随机、外因、决策变量以及这些变量与状态变量、目标函数和约束的关系来对输入输出关系进行量化，进一步的量化是风险评估过程中较难的一步。突发事件风险评估是风险评估过程与风险管理过程的衔接和重叠。本书所进行的风险评估工作主要是运用设计的风险评估模型对风险进行量化评估，不涉及管理因素。

4.1.3　风险评估的标准

突发事件风险评估标准既是风险评估中的关键性内容，也是风险评估中的重点与难点之一。没有标准，人们就失去了研究的准绳，因此，确定风险标准是风险评估的必备工作。国际标准 ISO8420：1994《质量管理和质量保证》对安全性的定义是：将伤害（对人）或损坏（对物）的风险限制在可接受的水平的状态。风险管理的目标就是将伤害和损失控制在可接受的范围之内，也就是突发事件的风险标准之内。突发事件风险标准是控制、管理突发事件的标准，针对不同的突发事件具有不同的意义，表 4－1 至表 4－4 分别列出了一些突发事件的划分标准[48]。

表 4－1　洪水等级划分标准（GB50201－94）

洪水频率（P）	洪水重现期（T_p）	洪水等级（N）
>20	<5	1
20～10	5～10	2
10～5	10～20	3
5～2	20～50	4
2～1	50～100	5

从表 4－1 可以看出，一类突发事件划分标准的建立需要应急工作者多年的跟踪监测和研究，是一个不断累积的过程，是一个长期、复杂的资料收集、整理和深入研究的过程。

表4-2 突发事件发生风险的可能性标准

发生风险可能性	分值	描述
几乎确定	5	发生风险的概率几乎为100%，一年或几年发生一次
很可能	4	发生风险的概率为75%以上，近年来经常发生，频率很高
可能	3	发生风险的概率为40%～75%，在1～2年内会发生，偶尔会遇到
不确定	2	发生概率为10%～39%，近年未发生过，但5年以后有可能发生
可能性小	1	发生概率小于10%，几乎不会发生，或在极端条件下才可能发生

表4-3 突发事件发生风险的幅度标准

幅度	分值	描述
特别重大	5	社会运行完全中断
重大	4	社会运行受到严重影响，可能会使社会运行中断
较大	3	社会运行受到较为严重的影响，但不会造成社会运行中断
一般	2	社会运行受到一定的影响，但不会对社会运行体系构成威胁
较小	1	社会运行受到的影响可以忽略不计，风险可以用常规手段来排除

表4-4 突发事件风险等级矩阵标准

幅度 \ 可能	可能性小（1）	不确定（2）	可能（3）	很可能（4）	几乎确定（5）
较小（1）	低（1）	中（2）	低（3）	低（4）	低（5）
一般（2）	低（2）	中（4）	中（6）	中（8）	中（10）
较大（3）	低（3）	中（6）	中（9）	高（12）	高（15）
重大（4）	低（4）	中（8）	高（12）	高（16）	高（20）
特别重大（5）	低（5）	中（10）	高（15）	高（20）	高（25）

从表4-1至表4-4可以看出，突发事件风险目标多种多样，如风险可能性最小、幅度最小、生命和财产损失最低、风险损失最小、成本最小、造成的社会影响最小等。这些目标中有的可以计量，有的不可量化，但可用一定的形式具体化，因此都可以选作评估标准。不同的评估目标有各自衡量的方式，但作为评估标准，建立过程一般遵循两点：第一，突发事件风险评估标准可以根据突发事件的特征（发生频率、损失）从社会、经济等角度来建立，准则往往受到事件本身和外部因素的影响；第二，准则必须符合突发事件风险的类型和风险程度的表达方式。

4.2　风险识别

4.2.1　风险识别概述

风险识别是风险评估的基础性工作，可以将风险识别看作风险的定性评价。风险识别是用感知、判断或归类方式对现实和潜在的风险特征进行鉴别的过程[49]，如图4－3所示。

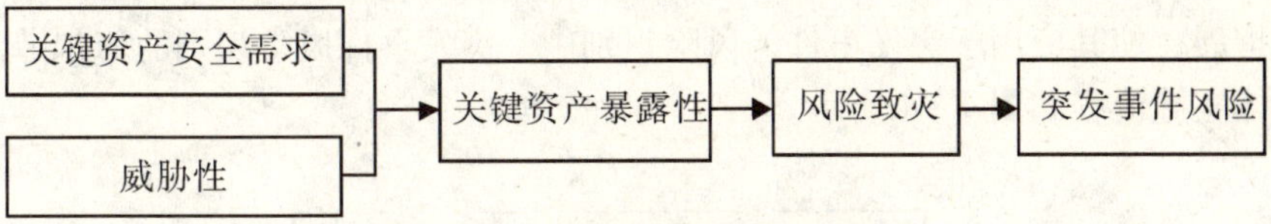

图4－3　突发事件风险识别过程

风险的状态是多种多样的，既有静态的也有动态的，既有内部的也有外部的，既有当前的也有潜在的。突发事件风险识别的任务就是从错综复杂的风险状态中找出资产暴露面临的风险类别和风险等级。在风险识别中，常用的风险识别方法有：通过感性认识和历史经验对风险进行判断；通过对类似突发事件的历史资料和风险记录对风险进行必要的分析、归纳和整理，必要时，需要聘请相关的专家进行综合分析，从而找出各类明显或潜在的风险及其损失规律。一般来说，风险具有一定的可变性，因此，风险识别是一个连续性和系统性过程，需要风险决策者和管理者密切关注已有风险的变化趋势，并随时注意可能出现的新风险，只有这样，才能够主动选择适当有效的方法对风险进行评估处理。

4.2.2　风险识别的方法

从理论上来说，风险识别可以从原因中寻找结果，也可以从结果中寻找原因。因此，进行风险识别的方法比较多，并且每一种方法都比较注重人的主观判断，每一种方法的区别在于识别的对象与获取人的主观判断的方式。常用的风险识别方法有：风险因素预先分析法、潜在损失一览表法、事件树分析法、因果图法、流程图分析法、失效模式与效应分析法、德尔菲法和头脑风暴法。这里将在前人研究的基础上，设计两种比较科学且风险识别结果合理的突发事件风险识别方法：德尔菲法与头脑风暴法。

4.2.2.1　德尔菲法

德尔菲法是20世纪40年代由赫尔默（Helmer）和戈登（Gordon）首创，

经过戈尔登和兰德公司进一步发展而成，是为了克服专家会议法的缺点而产生的一种专家预测方法。在预测过程中，专家彼此互不相识、互不往来，这克服了在专家会议法中经常发生的专家们不能充分发表意见、权威人物的意见左右其他人的意见等弊病，各位专家能真正充分发表自己的预测意见。因此，这种方法具有广泛的代表性，较为可靠。实际应用中通常将德尔菲法划分为三个类型：经典型德尔菲法（Classical Delphi）、策略型德尔菲法（Policy Delphi）和决策型德尔菲法（Decision Delphi）[50]。

1. 突发事件风险识别德尔菲法的工作流程

德尔菲法作为一种主观、定性的方法，不仅可以用于预测领域，而且广泛应用于各种评价指标体系的建立和具体指标的确定过程。本书对其应用领域进行扩展，使其应用于突发事件的风险识别中。突发事件风险识别的德尔菲法的具体实施流程如图4－4所示。

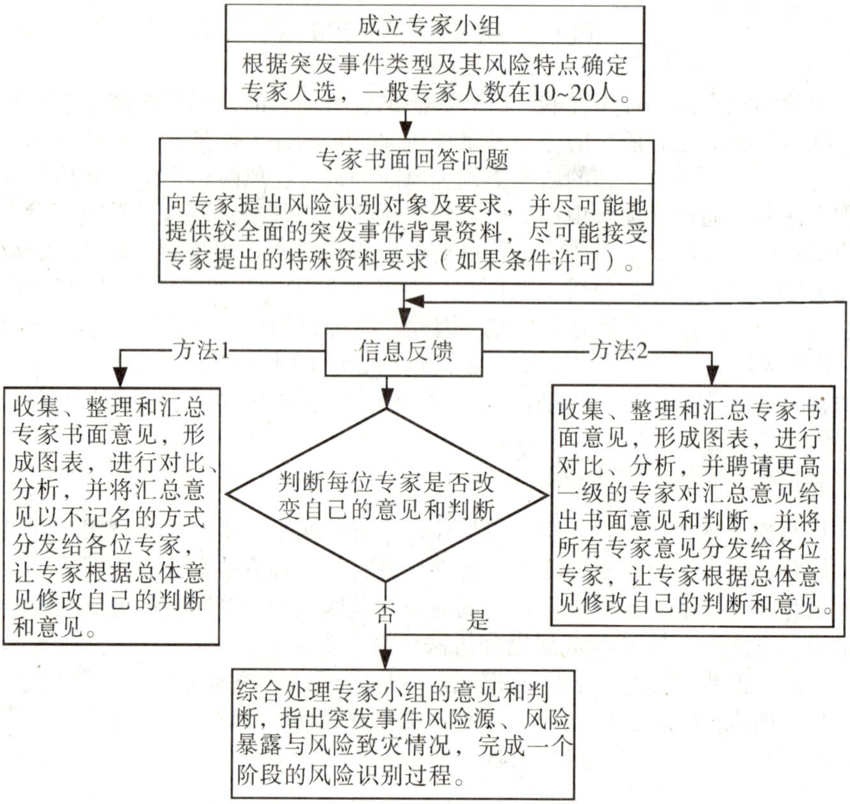

图4－4　突发事件风险识别德尔菲法实施流程

2. 突发事件风险识别德尔菲法的特点及其注意事项

在实施突发事件风险识别德尔菲法时，应该注意到该方法与常见的专 家会议法既有区别又有联系，专家会议法是召集各类专家开会，通过集体讨论得出一致性的预测意见，而德尔菲法对专家会议法进行了很大的改进，相对于专家会议法，德尔菲法表现出了很多的优点：

（1）避免了应急方面权威人士对决策的影响，使各位专家的作用得到充分发挥，集思广益，使风险识别的结论准确性高。

（2）避免有些应急专家因为情面的关系，不愿意发表与其他专家不同的意见的情况，可以广泛地收集各类专家的意见，取各家之长，避各家之短。

（3）避免有些应急专家碍于自尊心而不愿意分析、接受别的专家的意见，修改自己原来不全面的意见的情况。

突发事件风险识别德尔菲法的主要缺点是过程比较复杂，花费时间较长，真正实施比较困难。实施该方法时要注意以下几点：

（1）要为应急专家提供能够作出足够正确的判断的信息依据。例如，为应急专家提供所收集的有关突发事件的历史资料和统计分析结果等。

（2）所提出的问题不可偏废，应该是专家能够回答且与预测、评估对象相关的问题，提问方式也应尽可能简化。

（3）不要求应急专家作出精确的判断，允许作出粗略的估计，但可以要求专家对预计数字的准确程度作出说明。

（4）保证所有应急专家能够从同一角度理解突发事件分类和其他有关定义。

（5）向应急专家说明风险识别对突发事件风险评估的重大意义，以争取他们对德尔菲法的支持。

（6）人们对许多事情的分析、识别结果都不是统一的，同样，专家对突发事件风险识别的意见与判断最终不一定能够达成统一，此时，可以用中位数和上下四分点来统计结论。

3. 德尔菲法的简单应用案例

某应急中心希望了解某年某省雷电灾害发生概率大小及其灾害情况，于是应急中心聘请气象专家、地理专家和天文学专家等10名专家成立了专家小组，以识别本省雷电灾害发生概率，经过3次信息反馈，得到结果见表4－5。

表4-5 德尔菲法信息反馈表

专家编号	第一次判断			第二次判断			第三次判断		
	最小 P	最可能 P	最大 P	最小 P	最可能 P	最大 P	最小 P	最可能 P	最大 P
1	P_{111}	P_{112}	P_{113}	P_{211}	P_{212}	P_{213}	P_{311}	P_{312}	P_{313}
2	P_{121}	P_{122}	P_{123}	P_{221}	P_{222}	P_{223}	P_{321}	P_{322}	P_{323}
3	P_{131}	P_{132}	P_{133}	P_{231}	P_{232}	P_{233}	P_{331}	P_{332}	P_{333}
4	P_{141}	P_{142}	P_{143}	P_{241}	P_{242}	P_{243}	P_{341}	P_{342}	P_{343}
5	P_{151}	P_{152}	P_{153}	P_{251}	P_{252}	P_{253}	P_{351}	P_{352}	P_{353}
6	P_{161}	P_{162}	P_{163}	P_{261}	P_{262}	P_{263}	P_{361}	P_{362}	P_{363}
7	P_{171}	P_{172}	P_{173}	P_{271}	P_{272}	P_{273}	P_{371}	P_{372}	P_{373}
8	P_{181}	P_{182}	P_{183}	P_{281}	P_{282}	P_{283}	P_{381}	P_{382}	P_{383}
9	P_{191}	P_{192}	P_{193}	P_{291}	P_{292}	P_{293}	P_{391}	P_{392}	P_{393}
10	P_{1101}	P_{1102}	P_{1103}	P_{2101}	P_{2102}	P_{2103}	P_{3101}	P_{3102}	P_{3103}
平均值	$\overline{P}_{11}$	$\overline{P}_{12}$	$\overline{P}_{13}$	$\overline{P}_{21}$	$\overline{P}_{22}$	$\overline{P}_{23}$	$\overline{P}_{31}$	$\overline{P}_{32}$	$\overline{P}_{33}$

注：表中 P_{ijk} 表示第 i 次判断第 j 个专家的第 k 种可能的判断概率。

在雷电灾害识别过程中，最后一次判断是综合前几次的反馈作出的，因此在进行雷电灾害发生概率识别时以最后一次判断为主，得到的雷电灾害发生概率为 $(\overline{P}_{31}+\overline{P}_{32}+\overline{P}_{33})/3$，加权平均识别雷电灾害发生概率为 $w_1\overline{P}_{31}+w_2\overline{P}_{32}+w_3\overline{P}_{33}$。$w_1$、$w_2$、$w_3$ 分别为最后一次判断中各种判断情况的权值。

4.2.2.2 头脑风暴法

头脑风暴法是由美国创造学家奥斯本于1939年首次提出的，是一种激发性思维方法，又称智力激励法、BS法和自由思考法。该方法经过世界各国创造学研究者的实践和发展，到现在已经形成了一个发明技法群，深受众多企业和组织的青睐，本书将在其已有的应用基础上，将其推广应用到突发事件风险识别中。

1. 突发事件风险识别头脑风暴法的流程

突发事件的风险识别是一个特定主题，而集中注意力对特定主题与思想进行创造性沟通的问题，头脑风暴法便是一种行之有效的方法，它是探讨学术主题和解决日常事务等问题的一种可资借鉴的途径。突发事件风险识别头脑风暴法是一种生动灵活的方法，使用者不必拘泥于特定的形式，使用时可以根据会议时间、地点、条件、与会者以及主题的变化而变化。突发事件风险识别的头脑风暴法实施流程如图 4－5 所示。

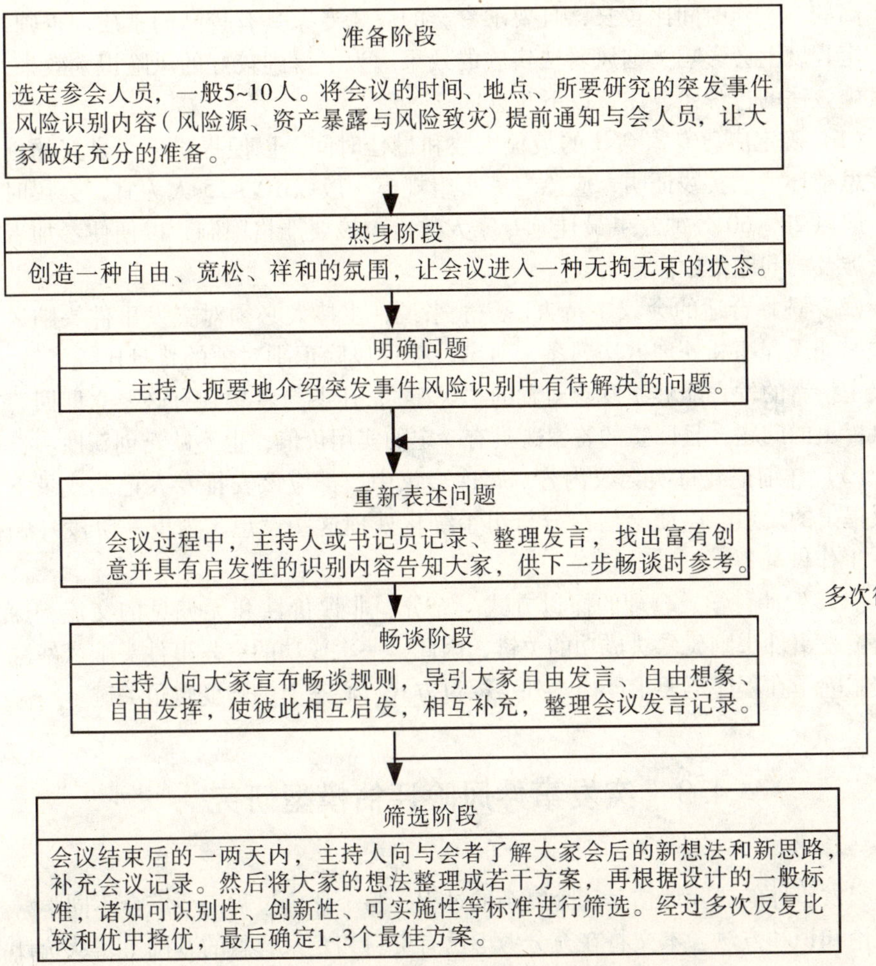

图 4－5　突发事件风险识别头脑风暴法实施流程

2. 突发事件风险识别头脑风暴法的优缺点及其注意问题

头脑风暴法较为广泛地应用于军事和民用决策中，美国国防部曾邀请 50 名专家开了两周会议来制订“长远科技规划”，当时，会议形式采用的就是头脑风暴法：参会者对事先提出的长远规划给出不同见解，经过一直讨论，使得原规划文件变成协调一致的报告，在新形成的规划文件中，只有 25%～30%

的原规划文件意见得以保留。可见，突发事件风险识别的头脑风暴法可以对所讨论的突发事件风险进行客观、连续的分析，排除折中方案，较为准确地识别出突发事件的风险组成要素，具有一定的实用价值。

就具体实施成本来看，突发事件头脑风暴法实施的时间、费用等成本都是相当高的，实施时间比较长，且要求参会的应急专家具有较高的素质，否则，在一定程度上会影响头脑风暴法实施的效果。为了得到较好的风险识别效果，在实施该法的过程中要注意以下几点：

（1）确定应急专家会议的最佳人数和最佳时间，以便提供一个良好的创造性思维环境。实践证明，应急专家小组规模一般以 10～15 人为宜，会议时间一般以 20～60 分钟效果最佳。专家人选也应该要严格限制，以便使参加者对所涉及的问题集中注意力。

（2）选择合适的会议主持人。一般来说，主持人必须对突发事件头脑风暴法的处理程序和处理方法熟悉，对突发事件风险识别对象的背景比较了解，会议主持者的发言能够激发参与者的“灵感”，让参与者感到有必要立即回答会议提出的问题，且回答的答案既具有一定的实用价值，也不缺乏创新性。

（3）详细记载每次会议内容。每次会议中，都应该安排专人记载或录下会议提出的设想，以便会后由分析组系统化处理这些设想，为下一阶段（畅谈）工作做准备。

（4）设计科学、合理的探讨方式。充分、非评价性和无偏见的交流、探讨是突发事件头脑风暴法成功的关键，因此，一次成功的突发事件头脑风暴法的实施除了在程序上要求严格之外，探讨方式、心态上的转变也很关键。

4.3 突发事件风险评估模型研究

突发事件的风险评估是一个复杂的过程，整个评价过程需要综合不同学科的理论知识和方法。本文将在充分考虑已有资料和专家智慧的基础上，从统计学角度，从主观和客观两个方面对突发事件风险分类、评级评估模型进行研究。突发事件分类、评级评估模型分析过程如图 4－6 所示。

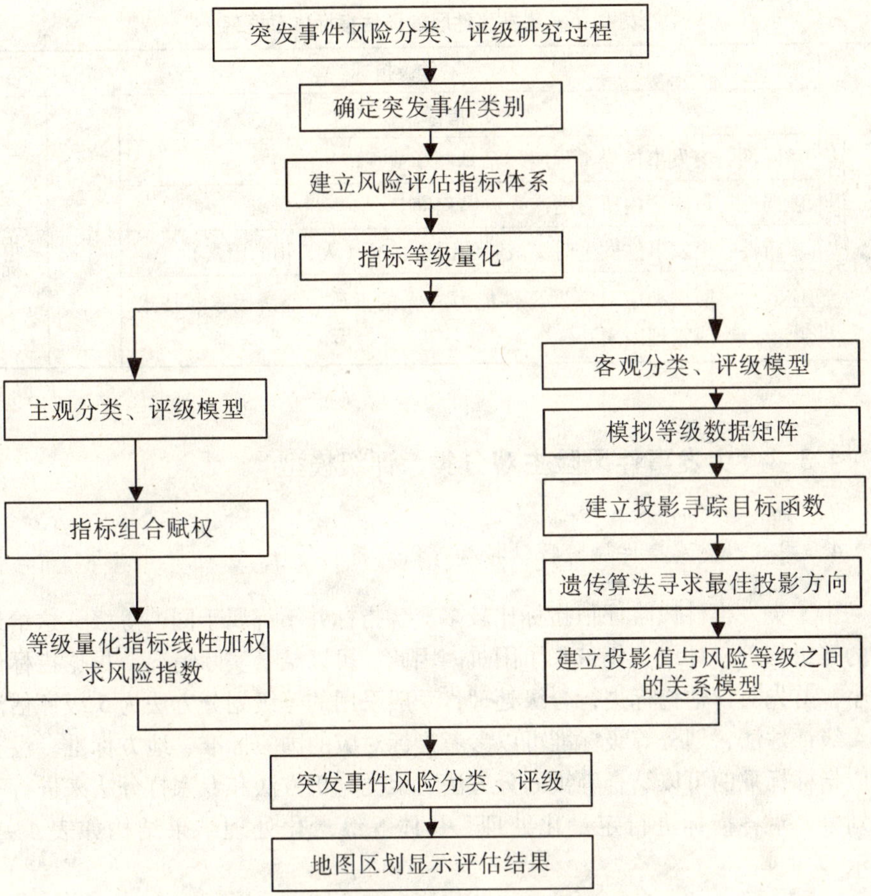

图4-6 突发事件风险分类、评级模型分析过程

4.3.1 突发事件风险评估指标体系

突发事件风险评估指标体系的建立应综合考虑某类突发事件风险的潜在危险因素、风险状态、风险导致的危害和突发事件应急能力等因素，见表4-6。一般来说，考虑产生风险的方面越多，评价指标会越多，评价结果也会更准确，但计算过程会复杂很多。

表 4－6　突发事件风险评估指标体系框架

<table>
<tr><td rowspan="6">突发事件风险</td><td rowspan="6">评估指标体系</td><td colspan="3">分级指标</td></tr>
<tr><td>一级指标</td><td rowspan="5">二级指标</td><td rowspan="5">三级指标</td></tr>
<tr><td>危险性：突发事件异常程度（活动频率或规模）</td></tr>
<tr><td>脆弱性：危险区内所有财产受灾害程度</td></tr>
<tr><td>暴露性：突发事件发生时受威胁的因素状况（人、物的因素）</td></tr>
<tr><td>应对性：防御和应对突发事件能力（人的素质、经济因素、技术或管理因素）</td></tr>
</table>

4.3.2　突发事件风险主观分类、评级模型

4.3.2.1　突发事件风险评估指标等级定量化处理

由于突发事件风险评估指标比较多，各指标并不都属于同一等级，这给最终的等级划分、评级工作带来了困难。因此，可以结合实际情况，根据指标值大小，首先对评估指标进行分级处理，一般采用的等级划分方法为 5 级评估法或 4 级评估法，划分等级标准可以参考指标对应的国家标准、地方标准。没有对应指标标准的可以结合等级划分方法、聚类分析方法和专家打分法来进行等级划分，对各指标进行定量化处理。具体等级量化处理结果结构如表 4－7 所示。

表 4－7　指标等级量化结构表[51]

突发事件	指标	量化标准	等级划分	量化分值
事件 1	评价指标	根据指标特征（定性或定量）确定量化标准	根据指标量化标准进行等级划分	根据等级确定等级量化值
	雷暴日（国家标准）	强雷区 >90 多雷区(40,90] 中雷区(15,40] 少雷区≤15	1 2 3 4	4 3 2 1

4.3.2.2 评价指标组合权重确定过程

风险评估指标权重的确定是风险评估最基本、最重要的工作[52]。确定指标权重的方法较多，基本上归结为两大类：主观赋权法和客观赋权法。主观赋权法有专家评判法、层次分析法（AHP）和 G_1 法等。客观赋权法有回归分析法、主成分分析法、因子分析法、熵值法、变异系数法、复相关系数法、坎蒂雷赋权法和组合赋权法等。在突发事件风险评估指标权重确定过程中，常用的是层次分析法。如果条件允许，一般应该采用客观和主观结合的组合赋权法，这样，既满足了风险评估的客观性又满足了主观性；既充分利用了科学采集数据包含的信息，又充分体现了风险评估专家的智慧。本文在充分分析一些赋权方法的特点（见表4－8）的基础上，从主观与客观的角度，选择 G_1 法（主观）与坎蒂雷（Amal Kantirary）赋权法（客观）结合的组合赋权方法对突发事件风险评估指标进行赋权。

表4－8 客观赋权方法特点分析表[53]

赋权方法	赋权原理	原始数据要求	适用场合	权值形式
变异系数法	变异程度	正态分布且信息多	指标间相关性小	权值为正值，且所有权值和为1
熵值法	比重差异	正态分布且信息多	指标间相关性小且正态分布	
复相关系数法 偏相关系数法 简单相关法	指标独立性大小	正态分布且信息多	指标正态分布	
秩和法 等级相关系数法	横向排序 纵向排序	无要求且信息少	指标间相关性较小	
坎蒂雷赋权法	指标变动产生的系统效应	指标标准化	指标间相关性较大	权值可能为负值，权值和不为1
主成分分析法	指标变异数	信息多且样本数大于指标数	指标间相关性大	
因子分析法	指标间的共变异数	正态分布且信息多	指标间相关性大且正态分布	

1. 坎蒂雷赋权法原理

坎蒂雷赋权法是充分根据原始数据所提供的信息来确定各指标权重的方法，其实现算法过程如下：

假设1：设原始指标为 $X=(x_1,x_2,\cdots,x_n)$，综合指标为 Y，X 的权值为 $W=(w_1,w_2,\cdots,w_n)$，W 与 Y 的关系为 $y=\sum_{i=1}^{n}w_ix_i$。

假设2：X 同 Y 的相关系数为 $cor(X,Y)$，W 与该相关系数成比例，即 $w_i \propto cor(x_i,Y)$。X 与 Y 相关程度越高，则该评估指标赋予的权值就越大，反之，赋予的权值就越小。

令 R 为 n 个评估指标的相关系数矩阵，S 是由指标标准差所组成的对角矩阵，根据假设1和假设2，坎蒂雷证明出，指标 X 的权值 W 为矩阵 RS 的最大特征根所对应的特征向量，而且由这些权值所构成的综合指标能够最大限度地反映原始信息：

$$W=\text{vector}\ (\max\ (\text{eig}\ (RS)))\tag{4-1}$$

公式（4－1）中，eig（RS）表示矩阵 RS 的特征根，对 W 作归一化处理，即可得到各指标的归一化权值。

从坎蒂雷赋权法可以发现，原始数据中包含的信息有两种：一种是各指标变异程度上的差异信息，这种信息通过各指标的标准差大小反映出来；另一种是各指标间的相互影响程度上的差异，这部分信息包含在各指标所构成的相关系数矩阵 R 中。一般来说，变异系数法利用了第一种信息，复相关系数法利用了第二种信息，坎蒂雷赋权法是通过求矩阵 RS 的最大特征根所对应的特征向量来确定指标权值，矩阵 R 包含了各指标间的相互影响，矩阵 S 反映的是各指标的变异程度，故 RS 包含了原始数据提供的两种信息。所以，坎蒂雷赋权法是一种客观、适用范围广泛的赋权方法。

2. 改进层次分析法（G_1 法）

层次分析法是一种定性与定量结合的系统分析方法，由美国匹兹堡大学教授 Santty T. L. 于20世纪70年代提出，简称 AHP 法。层次分析法充分体现了决策活动和决策科学的特点，即用定量化的方法去处理决策人的价值判断，是定性价值元素与定量事实元素的结合，是社会科学与自然科学的结合。因此，该方法是一种科学、实用的系统分析方法和决策分析工具[54]。运用层次分析法进行系统分析步骤如下：

（1）按照系统思想理论和系统工程方法对社会、经济和管理领域中的问题进行层次划分，将问题分解为不同组成因素，划分依据一般是分析问题的性质和决策总目标。

（2）按照因素间的相互关联、影响以及隶属关系，将各因素按照不同层次进行聚集组合，形成一个多层次的系统分析结构模型。

（3）将多层次的系统分析归结为最低层相对于最高层的相对优劣次序的排序或相对重要性权值的确定问题。

突发事件的风险评估也是一个多层次的系统分析结构模型，因此，可以运用层次分析法来处理和分析风险评估中的权重问题。但 AHP 的特征值法有些不足之处，不足之处见表 4－9，针对这些不足之处，不少学者对 AHP 方法进行了改进，其中以郭亚军教授的改进方法最为优化。2002 年，东北大学郭亚军教授对特征值法进行了若干改进，提出了 G_1 法。相对于特征值法，该方法的优点如表 4－9 所示。从表 4－9 的对比情况来看，G_1 法克服了 AHP 方法的一些缺点，显得更加简单、实用。故本书将采用 G_1 法对指标权值进行主观赋权，G_1 方法的原理与计算步骤[55]如下：

（1）确定序关系。在指标集（$x_1, x_2, \cdots, x_m$）中，针对某评估标准或目标，专家（或决策者）选出不劣于所有其他指标的一个指标，记为 $\hat{x}_1$；接着，从剩下的 $m-1$ 个指标中，选出认为不劣于 $m-2$ 个指标的一个指标，记为 $\hat{x}_2$，以此类推，经过 m－1 次挑选后，剩下一个指标记为 $\hat{x}_m$。相对于某评估准则或目标，当专家认为某评估指标 x_i 的重要程度不劣于 x_j 时，记为 $\hat{x}_i \geqslant \hat{x}_j$，运用这种方法，可以唯一确定一个序关系，即 $\hat{x}_1 \geqslant \hat{x}_2 \geqslant \cdots \geqslant \hat{x}_m$。

表 4－9　AHP 方法与 G_1 法优缺点对照表

G_1 优点	AHP 缺点
具有保序性，可以适应于增加或减少指标的情形以及具有空缺判断（或不完全判断）的情形	不具有保序性
不需要构造判断矩阵	需要构造判断矩阵
方法简单、直观，计算量成倍减少	特征值法不够简捷，计算较为复杂
不需要进行一致性检验	一致性原则难以在实践中得到贯彻

（2）给出 $\hat{x}_i$ 与 $\hat{x}_{i-1}$ 之间相对重要程度的比较判断。设评估指标 $\hat{x}_i$ 与 $\hat{x}_{i-1}$ 之间的重要程度之比为 w_{k-1}/w_k，专家的理性判断为：$w_{k-1}/w_k = r_k$，$(k = m, m-1, \cdots, 3, 2)$，$r_k$ 的赋值方式可参考表 4－10，这样就构造了唯一序关系的比较判断序列。

表4－10　r_k赋值参考表

r_k	说明
1.0	指标 x_{k-1} 与指标 x_k 之间具有同样重要性
1.2	指标 x_{k-1} 比指标 x_k 稍微重要
1.4	指标 x_{k-1} 比指标 x_k 明显重要
1.6	指标 x_{k-1} 比指标 x_k 强烈重要
1.8	指标 x_{k-1} 比指标 x_k 极端重要

（3）计算权重系数 w_k。

$$w_k=(1+\sum_{k=2}^{m}\prod_{i=k}^{m}r_i)^{-1}\text{[56]}\qquad w_{k-1}=r_kw_k\quad(k=m,m-1,m-2,\cdots,3,2)\quad(4-2)$$

公式中，w_k为第 k 个指标的权重。

3. 线性加权求取组合权值

根据两种方法所占的比重，对坎蒂雷赋权法与 G_1 法所得到的权值进行线性加权，见公式（4－3），得到最终的指标权值。

$$W_i=\sum_{i=1}^{n}(p_1w_{1i}+p_2w_{2i})\quad(i=1,2,\cdots,n)\qquad(4-3)$$

公式中，W_i为指标组合权值，w_{1i}与 w_{2i}分别为坎蒂雷与 G_1 法的权值，i 为指标个数，p_1与 p_2分别为两种方法在赋权过程中所占的比重，在实证分析中，$p_1=0.4$，$p_2=0.6$。

4.3.2.3　基于定量化处理的风险分析

根据表4－10 的等级量化值与组合权值，采用公式（4－4）的线性加权方法对突发事件风险指数进行评估，为后续的突发事件分类与评级工作提供依据。

$$Risk_i=\sum_{j=1}^{n}x_{ij}W_j\qquad(4-4)$$

公式中，$Risk_i$为突发事件风险指数，值越大，表示该突发事件风险越大，x_{ij}表示第 i 件突发事件风险评估指标体系中第 j 个指标的相应等级量化值，W_j 表示第 j 个指标的权值，n 表示指标体系中指标的个数。

4.3.3 突发事件风险客观分类、评级模型研究

突发事件风险评估的指标体系中往往会出现各单项指标不兼容的情况，直接利用指标评估标准的主观评估方法进行评估可能会缺少一定的实用性，主观评估、灰色关联、灰色聚类、模糊综合评估等方法的计算结果往往是一些离散的评估等级，是半定量化的，等级的分辨率较粗糙。而实际上，突发事件风险评估指标值一般应该是连续的，并且对于以上的一些风险评估方法，很多情况下都缺少一些必要的检验手段来验证该模型是否合理。针对目前常规突发事件风险评估方法形式化、数学化等局限性，对某些高维、非线性和非正态风险问题的适应能力不强的不足之处，本文将借用模拟和投影寻踪技术去建立突发事件风险的客观评估方法，希望能够克服主观评估方法中的缺陷。

4.3.3.1 投影寻踪原理

投影寻踪（Projection Pursuit，PP）技术是近 30 年国际统计界提出的一种直接由样本数据驱动的探索性数据分析方法。该方法是分析和处理高维数据的一类新兴的统计方法。1974 年，美国斯坦福大学的 Friedman 和 Tukey 首次将该方法命名为 Projection Pursuit，即投影寻踪。

投影寻踪的基本思想是将原始高维数据投影到低维（1 ~ 3 维）子空间上，寻找出反映原始高维数据结构或特征的投影，使得投影到低维空间的数据能够更好地进行分类或预测，且使原始数据信息量损失最小，从而达到研究和分析高维数据的目的[57]。投影寻踪的基本工作原理如下：

设 $X=(x_1,x_2,\cdots,x_n)$ 是 n 个 p 维向量，投影寻踪能够将 p 维向量 $x(i,j)$ $(i=1,2,\cdots,n;j=1,2,\cdots,p)$ 综合成以 $r=(r(1),r(2),\cdots,r(p))$ 为投影方向的一维投影值 $z(i)$，即

$$z(i)=\sum_{j=1}^{p}r(j)x(i,j) \qquad (i=1,2,\cdots,n;\ j=1,2,\cdots,p) \qquad (4-5)$$

在运用公式（4－5）提取综合投影值 $z(i)$ 时，要求投影值尽可能大地提取 $x(i,j)(i=1,2,\cdots,n;j=1,2,\cdots,p)$ 中的信息。如何尽可能大地去提取 $x(i,j)$ 中的信息呢？这与建立关于 $x(i,j)$ 的目标函数有极大的关系，因此，在投影寻踪方法中，投影指标（即目标函数）是解决问题的核心。

投影指标是用于衡量投影到低维空间上的数据是否有意义的目标函数，是要找到一个或几个投影方向，使目标函数的指标值达到最大或最小，目标函数定义如下：

（1）设 $X=(x_1,x_2,\cdots,x_n)$ 是 n 个 p 维向量，其分布函数为 F_x；

（2）设 $r \in R^p$ 为一方向向量，满足 $r^T r = 1$；设 X 在 r 方向上的投影为 Z，则 $Z = r^T X$，它的分布函数记为 F_Z，则投影指标是定义在 Z 上的实值函数，记为 $Y(Z)$ 或 $Y(r^T X)$。除了这种线性投影外，投影指标也可以是均值或方差等，即 $Y(r^T X) = \text{average}(r^T X)$ 或 $Y(r^T X) = \text{var}(r^T X)$。在实际应用中，需要根据具体要求来确定投影指标。

投影指标的投影方向优化问题是一个复杂的非线性优化问题，用传统的优化方法处理比较麻烦，可以采用遗传算法、模拟退火、小波估计和神经网络等智能化方法对其进行优化估计。本书将使用遗传算法对投影指标进行处理并对投影方向进行优化，遗传算法基本原理如下。

4.3.3.2 浮点编码的遗传算法原理

遗传算法是美国密歇根大学的 John Holland 教授依据类似于有机体自然选择和杂交的自然进化方式于 1962 年提出的，借助计算机的强大计算功能，该方法能够有效地解决多目标函数优化和复杂非线性组合问题。本书将运用该方法来寻找所建立的投影寻踪非线性最优化目标函数的全局最优解。该方法的基本工作原理如图 4－7 所示，其计算步骤如下[58][59][60]：

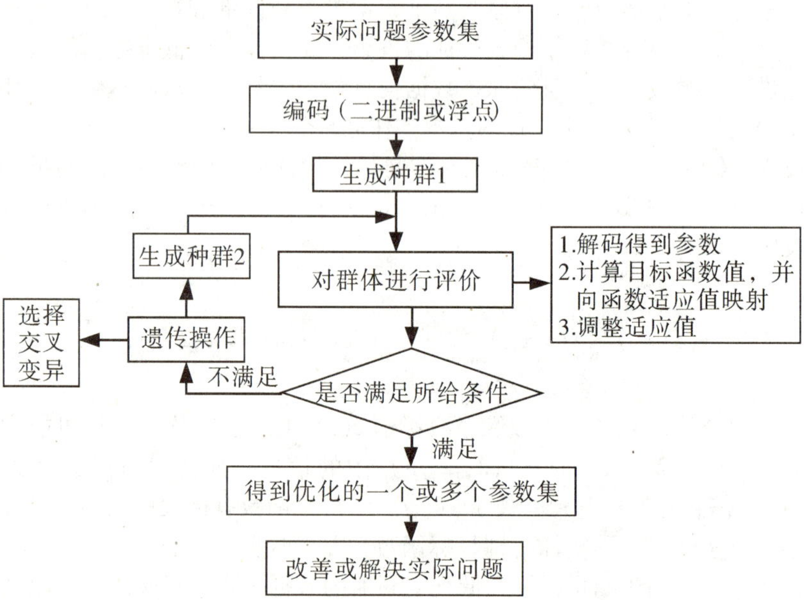

图 4－7　遗传算法基本工作原理

（1）确定目标函数。建立的优化问题的目标函数 $f(x)$ 如下：

$$\begin{cases}\text{Min} & f(x) \\ \text{st.} & a(i) \leqslant x(i) \leqslant b(i)\end{cases} \tag{4-6}$$

（2）优化变量的浮点编码。采用如下线性变换进行浮点编码：

$$x(i) = a(i) + y(i)(b(i) - a(i)) \quad i = 1,2,\cdots,n \tag{4-7}$$

公式中，n 为优化变量个数，通过公式（4－7）的线性变换，将第 i 个待优化变量 $x(i)$ 的初始变量区间［$a(i),b(i)$］映射到了［0,1］区间上，对应的浮点数为 $y(i)$，此时，$y(i)$ 被称为 FPGA 中的遗传基因。经过线性变换，就将要解决的优化问题中所有变量对应的基因顺序连在了一起，所连接起来的基因序列构成了问题解的编码形式（也称为染色体）$(y(1),y(2),\cdots,y(n))$，且取值范围均映射到了［0,1］区间。此时，FPGA 方法就可以直接对各优化变量基因进行如图 4－7 显示的遗传过程的各种操作了。

（3）初始化父代群体。设 m 为父代群体规模，在[0,1]区间上均匀生成随机数 m 组，每组 n 个随机数，即$\{u(i,j)|(i=1,2,\cdots,n;j=1,2,\cdots,m)\}$，把 $u(i,j)$ 作为初始群体的父代个体值 $y(i,j)$，把 $y(i,j)$ 代入线性变换公式（4－7）得到优化变量值 $x(i,j)$，再将 $x(i,j)$ 代入公式（4－6）得到对应的目标函数值 $f(x_i)(i=1,2,\cdots,n)$，从小到大排序目标函数值，对应个体值 $y(i,j)$ 也作相应排序，根据目标函数值越小，个体适应能力越强的准则，排在前面的 k 个优秀个体将直接进入下一代。

（4）计算父代群体适应度。运用公式（4－8）的评估函数为种群中的每个染色体 y（i，j）设定一个概率，使每个染色体被选择的概率与种群中其他染色体的适应度成正比，即被选择的概率越大，则染色体适应度越强。基于序的评估函数不是根据其实际的目标值进行分配，而是根据染色体的序进行再生分配的。

设 $a \in (0,1)$，则基于序的评估函数为：

$$Y(y(i,j)) = a(1-a)^{j-1} \quad j = 1,2,\cdots,m \tag{4-8}$$

公式中，当 $j=1$ 时，染色体最好，适应性最强；当 $j=n$ 时，染色体最差，适应性最差。

（5）进行选择运算，产生第一个子代群体$\{y_1(i,j)|(i=1,2,\cdots,n;j=1,2,\cdots,m)\}$。选择过程在以旋转赌轮 n 次的前提下，每次旋转都为新种群选择

一个染色体，选择染色体的依据是适应度，其具体选择过程如下：

计算每个染色体 $y(i,j)$ 的累积概率 $p_i(i=1,2,\cdots,n)$ 为：

$$\begin{cases} p_0 = 0 \\ p_i = \sum_{i=1}^{j} Y(y(i,j)) \end{cases} \quad i = 1,2,\cdots,n; j = 1,2,\cdots,m \tag{4-9}$$

从区间$[0,p_i]$中产生一个随机数 r；若 $p_{i-l} < r \leqslant p_i$，则选择第 i 个染色体 $y(i,j)$。

重复步骤 4 和步骤 5 共 m 次后，将复制的 m 个染色体组成新一代个体。在上述选择过程中，不能保证 $p_m=1$，此时可以将所有的 p_i 除以 p_m，使得 $p_m=1$，这样得到的新概率依然与适应度成正比，这种处理方式不影响进化过程，但不能很好地解释概率问题。

（6）杂交父代的种群。设杂交参数 p_C 为交叉操作的概率，此时表明期望进行交叉操作的染色体个数为 $p_C m$ 个。为了确定交叉操作的父代，将从 $j=1$ 到 m 重复以下操作：

在［0,1］范围内产生随机数 r_1，如果 $r_1 < p_C$，则选择的一个父代为 $y(i,j)$，选择的父代表示为 $y'_1(i,j), y'_2(i,j), \cdots, y'p_C m(i,j)$，将它们随机分配成对 $(y'_1(i,j), y'_2(i,j)), (y'_3(i,j), y'_4(i,j)), \cdots$，当父代个体数为奇数时，可以使用去掉或再选择一个染色体的方法保证两两配对。以$(y'_1(i,j), y'_2(i,j))$为例，从（0,1）中产生一个随机数 r_1，采用算术交叉法，按下列形式在 $y'_1(i,j)$ 和 $y'_2(i,j)$ 之间进行交叉运算，产生两个后代 X 和 Y。

$$X = r_1 y'_1(i,j) + (1-r_1) y'_2(i,j) \tag{4-10}$$

$$Y = r_1 y'_2(i,j) + (1-r_1) y'_1(i,j) \tag{4-11}$$

如果可行集是凸的并且两个父代可行，则两个后代的可行性可以通过公式（4-10）和公式（4-11）的凸组合交叉运算实现。但是，大多数情况下，可行集不一定是凸的，而且其凸性的验证也比较困难。此时，必须检验后代的可行性，如果两个后代都可行，则让它们代替其父代产生新的随机数 r_2，接着进行交叉运算，直到获得两个可行的后代为止，如此下去，重复 m 次。

经过以上杂交运算后，最后得到了第二代群体$\{y_2(i,j) \mid (i=1,2,\cdots,n; j=1,2,\cdots,m\}$。

（7）进行变异运算。设遗传系统中的变异概率为 p_m，此时表明期望进行变异操作的染色体个数为 $p_m m$ 个。变异操作与交叉操作相似，从 $j=1$ 到 m 重复下列操作：

随机产生 $[0,1]$ 范围的随机数 r_1，如果 $r_1 < p_m$，选择变异的父代为染色体 $y(i,j)$，用 $y'_3(i,j)$ 表示被选择的父代，对于被选择的父代，按公式（4－12）进行变异。从 $(0,1)$ 中产生一个随机数 r_2，在 R^m 中随机选择变异方向 d，则

$$X = y'_3(i,j) + r_2 d \quad i = 1,2,\cdots,n; j = 1,2,\cdots,m \tag{4-12}$$

若上述公式不可行，则置 r_2 为（$0,r_2$）上的随机数，直到可行为止，这样，群体的多样性就得到了保证。在预先给定的迭代次数的前提下，如果没有找到可行解，则取 $r_2=0$。无论 r_2 取何值，都用 $X=y'_3(i,j)+r_2 d$ 替代 $y'_3(i,j)$。

经过以上变异运算后，最后得到了新一代种群 $\{y_3(i,j)\mid(i=1,2,\cdots,n;j=1,2,\cdots,m)\}$。

（8）演化迭代。经过步骤（5）到（7）的操作，得到了 $3m$ 个子代个体，按适应度函数值大小顺序对得到的子代个体从小到大进行排列，选择最前面 k 个子代个体作为新一代的父代个体种群，转入步骤（4），进行新一轮演化过程，评价、选择、杂交和变异新的父代个体，不断重复迭代，直到算法运行迭代此处达到预先设定值或最优个体的目标函数（投影指标）值小于预先设定值为止，此时，寻优过程结束。

4.3.3.3　基于投影寻踪技术的突发事件风险分类、评级模型

根据 4.3.3 中 1～2 部分介绍的原理，设计基于投影寻踪技术的突发事件风险分类、评级模型步骤如下：

（1）根据量化指标等级，采用模拟方法在每个指标的每个等级均匀生成多个模拟值，组成等级模拟矩阵。

（2）归一化处理样本评估指标集。设 $\{x(i,j)\mid i=1,2,\cdots,n;j=1,2,\cdots,m\}$ 为每个指标值的样本集，其中，$x(i,j)$ 为第 i 个样本第 j 个指标的值，n、m 分别为样本和指标个数。采用公式（4－13）和公式（4－14）对各指标值进行极值归一化处理[58]，以消除量纲影响，统一变化范围。

$$\text{正向指标：} x^*(i,j) = \frac{x(i,j) - x_{\min}(j)}{x_{\max}(j) - x_{\min}(j)} \tag{4-13}$$

$$\text{负向指标：} x^*(i,j) = \frac{x_{\max}(j) - x(i,j)}{x_{\max}(j) - x_{\min}(j)} \tag{4-14}$$

公式中，$x^*(i,j)$为指标归一化值，$x_{max}(j)$和$x_{min}(j)$分别表示第j个指标最大值和最小值。

（3）构造投影指标函数$f(r)$。在对突发事件风险进行分类、评级的过程中，要想最大限度地提取数据中的信息，达到分类、评级的效果，需要投影值$z(i)$的散点分布特征为：整体上投影点之间尽可能散开，而局部投影点则尽可能密集，最好能够凝聚成若干个点团。根据投影值的分布特征，建立投影指标函数如下：

$$f(r)=S_Z D_Z \qquad s.t.\ \ r^T r=1 \tag{4-15}$$

公式中：

$$z(i)=\sum_{j=1}^{p} r(j)x^*(i,j) \qquad (i=1,2,\cdots,n;\ j=1,2,\cdots,p) \tag{4-16}$$

$$S_z=\sqrt{\frac{\sum_{i=1}^{n}(z(i)-E(z))^2}{n-1}} \tag{4-17}$$

$$D_z=\sum_{i=1}^{n}\sum_{j=1}^{n}(R-d(i,j)u(R-d(i,j))) \tag{4-18}$$

$$u(R-d(i,j))=\begin{cases}0 & R<d(i,j)\\ 1 & R\geqslant d(i,j)\end{cases} \tag{4-19}$$

$$d(i,j)=|z(i)-z(j)| \tag{4-20}$$

在公式（4-15）至（4-20）中，S_Z为投影值$\{z(i)\mid i=1,2,\cdots,n\}$的标准差，反映了投影值的风险指数的变异情况，标准差越大，投影点在整体上划分得越开，则风险指数的分类效果越显著；D_z为投影值$z(i)$的局部密度，反映了投影值之间的密切程度，局部密度越大，则局部投影点越密集，某些灾害指数关系越密切，其相似性越明显；u为单位阶跃函数；$E(z)$为投影值均值；R为局部密度的窗口半径，R值的选择标准是既不能使包含在窗口内的投影点的平均个数太少，避免加大滑动平均偏差，又不能使R随着n的增大增加太多，实验证明，R在［$d_{max}+p/2,2p$］范围内取值较为合理；$d(i,j)$为样本之间的距离；r为投影方向向量；T表示转置运算。

（4）优化投影指标函数。从给定的各指标值可以发现，当S_Z和D_Z都取得最大值时，分类评估效果会达到最优，此时，该指标函数转换为求最大值问题，即

$$\text{Max}\, f(r) = S_Z D_Z \qquad s.t.\ r^T r = 1 \tag{4-21}$$

遗传算法通常只解决最小值问题，将公式（4－21）转化为最小值问题，即

$$\text{Min}\, f(r) = -S_Z D_Z \qquad s.t.\ r^T r = 1 \tag{4-22}$$

公式（4－22）是一个以 $\{r(j) \mid j = 1, 2, \cdots, p\}$ 为优化变量的复杂非线性最小值问题，使用4.3.3.2中的遗传算法对该高维数据进行全局寻优，以得到最佳投影方向。

（5）根据投影值和对应的量化等级标准建立分类、评级模型。根据遗传算法获取的最佳投影方向 r，代入公式（4－16）可以得到进行分类、评级的投影值。根据4.3.2中划分的风险等级标准和投影值，建立风险等级与投影值之间的函数关系，即风险等级评估模型，并对模型精度进行评价。

$$D = f(z) \tag{4-23}$$

在上述公式中，D 为设置的风险等级，z 为投影值。

4.3.4　突发事件风险指数等级划分与区划分析

对于所确定的风险度，可以结合历史资料、计算结果或各种突发事件划分标准和实际情况对风险度进行等级划分，划分结果框架见表4－11，从而确定某个地区突发事件的风险等级。根据确定的风险等级，采用GIS技术在地图上对风险等级进行显示，使其评估结果能够得到更加直观的显示，以利于决策者进行决策。本书将结合R语言方便、简捷的地图显示技术对突发事件风险指数进行区划显示分析。

表4－11　突发事件风险等级、区划评估表

突发事件	地区	风险指数	风险等级
事件1	地区1	指数1	等级1
	地区2	指数2	等级2
	⋮	⋮	⋮
	地区 n	指数 n	等级 n

4.4 广东省雷电灾害风险分类、评级评估

4.4.1 广东省雷电灾害状况分析及数据来源

俗语有云“天有不测风云”。人类自古以来一直饱受各种天灾威胁，就以“行雷闪电”这种自然现象来说，雷电灾害是“联合国国际减灾十年”公布的最严重的十种自然灾害之一，全世界平均每分钟发生雷暴两千次，每年雷击造成的伤亡人数超过一万人，雷电灾害导致的火灾、爆炸、通信系统瘫痪等事故频繁发生，每年雷击造成的直接经济损失超过20亿美元。随着社会经济、信息技术，特别是计算机网络技术的迅速发展，城市高层建筑日益增加，雷电灾害造成的损失也越来越大。据不完全统计，从1997年到2006年的10年间，雷电灾害造成的直接经济损失从6 000多万元上升到4亿多元，间接经济损失从近千万元到近亿元，而雷电灾害造成的电力、通信、网络和交通灯中断带来的间接损失基本无法计算。另外，还有我国的封建迷信致使一些雷电灾害没有上报，故雷电灾害造成的损失要远远大于统计所得出的数据。

广东是中国雷击灾害发生最频繁的地区之一，省内各市每年平均雷暴日80天，频密程度居全国第三。最近几年来，广东每年发生的雷击事件都有上千宗，造成的经济损失以亿元计，暴戾恣睢的雷电已成为与洪涝旱渍相提并论的重大自然灾害。广东西南面的雷州半岛自古以来便是闻名的雷击重灾区，如今却是“小巫见大巫”，广州2005年以200多起雷击灾害高居榜首，而粤西的茂名、湛江均在100起以上，其他如佛山、深圳、珠海、中山、东莞、惠州等珠江三角洲富裕城市，都有数十起雷击灾害记录。图4－8和图4－9给出了31个省、市、自治区的雷电灾害次数与经济损失分布情况。从图中可以看出，1997—2006年[61]，就雷电灾害事故而言，我国东部沿海和南部地区比较严重，西部地区雷电灾害较轻。但无论从经济损失还是雷电灾害次数来看，广东省所在区域颜色最深，说明其雷电灾害最严重，总共发生雷电灾害8 770起，直接经济损失7 993万元，其次为福建、山东、浙江和江西。因此有必要对广东省雷电灾害进行风险评估，研究易受雷电侵袭的高风险区的分布情况，从防雷减灾的角度确定最合理的防雷设施，避免盲目建设防雷设施，也为决策者提供决策依据，有效地进行防雷减灾工作。

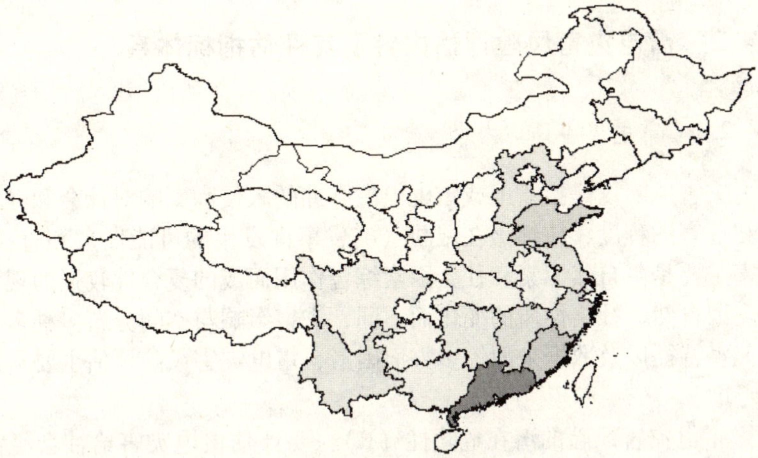

图4-8　我国雷电灾害次数分布示意图

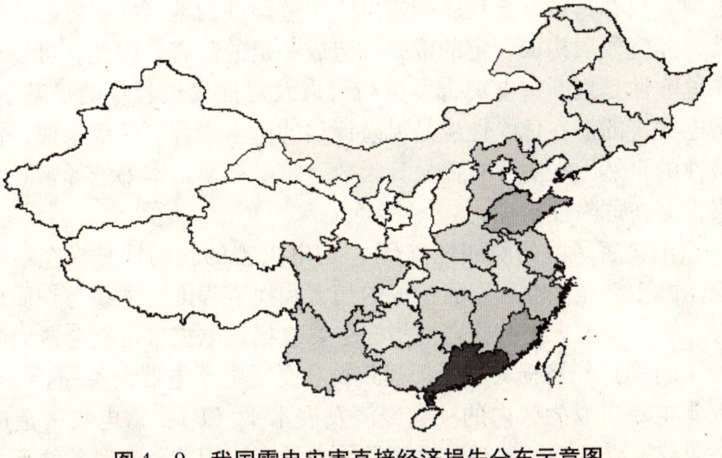

图4-9　我国雷电灾害直接经济损失分布示意图

广东省2004年雷电灾害风险指数分析用到的数据主要来自《广东省防灾减灾年鉴》(2004)、《广东统计年鉴》(2004) 以及一些雷电灾害网站。鉴于各指标数据的不完善，以及各指标统计方法的差异性，“雷暴日”指标主要依据中国气象局雷电防护管理办公室在2005年6月提供的雷暴日数据。

4.4.2 雷电灾害风险评估内容及其评估指标体系

4.4.2.1 雷电灾害评估内容

雷电灾害风险度是指雷电或雷电电磁脉冲的入侵和影响对社会和经济构成的威胁和危害的程度，包括潜在威胁（突发事件发生的可能性）和直接灾害。雷电灾害主要是由自然因素和社会因素综合作用而成的复合性较强的现象，其被害程度因自然、社会性质的变化而不同，灾害影响与空间分布多种多样。综合雷电灾害特征以及数据来源等多方面因素，雷电灾害风险评估主要从以下几个方面考虑：

（1）雷电灾害风险的潜在危险性（R）：要评估雷电灾害给社会经济系统带来的威胁与危害的程度，首先要清楚了解导致雷电灾害的潜在危险性。潜在危险性是预测雷电灾害发生和被害程度的重要条件之一，是雷电灾害自然属性的主要表现。只有具备一定程度的雷电灾害危险性的地区才有可能致灾，才会对区域社会经济发展构成一定的威胁和造成一定的危害。因此，可以说雷电灾害的潜在危险性是判断雷电灾害发生与否以及可能发展程度的最基本的标准。所以说雷电灾害的潜在危险性应是风险评估的基本内容。一般来说，雷电灾害潜在危险性的自然因素主要有雷暴日天数、雷暴频率，本书选择雷暴日天数作为雷电灾害潜在危险性指标。

（2）雷电灾害风险的脆弱性（C）：雷电灾害的脆弱性是指在给定危险区内的承载体由于潜在危险因素而造成的伤害和损失程度。主要与物质成分、结构和状态有关。雷电灾害的脆弱性指标主要包括雷电灾害可能会造成的人员伤亡、直接（间接）经济损失、受损建筑物和受损电子电器设备等。

（3）雷电灾害发生区内的社会经济发展水平（P）：雷电灾害造成的损失量的大小和被害程度与区域社会经济发展水平密切相关。一般条件下，雷电灾害的风险度随社会经济发展水平的提高而增加。只有综合考虑承载体的社会经济发展水平和雷电灾害的致灾作用以及相互作用的关系，才能真正做好雷电灾害风险评估。综合考虑城市发展状况以及数据来源，社会经济发展水平指标主要包括地区人均住宅面积、人口数以及 GDP。

（4）雷电灾害危险区的抗灾能力（Re）：危险区对灾害的抗灾（承受）能力因地区的自然条件和社会经济条件的发展程度的不同而不同，危险区抗灾能力是指对灾害的防灾能力。危险区的抗灾能力越大，灾害发生的可能性和危害程度就越小。

4.4.2.2　雷电灾害风险评估指标体系

根据以上评估的基本内容，从雷电灾害潜在威胁与直接危害两个方面考虑，综合、分析雷电灾害在社会经济发展中的影响，并考虑数据的可获取性、易计算和多层次等特点，从统计学角度选择雷电灾害风险评估因子和建立雷电灾害风险评估指标体系[62]，建立的指标体系见表4-12。表中各指标的计算方法如下：

（1）雷暴日天数：在初雷和终雷的时间内出现雷暴日的天数（天）；

（2）人员伤亡：由于雷暴天气造成的死亡人数（人）；

（3）经济损失：由于雷暴天气造成的直接经济损失（万元）；

（4）受损建筑物：雷暴天气造成的建筑物受损事件（宗）；

（5）受损电子电器设备：雷电造成的电子电器设备损伤事件（宗）；

（6）人均房地产投资额：区域样本年限内［房屋和基础设施投资（万元）/人口数（人）］（万元/人）；

（7）人均地区生产总值：区域样本年限内常住人口人均生产总值（万元/人）；

（8）人口密度：区域样本年限内［人口总数（人）/区域面积（km^2）］（人/km^2）；

（9）抗灾指数：区域样本年限内直接经济损失（万元）/区域样本年限内总GDP（万元）。

表4-12　雷电灾害风险评估指标体系

	一级指标	二级指标
雷电灾害风险评估指标体系	风险的潜在危险性（R）	年平均雷暴日天数（x_1）
	风险的脆弱性（C）	人员伤亡（x_2）
		经济损失（x_3）
		受损建筑物（x_4）
		受损电子电器设备（x_5）
	社会经济发展水平（P）	人均房地产投资额（x_6）
		人均地区生产总值（x_7）
		人口密度（x_8）
	抗灾能力（Re）	抗灾指数（x_9）

4.4.3 雷电灾害指标等级量化及权重的确定

4.4.3.1 雷电灾害指标等级量化

根据4.3介绍的等级量化方法，采用4级等级量化。其中，存在相关指标标准的直接采用其标准，不存在指标分级标准的运用PAM（Partitioning Around Medoid，围绕中心点的划分）聚类方法进行等级量化。

PAM算法的基本思想是：先为每个簇随意选择一个代表对象（中心点），根据剩余对象与代表对象的相异度或距离，将剩余对象分配给最近的一个簇，反复用非代表对象替换代表对象，重复分配操作，以提高聚类质量；聚类质量通常由代价函数来评价，该函数主要是用来判断一个非代表对象是否能够很好地代替当前的代表对象，如果是则进行替换，否则不替换。PAM聚类的合理性通常用平均侧影宽度来判断，当侧影宽度在(0.51,1.00)之间时，分类比较合理，小于0.50则表明聚类结果不够合理。PAM算法的优势在于：PAM算法比较健壮，对孤立点数据和“噪声”不敏感；由它发现的簇与测试数据的输入顺序无关；能够处理不同类型的数据点；对小的数据集非常有效[63]。

在聚类迭代后，相对收敛度为10^{-15}，整体簇间平均侧影宽度均在0.64以上，表明各变量的等级划分比较合理。等级合理性判断标准及各指标的等级量化情况如表4-13所示。

表4-13 雷电灾害风险评估指标等级量化情况

评估指标	量化标准	等级	量化值
x_1（国家标准）	≥91	1	4
	41~90	2	3
	16~40	3	2
	≤15	4	1
x_2（平均侧影宽度0.72）	≥45	1	4
	25~44	2	3
	8~24	3	2
	≤7	4	1
x_3（平均侧影宽度0.78）	≥3 500	1	4
	1 500~3 499	2	3
	800~1 499	3	2
	≤799	4	1

（续上表）

评估指标	量化标准	等级	量化值
x_4（平均侧影宽度 0.70）	≥25	1	4
	10～24	2	3
	5～9	3	2
	≤4	4	1
x_5（平均侧影宽度 0.80）	≥180	1	4
	120～179	2	3
	30～119	3	2
	≤29	4	1
x_6（平均侧影宽度 0.83）	≥10 000	1	4
	5 700～9 999	2	3
	2 500～5 699	3	2
	≤2 499	4	1
x_7（平均侧影宽度 0.82）	≥40 000	1	4
	25 000～39 999	2	3
	15 000～24 999	3	2
	≤14 999	4	1
x_8（平均侧影宽度 0.72）	≥200	1	4
	70～199	2	3
	50～69	3	2
	≤49	4	1
x_9（平均侧影宽度 0.64）	≥5.0	1	4
	2.0～5.9	2	3
	0.6～1.9	3	2
	≤0.59	4	1

4.4.3.2 雷电灾害风险评估指标权值

根据前面介绍的指标权重确定方法，采用主观与客观的结合，进行指标权值的确定。依据前面介绍的坎蒂雷权值和 G_1 法权值确定方法，得到的权值情况如表 4－14 所示。

从表 4－14 可以看出，确定的坎蒂雷权值有不合理的部分，年平均雷暴日天数（x_1）对雷电灾害风险的影响很大，故所占的权值应该是比较大的；而受损电子电器设备（x_5）对雷电灾害风险的影响不及应急能力的影响大，但权重排第二位，故只是运用客观赋权重的方法并不能很好地体现各风险评估指标之间的关系。需要运用主观评估方法来对权重进行辅助赋权。依据 G_1 赋权法得到的权值，权值大小严格地体现了专家的意见，本书认为各指标的重要程度关系为：$x_1 > x_2 > x_3 > x_9 > x_8 > x_4 > x_5 > x_7 > x_6$，对应的重要程度序列为：1.4，1.4，1.2，1.2，1.2，1，1，1.2，1.2，得到的权值如表 4－14 所示。

对两种权值进行线性加权，得到的指标综合权值如表 4－14 所示，该指标权值既尊重客观规律，也反映了专家的主观意见。

表 4－14　雷电灾害三种指标权值比较

指标	x_1	x_2	x_3	x_4	x_5	x_6	x_7	x_8	x_9
坎蒂雷权值	0.116 7	0.169 6	0.192 1	0.168 4	0.186 0	0.002 9	0.049 0	0.046 4	0.068 9
G_1 法权值	0.241 8	0.172 7	0.123 4	0.071 4	0.071 4	0.059 5	0.071 4	0.085 7	0.102 8
综合权值	0.191 8	0.171 5	0.150 9	0.110 2	0.117 2	0.036 9	0.062 4	0.070 0	0.089 2

运用二级指标权值，得到的一级指标权值如表 4－15 所示。从表 4－15 可以看出，风险脆弱性所占的权重比较大，体现了在雷电灾害中，资产（人、物和财产）暴露是雷电灾害风险评估的主要因素。

表 4－15　雷电灾害各级指标权值

	一级指标	二级指标
雷电灾害风险评估指标体系	风险的潜在危险性（R）（0.191 8）	年平均雷暴日天数 x_1（0.191 8）
	风险的脆弱性（C）（0.549 8）	人员伤亡 x_2（0.171 5）
		经济损失 x_3（0.150 9）
		受损建筑物 x_4（0.110 2）
		受损电子电器设备 x_5（0.117 2）
	社会经济发展水平（P）（0.169 3）	人均房地产投资额 x_6（0.036 9）
		人均地区生产总值 x_7（0.062 4）
		人口密度 x_8（0.070 0）
	抗灾能力（Re）（0.089 2）	抗灾指数 x_9（0.089 2）

4.4.4　基于主观评估的雷电灾害风险分析

依据 4.3.2 中的风险定量化处理方法，对广东省 19 个市的雷电灾害风险进行分析，计算结果如表 4－16 所示。

表 4－16　广东省 19 个市雷电灾害风险度指数

城市	风险度指数	城市	风险度指数
广州市	3.52	东莞市	1.86
佛山市	2.67	江门市	1.78
清远市	2.57	揭阳市	1.75
湛江市	2.42	河源市	1.70
韶关市	2.36	中山市	1.69
梅州市	2.30	惠州市	1.67
茂名市	2.24	潮州市	1.61
深圳市	2.08	阳江市	1.59
珠海市	1.88	汕尾市	1.54
汕头市	1.88		

结合风险指数值与 PAM 聚类值，对雷电灾害风险度评估进行分级处理，得到风险度等级结果如表 4－17 所示。

表 4－17　广东省雷电灾害风险度等级划分

风险等级	风险度指数
重度风险	3～4
中度风险	2～3
轻度风险	1～2
微度风险	0～1

4.4.5　基于投影寻踪的雷电灾害风险分析

根据表 4－13 中所建立的指标等级标准，为每个指标的每个级别随机均匀生成 10 个模拟值，组成 40×9 的模拟矩阵，并对模拟矩阵进行标准化处理。

4.4.5.1　风险等级与投影值关系模型的建立

采用基于遗传算法的投影寻踪风险分类、评级模型进行分析。求解模型时，选择转化为求取最小值的目标函数，种群规模为300，交叉概率为 $1/n+1$（n 为优秀个体数），变异概率为0.8，选择优秀个体为40。迭代100次后（如图4-10），得到最大值为34 757.42，最佳投影方向为 $r=c$(0.401 2，0.526 5，0.075 6，0.370 3，0.464 9，0.380 6，0.073 4，0.074 1，0.217 2)，投影值结果如表4-18所示。投影值与风险等级之间的关系如图4-11所示。

表4-18 风险投影值

等级	1	2	3	4	5	6	7	8	9	10
1	0.185 9	0.171 4	0.256 2	0.189 3	0.163 3	0.092 4	0.224 7	0.120 0	0.162 3	0.236 0
2	0.810 6	0.810 3	0.691 4	0.772 0	0.918 6	0.960 1	0.934 5	0.922 7	1.010 8	1.040 5
3	1.654 1	1.913 6	2.009 8	2.004 3	1.744 3	1.950 7	2.194 2	1.643 7	1.795 3	1.848 2
4	3.598 0	4.152 2	3.707 7	3.239 2	3.732 4	3.599 5	3.595 1	3.214 6	3.574 6	3.843 3

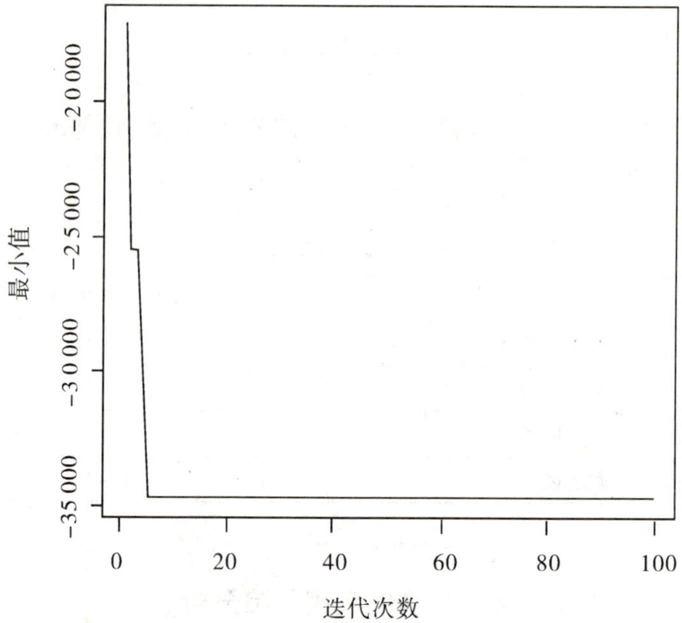

图4-10 遗传算法收敛情况图

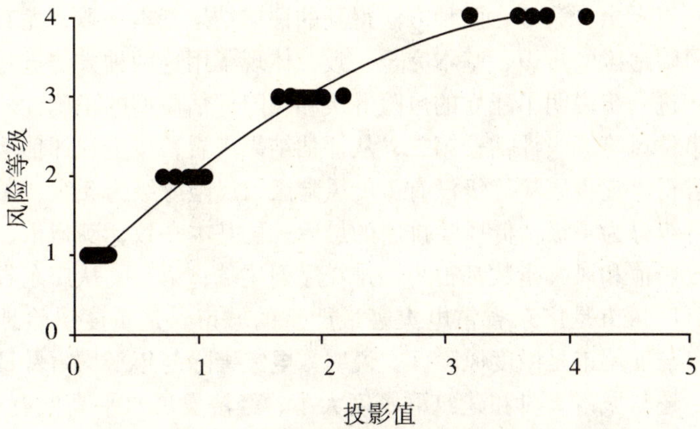

图 4－11 风险级别与投影值关系图

从投影值和风险等级的关系图中可以发现，投影值与风险等级之间存在多项式关系，运用回归分析，得到风险指数与投影值之间的关系模型为如下公式：

$$D = 0.7506 + 1.5493 \times z - 0.1808 \times z^2 \tag{4-24}$$

在公式（4－24）中，D 为雷电灾害等级，z 为投影值。

对该模型进行检验，分析结果如表 4－19 所示。从检验结果看，模型 R^2 为 0.9904，P 值小于 2.2×10^{-16}，模型拟合程度相当好，常数项、一次项和二次项的 P 值都小于 2×10^{-16}，检验结果也相当显著。综合两部分，可以得出该模型具有较好的精度，可以运用到实际操作中。

表 4－19 模型检验结果

指 标	估计值	标准误差	P
常数项	0.750 6	0.040 3	<2e－16 * * *
一次项	1.549 3	0.054 4	<2e－16 * * *
二次项	－0.180 8	0.013 3	<3e－16 * * *
模型精度			<2.2e－16 * *

4.4.5.2 关系模型的应用

运用模型对广东省的雷电灾害进行评估，结果如表 4－20。根据表 4－20

的结论，可以看出：第一，两种方法得到的评估结果基本一致，尤其是雷电高风险和低风险地区的辨识，基本完全一致，体现了用这两种方法进行风险评估的合理性，进一步说明了建立的风险等级和风险评估模型的正确性。可以用来进行突发事件风险等级评估；第二，从评估结果来看，按主观评估法的分级标准，广东省雷电灾害风险等级没有微度风险区，风险等级为 3 级，关系模型得到的风险等级分为 4 级，低风险排序的最后三位基本一致，潮州市、阳江市与汕尾市的投影值和风险指数都很小，排在序列尾端；第三，从广东省雷电灾害状态来看，广州市是广东省雷电灾害最严重的城市，是重度风险地区，潮州市、阳江市与汕尾市是微度风险区。说明雷电灾害除与年平均雷暴日天数有较大关系外，还与城市人口和建筑群密度大小、经济发展水平高低有很大关系，这也与主观评估中风险脆弱性占较大权重一致。说明广州市在加快经济发展的同时，也要做好增城、从化一带的防雷、避雷措施，从整体上减少广州市雷电灾害损失。

表 4－20　广东省的雷电灾害评估结果（2004 年）

城市	主观评估法		投影寻踪法		
	风险指数	风险等级	风险指数	风险等级	相对误差（%）
广州市	3.52	1	3.923 4	1	1.92
佛山市	2.67	2	3.238 4	2	7.95
清远市	2.57	2	3.0 100	2	0.33
湛江市	2.42	2	3.137 7	2	4.59
韶关市	2.36	2	3.001 5	2	0.05
梅州市	2.30	2	2.958 9	2	1.37
茂名市	2.24	2	2.753 1	2	8.23
深圳市	2.08	2	2.626 5	2	12.45
珠海市	1.88	3	1.881 9	3	5.91
汕头市	1.88	3	1.554 8	3	22.26
东莞市	1.86	3	1.941 8	3	2.91
江门市	1.78	3	2.647 6	2	11.75
揭阳市	1.75	3	1.886 9	3	5.66
河源市	1.70	3	2.146 6	3	7.33

（续上表）

城市	主观评估法		投影寻踪法		
	风险指数	风险等级	风险指数	风险等级	相对误差（%）
中山市	1.69	3	2.082 5	3	4.13
惠州市	1.67	3	2.114 6	3	5.73
潮州市	1.61	3	1.295 1	4	29.51
阳江市	1.59	3	1.539 7	4	23.02
汕尾市	1.54	3	1.003 5	4	0.35

4.4.6　雷电灾害综合风险分析及区划显示

为了能够更好地体现广东省雷电灾害风险指数等级分布情况，运用红、橙、黄、蓝四种常用灾害颜色对广东省各市的雷电灾害风险指数分布状况进行标识，风险指数区划显示如图4－12和图4－13所示。

从图4－12和图4－13可以看出，广州市是雷电灾害重度风险区，主要是由于增城、从化这些城市高山较多，引起的灾害比较严重，加大了广州市的雷电灾害风险；粤北、粤西地区的雷电灾害风险比较大，粤东、粤南地区的雷电灾害风险要轻一些。

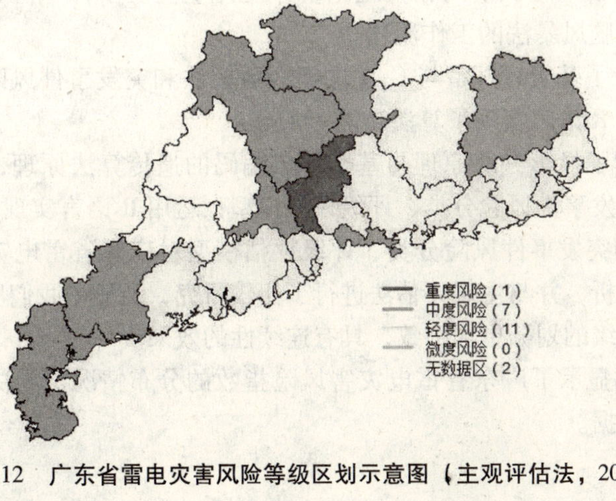

图4－12　广东省雷电灾害风险等级区划示意图（主观评估法，2004年）

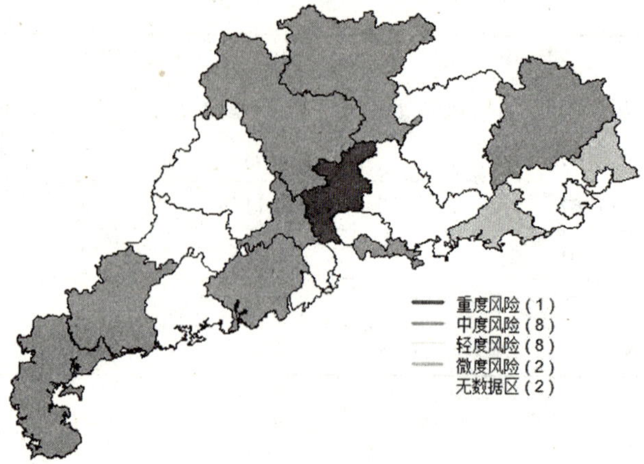

图 4－13　广东省雷电灾害风险等级区划示意图（客观评估法，2004 年）

4.5　本章小结

本章进行了以下几个方面的研究：

（1）对突发事件风险的组成，风险评估的功能、过程和标准进行了总结与讨论。

（2）介绍了风险识别的相关理论，并设计了突发事件风险识别方法——德尔菲法与头脑风暴法的工作流程。

（3）设计了基于坎蒂雷与 G_1 法的组合赋权法和突发事件风险评估主观评估模型，运用 R 语言实现了算法功能。

（4）介绍了投影寻踪原理与基于浮点编码的遗传算法原理，设计了基于投影寻踪的突发事件风险分类、评级评估模型，运用 R 语言实现了算法功能。

（5）运用突发事件风险分类、评级评估模型对广东省雷电灾害风险评估进行了实证分析，并与主观评估法进行了比较研究，凸显了我们所建立的客观评估模型对等级的划分更加细致，具有连续性的效果。

（6）区划显示了广东省雷电灾害风险指数的分布情况，为决策者提供了直观的决策依据。

5　突发事件风险评估的统计模拟技术

5.1　统计学视角下的灾害演化机制

对于台风灾害的演化和发展，可以有很多理解，从气象学上来说，这是一种气象灾害，是大气系统不断运行的结果；从哲学上来讲，发展是指事物由小到大，由简到繁，由低级到高级，由旧事物到新事物的运动变化过程。本书所说的演化和发展主要是指台风灾害的酝酿、发生、演变和终结这四个过程。台风的演变主要体现在强度和范围等不同层面的扩展上，从强度上讲主要是指台风对承载体的破坏能力和破坏程度的增强，从范围来讲会不断扩大受其影响的承载体，包括空间上的扩大和数量的增加。如果我们把灾害的发展看作是阶段状态的变化，那么台风灾害的发展模式可以用一种状态转换系统来表示，状态之间的转换动因可以用一个概率来描述，这就是所谓的马尔可夫链模型。如图5－1所示，如果我们把酝酿过程视为状态1，发生过程视为状态2，以此类推，那么这些状态之间的转换概率就可以用一个矩阵T来表示，这个矩阵被称为转移矩阵。

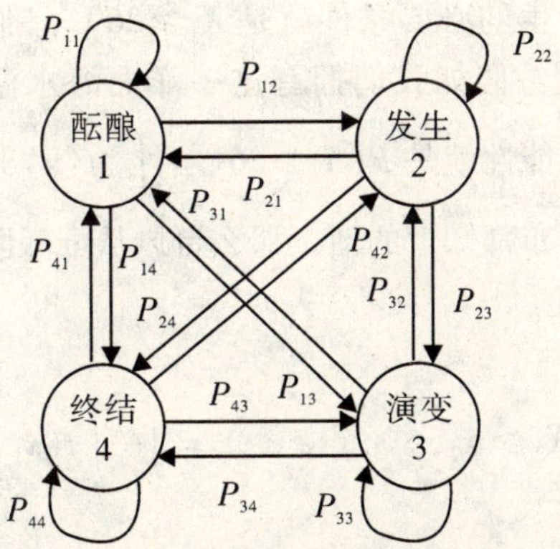

图5－1　台风灾害的发展模式

$$T=\begin{bmatrix} P_{11} & P_{12} & P_{13} & P_{14} \\ P_{21} & P_{22} & P_{23} & P_{24} \\ P_{31} & P_{32} & P_{33} & P_{34} \\ P_{41} & P_{42} & P_{43} & P_{44} \end{bmatrix} \tag{5-1}$$

5.1.1 台风灾害发展的动因

台风的产生需要结合多个大气环境因素。首先，海洋表面水温至少达到26℃，这样才能蒸发出足够产生台风的水汽；其次，能够形成反馈机制，即海洋能够释放大量潜热，促使对流运动的进一步发展，令海平面的气压下降，造成周围的暖湿空气流入补充，然后再抬升；最后，需要合适的地转偏向力。由于地球由西向东高速自转，致使气流柱和地球表面产生摩擦，由于越接近赤道摩擦力越强，这就引导气流柱逆时针旋转（南半球系顺时针旋转），由于地球自转的速度快而气流柱跟不上地球自转的速度而形成感觉上的西行，这就形成我们现在所说的台风。副热带洋面通常都符合这些条件，因此是台风的高发区域。

从概率统计学的角度来看，这些环境因素可以看作随机变量。例如，某区域的年平均温度、日平均风速、年平均日照时间、年平均降雨量等因素都可以看作是一定时期内的随机变量。这些随机变量的观测数值会随着观测结果而不断变化，但它们出现某一数值或某一区间的规律是相对稳定的。而在概率统计中，这种规律可以用分布来描述。

就台风的产生来看，正是这些随机变量达到或超过某一临界值而产生的结果。若以 X_1 表示某一洋面海水的温度，当温度超过26℃时才能产生足够的水汽，也就是说，台风产生的必要条件就是 $X_1 \geqslant 26$℃，那么这一海域达到这个条件的可能性有多少呢？假如我们拥有这一洋面海水温度的分布函数 $f(x)$，那么达到这个条件的可能性就是 $P(X_1 \geqslant 26) = \int_{26}^{\infty} f(x)\,dx$。同理，若其他因素的条件和它们的联合分布都知道的话，那么台风从酝酿阶段转移到发生阶段的概率为

$$P_{12} = P(X_1 \geqslant x_1, X_2 \geqslant x_2, \cdots, X_n \geqslant x_n) = \int \cdots \int f(x_1, x_2, \cdots, x_n)\,dx_1 dx_2 \cdots dx_n \tag{5-2}$$

这就是从统计学角度解释了台风灾害发展的动因。

事物既具有确定的一面，又有不确定的一面。台风产生的条件因素属于随机变量，因而台风具有不确定的一面，不同的条件因素能够孕育出不同程度的台风。然而，在某一时刻，这些变量值超过某一临界值时，就必然会产生台风，产生什么强度的台风都由这些变量唯一确定，这是一件能够确定的事情。基于这种想法，我们就可以得到一种模拟极端台风灾害的方法。为何要模拟极端台风灾害呢？因为极端台风灾害的观测数据非常少，不足以建立模型来进行风险评估。模拟是研究极端灾害事件规律的一种有效手段，第一颗原子弹的诞生也是得益于模拟方法。

首先，我们可以从历史观测数据中得到台风形成条件的分布，相对于极端台风来说，诸如温度、水汽等因素的观测数据要来得容易得多。然后，根据这些数据的分布我们就可以随机产生出每个条件因素的具体数值。最后，把这些数值当作气象工程或者数值模型的输入变量，进而确定台风的中心气压、风速和半径等属性。图 5－2 给出了这些步骤的图示。

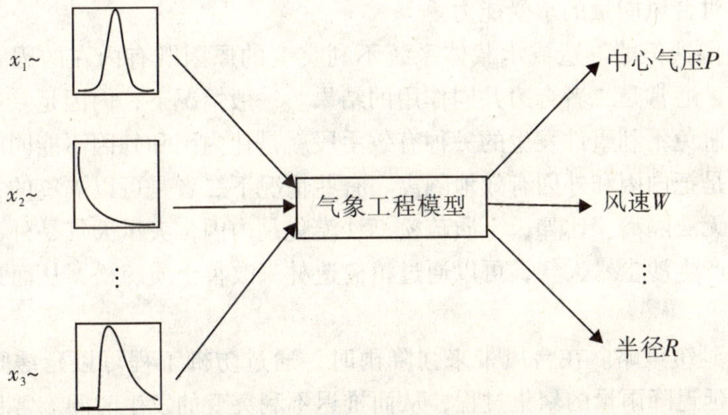

图 5－2 极端台风灾害模拟

5.1.2 台风灾害的风险减缓

前面提到，台风的产生主要是由条件因素的能量聚积造成的，在一般的应急管理框架中，通常有以下两种方法来减缓风险：一是针对危险源，尽量控制危害事件的发生；二是提高受灾区域的抵御能力。但就目前而言，第一种方法并不具有可操作性，能够阻止或延缓台风发展的技术还没有出现或没有公布，但我们可以对台风进行监测、分析和预报。台风灾害的应急管理工作更多地是通过一些措施来减轻台风灾害的程度，或者延缓并发灾害（如由台风带来的强降雨引发的水库决堤）发生的时间，或者选择相对有利的方向发生，具体可以归纳为以下几种策略：

（1）增容策略。即在灾害发生前增加承载体系统的容量，使其可以承载更多的台风能量，这样可以有效降低台风灾害向不利方向演化的概率，推迟某些致灾因子由于达到临界值而发生突变的时间。增加城市排水系统的整体容量、增加水库容积、挖宽河道等方法都是这一策略的常见实例。增容策略虽然可以有效降低致灾因子的突变概率，但不可能完全避免突变发生，这是因为容量不可能无限增加，而且增容的投入成本较高。

（2）加固策略。加固策略与增容策略非常相似，都是增加承载体系统对台风能量的承受能力。两者的区别在于增容策略是从量上增加，而加固策略则是从质上增加承受能力，使系统更加牢固，更能承受台风能量的冲击。这样可以有效降低不利事件的转化概率，推迟突变发生的时间。比较常见的例子就是加固建筑外墙，夯实河堤和库坝等方法。加固策略也需要成本，而且不可能无限使用，在实际应用中，加固策略和增容策略通常可以结合使用，从多个方面增加系统对台风能量的承受能力。

（3）隔离策略。造成承载体系统不利突变的原因既有内在的因素也有外部的因素，通常是二者合力共同作用的结果。一般情况下，内因是基础，外因是条件。避免不利事件发生的一种有效手段就是让内因和外因不能同时发生作用，也就是把内因和外因有效地隔离。有些情况下二者是可以隔离的，而有些时候二者无法隔离。比如，土质疏松、沙漠化是内因，大风天气是外因，两者结合就会产生沙尘暴天气，可以通过植树造林来改善土质疏松，从而达到有效隔离。

（4）延缓策略。在台风带来强降雨时，通过防御工程可以延缓降雨聚集的速度，延迟降雨量的聚集过程，从而推迟不利突变的发生时间。常见的例子包括通过水库错峰调水，减少水流下泄的流量，从而减轻对下游河道的冲击力度。

（5）释放策略。在能量聚集过程中给能量寻找发泄出口，使得能量聚集的速度减缓，从而达到推迟突变的发生时间或者避免突变发生的目的。比如，在洪峰到来时加大泄洪力度，使洪水尽快通过，避免水位过高，减少洪水对河道的冲击，从而降低决堤或漫堤的发生概率。延缓策略与释放策略的出发点都是降低能量聚集的速度，但二者着重点不同，延缓策略着重于能量的输入过程，而释放策略着重于能量的输出过程，这两种策略可以结合使用。

（6）引导策略。在能量不断累积的过程中，突变发生的概率不断增加，受灾区域处于高危险期时，为了避免最不利的突变发生，可以人为主动引导系统发生突变，使突变向相对有利的方向发展。常见的例子就是滞洪区的使用，在下游发生决堤或者漫堤的概率累积到一定限度后就会启用滞洪区，使得洪水在影响最小的方向决堤，从而达到避免影响大城市或人口密集区的目的。引导策略通常是在万不得已的情况下使用，其目的是为了避免较大的损失而选择了较小的损失。引导策略的实施存在一定风险，因为不实施引导策略也存在突变不发生的可能性。

上述策略是在不同时期针对不同的灾害情况设计的，它们可以单独应用也可以组合使用，具体选择要依据实施难度和投入成本决定。

5.1.3 引入统计模型的必要性

上述策略只是一种理论方法，实施这些策略的具体措施需要统计模型的科学测定。一直以来，概率风险分析在自然灾害的工程设计中发挥了重要作用。例如，不同级别的台风或地震灾害给建筑物施加的侧向荷载可以由超过某一概率水平的分位数来表示，结构工程师以此来设计建筑物，可以最大限度地减少损失和伤亡。近年来，这些技术已扩展至现有建筑群的损毁估计，从而最终估计出由自然灾害造成的人员伤亡和经济损失。这种基于概率统计方法的灾害损失估计技术已经获得自然灾害管理、应急管理以及保险行业的广泛认可，同时也影响着人们的经济决策。

相对于自然灾害现象固有的不确定性，基于概率统计方法的巨灾损失分析模型最适合不过了。统计模型有助于我们认识灾害的内在规律，有助于我们从绝对复杂多变的随机系统中得到相对简单稳定的客观规律，进而我们可以利用这个规律，尽可能减少危害，确保社会经济的稳定发展。一方面，只对自然灾害现象的性质、特征有一定的感性认识还不足以指导实践，因为根据经验和感觉得出的结果并不科学。只有确定自然灾害的数量表现，运用定量分析，才能把感性认识上升为理性认识，进而指导实践。而统计模型恰恰就是对自然灾害进行定量分析的有力工具，它能深刻反映自然灾害与其他事物之间的内在联系，从而为我们认识自然灾害、管理自然灾害风险提供一条捷径。

虽然统计模型是认识自然灾害的捷径，但统计建模不是一件简单的事情，它是一项复杂而又面向多元化的系统工程，需要在特定区域、特定时间内描述复杂的物理现象，组建详细的区域数据库，估计不同结构的建筑物的损毁情况，把物理损毁转化成经济损失，最后，还需要整合所有的承载体组合。从建模的角度出发，这项工作最重要的就是要真实并充分地模拟受灾情况；决策者也要熟悉模型的假设，理解模型的优缺点，这样才能有效地利用模型输出的结果。

此外，并不是所有的统计模型都适用于自然灾害。方法的选择和后续的优化要求建模者不仅具备专业的统计技术，还需要了解自然灾害的发生机制和科学原理。就巨灾事件而言，这种事件的发生频率极低，历史损失数据非常稀缺。一般的统计模型并不适用于自然灾害的损失估计，比如精算统计模型通常建立在大量汽车保险或财产保险的理赔数据之上，无法克服数据缺乏的局限性。此外，如何从有限的损失数据中提取出有效信息去估计未来的经济损失依然是一个棘手的问题。

5.1.4 极端灾害的统计意义

前面提到，洋面温度是台风形成的必要条件，温度本身的变化必然导致台风灾害的变化。在全球气候变暖的背景下，极端台风灾害事件越来越频发，具体表现为台风、飓风、风暴强度增加，路径变化复杂，强降水增多。从温度观测值在时间域上的演变来看，这正是全球气候变暖随时间变化的统计特征，温度的概率分布全面地描述了全球变暖这一事件本身的内在规律。为了阐述方便，下面就以气候变迁为例来说明极端灾害的统计意义。

一般来说，温度的时间序列就已蕴含着气候变化的信息，这些信息不论在什么时空尺度上都有所体现。如果我们将各种气象观测值视为随机变量，那么它们的统计特征都可以用某种概率分布加以描述。在现实生活中，由于事物的随机属性，世界上并不会有两片相同的叶子，两片相同的雪花，两个相同的指纹。在大气系统中，由于每个气象变量的随机性状并不一样，它们必然具有各自的理论概率分布形态。如果这些分布形态发生了某种显著变动，客观上就反映了明显的气候变化。比如，其均值（位置参数）或方差（尺度参数）发生了变化，实质上就意味着其围绕平衡气候的波动中心和幅度发生了变化，进而概率分布也发生了改变。由此可见，气候变量的概率分布变化本质上就意味着气候状态的演变，而分布的变化又是气候变化观测事实的一种统计表现。因此，从本质上来说，气候变迁的统计意义就是气候变量概率分布参数的变化。

温度是一个典型的系统气候变量，我们可以用它的概率分布来代表气候变迁的全部演化特征。在特定的一段时间内，某一区域的气温总是围绕着某一平衡点而波动，这个平衡点可以看作是气温均值，而波动的幅度可以看作是气温的标准差。随着时间的推移，气温围绕平衡点的波动从一个平衡态转入另一个平衡态，波动的幅度加大或减小，对应的概率分布形态势必有所变动。

一般来说，均值的变动代表着未来气温的平均值变化，这意味着气温的概率分布必然有一对应平移。那么，未来极端气温对应的尾部概率必然有所改变，具体表现为气温超过某一临界值的可能性必然有所增加，低于某一极端温度的可能性有所减少。即极端高温事件增加，极端低温事件减少。许多研究表明，在特殊情况下，极端值概率和强度的变化随着分布的位移，往往呈现出非线性变动，即某一细小的平均值变化可能导致极端高温的概率发生很大变化。

标准差或方差是比较典型的尺度参数，如果未来气温的标准差变大，那么两端的极值事件频率就会增加。标准差变化对极值温度事件发生概率的影响，将比平均值变化对其的影响更大。相对而言，标准差变化 1 个单位，对温度极值的影响将超过平均值改变 1 个单位的影响。平均值和标准差一起变动的影响，其结果将比前两者单独的影响更大。

为了全面体现气温变动，本书采用 Ramberg（1972）提出的四参数广义 Lambda 分布族（Generalized Lambda Distributions，简称 GLD）[64] 来拟合变量分布。其中，这 4 个参数分别叫做位置参数、尺度参数、偏度参数和峰度参数，GLD 的相关理论将在第 6 章详细介绍。图 5－3 给出了广州市 1960 年（实线）和 2010 年（虚线）的气温密度函数，我们可以清楚看到，在过去的 50 年里，气温分布发生了明显的变动，这里的“明显”通过给定显著水平（比如 5%）的 KS 非参数检验得到了证实：检验的 p 值为 0.03，推翻了 2010 年的气温分布低于 1960 年的原假设。

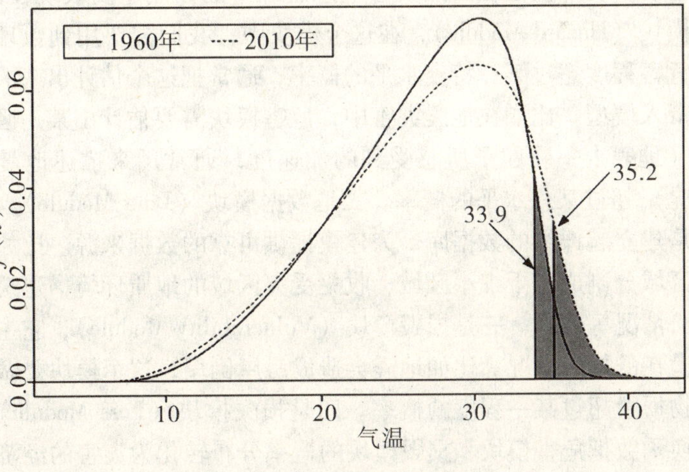

图 5－3　广州气温分布的变化

具体来说，1960 年的气温均值为 26.4℃，方差为 30.6，而 2010 年的气温均值为 26.7℃，方差为 37.1。均值和方差的共同变动使得 2010 年高温和低温极值事件的发生可能性较 1960 年大。比如，1960 年 95% 对应的分位数，也即是20年一遇的高温是33.9℃，而2010年为35.2℃，这种变动似乎不太明显。但从重现期的角度来看，35.2℃在1960年来说是60年一遇的高温，已经可以说是极端高温事件了。而到了2010年，这种极端高温事件却变为20年一遇，发生的可能性大大增加了。

此外，GLD还有偏度和峰度两个参数，其中偏度的变动可以描述气候类型的变动，而峰度变动对极值事件的影响类似于方差。从图5-3中还可以看到，偏度的变动并不明显，气温都呈现出左偏分布，符合广州亚热带季风气候的特征。需要指出的是，以上拟合分布的数据来自中国气象科学数据共享服务网（http://cdc.cma.gov.cn/），其观测站位于郊区山顶，记录的气温偏低，极端温度相应会较低。尽管如此，我们还是可以明显地看到气候变迁的统计意义。

5.2 统计建模技术的作用及方法

5.2.1 统计建模技术的作用

总的来说，统计模型在自然灾害应急管理中的作用主要表现在四个方面。一是危害模块（Hazard Module），在这个模块中，我们需要用到数理统计的知识去估计危害程度超过某一特定水平的概率，通常把这个估计出来的概率作为特定参数带入模型。比如在地震灾害中，危害模块需要估计出某一区域地表极限加速度（地表上一颗粒子所感受到的加速度，通常用来描述地震中建筑物的受力情况）超过某一水平的概率。二是数据模块（Data Module），这个模块的任务就是建立起详细的数据库，为建模提供可靠的数据来源。比如按邮政编码把受灾区域分割成若干细小区域，收集受灾区域的地质环境，建筑物所在地的土质疏松情况等数据。三是损毁模块（Vulnerability Module），它主要用于记录建筑物潜在的损毁情况。比如地震会造成房屋倒塌，这个模块要做的就是估计出建筑物损毁超过某一程度的概率。四是损失模块（Loss Module），它利用Copula转换函数把危害模块和损毁模块的概率分布转化为灾害的经济损失，以此来统计灾害的危害程度。建模过程如图5-4所示，它需要用到各种各样的统计模型，下面将进一步阐述模型各个模块的详细内容。

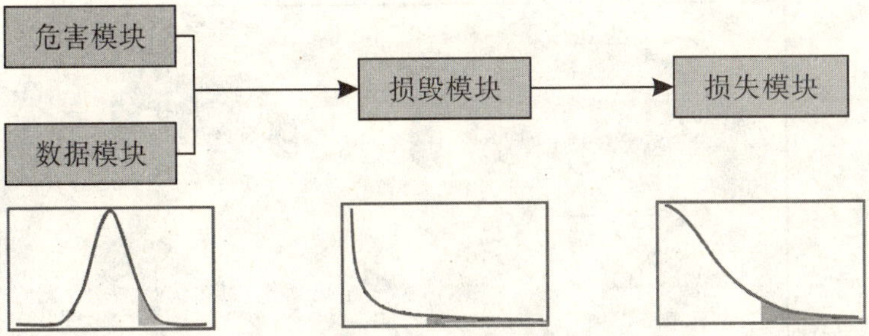

图 5－4　建模过程

5.2.1.1　危害模块

巨灾模型必须具备三个参数：灾害源的发生频率、受灾区域的空间分布以及致灾因子强度。通常情况下，这三个参数都是高度相关的，建模过程和结果验证所需的数据也非常相似。关于致灾因子的强度，往往会有这样一种情况，即灾害等级一样，区域受灾的情况却不一样，出现这种情况是因为区域的环境差异。自然条件或预防措施较好的区域受灾害影响的程度较低，致灾因子的强度就较小；反之，自然条件不利而又没有预防措施的地区的致灾因子强度就较大。所以，巨灾模型还需要结合受灾区域的环境特征来考察致灾因子的强度。下面将以台风灾害为例阐述危害模块的四个步骤。

1. 台风灾害的发生频率

热带气旋（Tropical Cyclone）是形成在热带或副热带洋面上，具有组织的对流和确定气旋性环流的非锋面性涡旋的统称，一般把发展强烈的热带气旋叫做台风。台风的产生需要特定的气象条件，只有聚集了大量暖流的海面才会产生台风，一般来说，水温必须至少维持在华氏 80 度，离赤道太远的海域没有足够的温度形成台风，离赤道太近又没有足够的地转偏向力形成强大气旋，因此从台风形成条件上来看，台风产生区域距离赤道要有一个合适的距离。描述台风区域位置的变量有很多，例如台风起点位置、前进方向、登陆位置等，而台风的运行路径又从时间和空间的角度反映出动态气象系统的复杂性。正因为如此，历史路径的观测数据蕴含着大气系统的特定运行模式信息，有效地提取出这些信息是我们建立有效模型，模拟台风路径以及进行损失估计的关键。

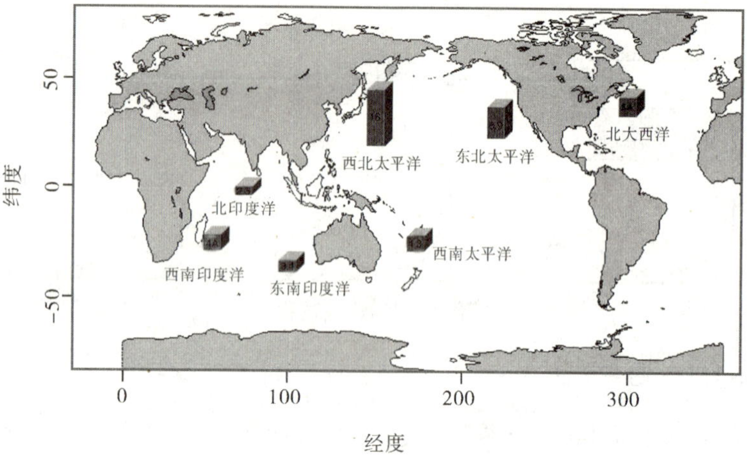

图 5－5　世界各海域平均每年台风产生个数

图 5－5 给出了世界各海域平均每年产生的台风个数，西北太平洋平均每年产生 16 个强力台风，是世界上孕育台风最多的海域，这就注定了我国是世界上遭受台风吹袭最为严重的国家之一。

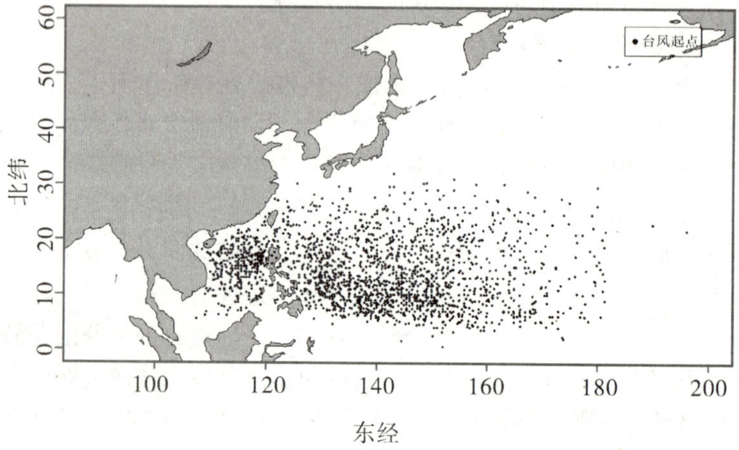

图 5－6　1949—2010 年历史台风起点

图 5－6 给出了西北太平洋的台风起点，从 1949 年至 2010 年西北太平洋产生的台风主要集中在东经 106°～182°，北纬 3°～31°之间。这些历史台风起点意味着这些区域具备了产生台风的条件，显然这些起点的密集程度不太一样，可以采用非平稳点泊松过程（Inhomogeneous Spatial Point Poisson Process）

和马尔可夫链蒙特卡罗（Markov Chain Monte Carlo，简称 MCMC）来模拟台风起点的历史状况。近年来，越来越多的研究者开始使用概率统计模型来模拟台风路径。比如采用历史数据来建立台风前进方向的转移矩阵，转移矩阵包含了台风前进方向改变的概率，这个概率表示台风现在的前进方向是 a，下一时刻台风的前进方向是 a、b、c、d 等的可能性。采用这种概率统计方法模拟出来的台风路径与历史观测路径非常接近，更重要的是，这是一种全概率模拟，即模拟的台风路径考虑了所有可能，而不仅仅是历史情况，这是实现全面风险管理的重要手段。

2. 受灾区域的空间分布

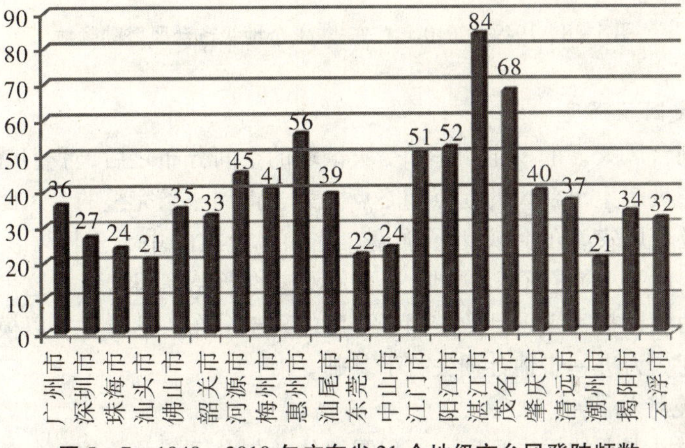

图 5－7　1949—2010 年广东省 21 个地级市台风登陆频数

台风起点产生以后，并不是所有的台风都会威胁到人们的生命和财产安全，有的台风在离海岸很远的地方就消失了。从气象科学的角度来看，台风在某一区域的登陆频率会受到其内部能量，所经区域的温度、地形以及其他一些环境或大气因素的影响，整个大气环境的运行模式产生了台风登陆频率的空间差异。因此，对于台风灾害来说，受灾区域分布可以看作是台风的登陆频率。

图 5－7 给出了 1949 年至 2010 年广东省 21 个地级市的台风登陆次数，在湛江登陆的台风最多，频数为 84 次。从图 5－8 中可以进一步看到，粤西是广东省遭遇台风灾害最为严重的地区，历年台风登陆次数在 60 次以上。这些历史台风登陆频数的分布可以反映出未来一段时间内台风最有可能在哪些地方登陆，通过一些非参数方法可以拟合台风登陆次数的空间概率分布，在此基础上，就可以模拟出具有随机性而又符合实际的台风登陆情况。

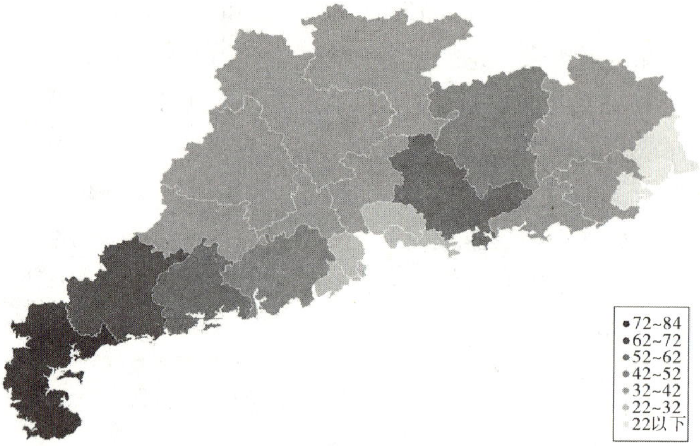

图 5－8　1949—2010 年广东省 21 个地级市台风登陆频数

3. 致灾因子强度

在得到台风灾害的发生频率和受灾区域的空间分布之后，我们就可以利用统计模型随机产生出台风的起点和终点。为了得到一条完整的台风路径，我们还需要涉及台风灾害的致灾因子强度。比如，台风的中心气压（决定台风风速的主要因素）、前进速度和方向、最大风速的半径等因素。在这里，我们同样需要借助统计技术来得到致灾因子强度的理论分布，这样才可以模拟出台风的破坏力度，为进一步估计损失打下基础。

4. 环境特征

估计台风灾害的损失程度，不仅需要估计与台风相关的物理参数，还需要量化受灾区域的环境特征，模型要做到的工作就是要表现台风经过某一区域时其致灾因子强度的变化。气象灾害的致灾特点就是灾害源会与受灾区域互动，台风强弱会受区域环境的影响。通常情况下，模型采用经验最大风速 V_{max} 和最大风速半径 R_{max} 来计算出离台风中心 R 受灾区域的风速 V，计算公式如下：

$$V(R) = V_{max}\left(\frac{R}{R_{max}}\right)^{-\lambda} \tag{5-3}$$

其中，λ 是未知参数，可以根据历史数据估计出来。台风的风速还受到地形的影响，由于台风受地面的水平偏向力和摩擦力的影响，海拔越高的地方风速越大。地表的其他障碍，如建筑和树木也会进一步减低台风的速度。因此，模型必须引入不同区域的摩擦系数，这需要受灾区域的地表特征数据，这在我国通常难以获得，亟待完善。台风的前进速度也是一个重要的变量，因为同等强度的台风会由于在某一区域的逗留时间不同而造成不同损失，停留时间较长的台风极端风速累积破坏较大，造成的损失也就越大。

5.2.1.2 数据模块

“垃圾进，垃圾出”这句话已经成为统计建模的至理名言。输入数据的质量不高，模型的输出结果就会产生偏差，甚至会误导风险管理朝着错误的方向进行。其次，数据模块的构建是否妥当直接影响着模型结果的科学性与实用性。比如，数据结构不合理，指标的计算区域过大，尽管数据质量没有问题，模型得出的结果也会不合理，对于实际风险管理工作并没有指导意义[65]。那么，如何构建合适的数据模块呢？许多学者从建模的目的出发，提出了细致数据模块构建方法，目的不同，数据模块的构建也不同。总的来说，建模的目的可以分为三个：一是区域风险加总分析，二是资产组合分析，三是单一资产分析。

区域风险加总分析通常需要建模者一年更新一次数据，数据主要来自政府部门或一些私人机构。为了使结果足够精细，突出某一区域的特定风险，建模者通过邮政编码把研究区域分解为若干个小区域，数据以这种区域为单位给出。数据的内容包括资产数量、价值和风险敞口等指标，这些指标又可以根据资产的内在属性进行分类，分类目的在于方便构建损失函数，因为资产的损失函数往往与其属性相当。比如，房屋根据产权属性可以分为商品房和非商品房，也可以按建筑结构分为砖石建筑和非砖石建筑。面对地震时，砖石建筑较非砖石建筑的损失大；而面对台风时，砖石建筑的损失又比非砖石建筑小。若在保险领域，数据模块还需要反映与资产相关的法律和政策，为损失函数的建立提供数据支持。

总之，数据模块就是尽可能地给出受灾区域的差异特征，数据越详细，模型的输出结果越可靠、越科学。

5.2.1.3 损毁模块

顾名思义，损毁模块主要用于估计受灾区域中的资产损毁程度。建立在数据模块的基础之上，损毁模块会根据灾害的级别给出资产的损毁结果。比如，在8级地震中会有多少房屋倒塌，在5级台风中，会有多少庄稼受损，这都需要结合数据模块提供的差异因素来建立损毁函数。

由于资产的损毁是由致灾因子的强度直接导致的，在损毁模块的研究中，模型主要来自工程领域。而根据方法的不同，又分为两种。一种基于工程判断，另一种基于资产响应。由于前者的建立依赖于过去的经验积累，对一些新信息、新资产并不敏感，因而后者成了当今损毁模块研究的主流方法。图 5-9 给出了这种方法的思路，首先，从数据模块中确定研究区域的资产风险敞口，这是一个繁琐的过程。然后，根据损毁函数计算出对应致灾因子强度的资产损毁情况（通常以损毁率来表示）。详细的步骤可以查看最新的研究文献，比如，Stewart 等人（2011）从物理角度出发，引入半随机过程模拟了高频地表震动；Bensi 等人（2011）使用贝叶斯网络给出了建筑物在地震灾害中的风险评估；Konakli（2011）对地震中的桥梁损毁进行了随机动态分析[66][67][68]。尽管这些都来自工程领域，但出于建模的需要，统计技术已经成为这一研究领域的有力工具。

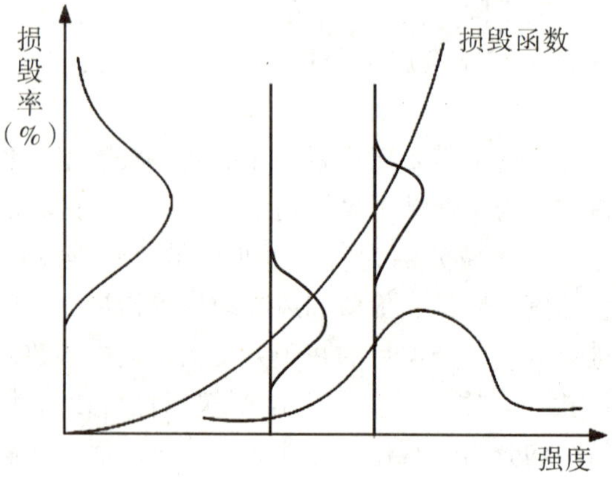

图 5-9 损毁函数示意图

5.2.1.4 损失模块

损毁模块把致灾因子强度作为输入变量，模型输出资产的物理损毁的程度。但在保险行业或应急管理工作中，我们有时候更想知道灾害带来的经济损失。也就是说，损毁模块关注的是资产的物理损毁结果，而损失模块关注的是资产的经济损失程度。

在损失模块的研究中，许多学者开始使用更加直接的方法，就是令模型直接输出受灾区域的经济损失程度。但这种走捷径的方法有很多不足之处，使得其在实践中难以进行。为了足以建立统计模型，损失模块的构建需要充分的历史数据，而在输入变量的选取上多少也会带有一点主观色彩。以地震损失模块来说，一些新的建筑结构、技术和标准还没有累计出经验信息，统计模型的构建根本无法进行。因此，要想得到可靠的经济损失估计，我们更多地依赖于损毁模块的结果。

近年来，一些地震和台风损失估计的研究通过引入资产重置成本模型把物理损毁率转化为经济损失。重置成本由建筑的修复技术决定，而修复技术又取决于损毁程度，即损毁程度越大，重置成本越高，经济损失就越大。比如，Bommer（2006）通过区域特定概率风险评估方法给出了不同地震强度造成的经济损失差异。在保险行业，经济损失的估计还要结合保单的具体条约。极端突发灾害的损失通常较大，其损失估计的精度通常依赖于数据的质量与结构，这也是要求数据模块的构建必须尽可能详细的原因。

5.2.2　统计建模技术的方法

在上一节中，我们探讨了统计建模在台风灾害应急管理中的作用，从统计意义上来说，台风灾害的致灾因子可以视为随机变量，精确地拟合随机变量的分布是进行科学应急管理的关键。在这一节，我们将首先介绍分布拟合领域的模型工具——极值理论，广义 Lambda 分布族和非参数核密度估计。非参数核密度估计理论将在第 6 章的理论部分介绍。基于灾害的统计数据多以计数为主，而广义线性模型（GLM）是分析计数数据的有力模型，本章 5.2.2.3 将介绍 GLM 的相关理论。最后，考虑到极端灾害数据并不足以构建模型，本章还介绍了模拟方法。在实际应用中，极端灾害事件的数据较少，一般很难建立统计模型，直接模拟灾害本身是一个不错的解决办法。马尔可夫链蒙特卡罗模拟方法不仅可以模拟极端灾害，还可以根据高维密度函数产生相应的随机数，对灾害的空间统计分析非常有用。

5.2.2.1　极值理论

1. 极值理论的概念

一些突发事件很少发生，然而一旦发生，将会产生极大影响。例如洪水、干旱、地震等自然灾害，核泄漏、原油泄漏、火灾等人为灾害，金融领域内的股市崩溃、外汇危机、交易丑闻或者是大宗违约等等，这些突发事件都会给我们的社会带来重大损失。根据数据的可获得性，极端的突发事件比正常情况更重要。历史上，人们在与灾害的长期斗争中，保存了不少有关记载，这些珍贵资料记录了曾经发生过的极端突发性事件，而正常现象却未必被记录或保存下来。

突发事件应急管理的目标之一就是要从这些数据中准确地计算出重大突发性事件的潜在损失以及发生概率，根据统计学术语，这个发生概率就是损失分布的尾部概率，潜在损失就是这个概率所对应的高分位数，而如何从已有数据中预测某种等级的突发事件发生的可能性，便是极值理论所研究的问题之一。比如，在设计水利、水文工程时，设计者最关心的是特大洪水及干旱的发生；金融市场的风险是由利率、汇率、股市或商品价格的波动引起的，金融风险管理实践为我们提供了许多由上述因子急剧变化所导致的国际大公司破产的例子；检测一个城市的大气环境质量，需要几个检测点同时检测各种指标，如二氧化硫、氮氧化物、悬浮颗粒物、一氧化碳等是否在某个不寻常水平；高层建筑要经受来自各个方向的大风，极端情况是设计师必须考虑的因素。类似地，任何一个机械零件的设计也必须考虑各种不同类型的强度要求。长江三峡大坝或防汛工程的设计高度必须超过某个可能的最高水位；打破各项体育运动成绩的纪录也是一件不寻常的事情；在保险行业，如何设计再保险产品等，这些都是与极值有关的问题。可见极值统计在水文、气象、地震、工程、环境、体育及金融、保险、管理等方面都有重要应用。

把极值模型引入突发事件管理的重要性不言而喻，在突发事件管理中，采用极值分析的目的就是量化极端突发事件的概率规律，由此寻找到管理极端风险的有效手段。比如基于渐近理论的极值模型提供了外推模型来解决极端突发事件的预测问题，即推断某种从未发生过的极端突发事件在未来发生的可能性，而在已掌握的资料中还没有记录到如此严重的极端现象。尽管对模型的外推来说，我们一般保持谨慎的态度，甚至是批评态度，但迄今为止，实践证明极值模型应该是最好的方法，还未曾受到严重的挑战。

2. 极值理论的特点

极值统计分析方法与一般统计方法的区别主要在于数据的收集，而不是数据的分析。首先，要收集到有资格被称为极值的观测数据。那么，什么是极值，或者什么样的极值是我们感兴趣的呢？这是我们首先要搞清楚的问题。从概率意义上来讲，极值表示随机变量的极端变异性；从统计意义上来讲，极值是指数据集合中的最大值或最小值。因此每个数据集都有极值，尽管极值与集合中其他数据的差别可能不大。实际上，这个差别取决于数据集合的规模——样本量，数据集越大，其中的数据越多，最大值就越大，而最小值就越小。但在严格意义上，“什么是极值”是一个很难说清楚的问题，就如什么是异常值一样。因此，对不同的建模方法来说，极值有不同的含义。极值的经典模型，即规范化样本最大值的渐近分布模型，只有“年最大值”或“组最大值”才可以作为极值的观测数据；而 k 个最大次序统计量模型中，则可将每年或每个组内的 k 个最大值都作为极值的观测数据；对阈值模型（POT）而言，超过某个固定阈值的数据可以作为极值的观测数据；对点过程模型来说，落在远离原点区域上的点组成非齐泊松过程，对相应的似然函数都有一定的贡献。

在极值统计研究的问题中，首先应建立一个极值的数学模型。如果已知观测数据所服从的分布（底分布），我们就可以分别得到最大值及最小值的精确模型。但在大多数应用中，观测数据所服从的分布是未知的，因此我们只能得到极值的渐近分布，而不是精确分布。在应用中，这相应要求数据有比较大的规模，而实践证明，在大多数情况下极值的渐近分布能够提供一个简单、满意的模型，建立在此基础上的统计分析方法也已得到肯定。极值统计理论就是为观测到的基于某个样本量的极值建立一个概率模型，但必须具有某些基本条件：①观测对象是随机变量；②这个随机变量的分布应保持不变，或者如果有任何变化，应该可以经数据变换以减少这种变化带来的影响；③观测到的极值（不是观测数据本身）是独立的，否则需对模型进行相应修正。

从尽可能多地利用包含在数据中的信息来看，后面的几种模型都比经典模型好，但问题在于阈值模型如何确定阈值，这又几乎等价于在 k 个最大次序统计模型中，如何确定 k；对点过程模型，如何确定远离原点的区域，选取的阈值是否合适，关系到极值理论应用的成败，即是否能得到一个合理的推断。如果选取了过高的阈值，这将使得手中的数据几乎都处在阈值以下，难以发挥应有的作用，只有极少几个比所选阈值大的数据，才能用于极值的统计分析，造成数据浪费；并且数据太少，结论也不够稳定。而过低的阀值，又不符合极值模型的理论要求。因此对一个实际问题，需要在这二者之间进行适当的平衡，既尽可能充分地利用包含在数据中的信息，又能在适当水平上保持模型的准确性。可以说选取阈值就是这样一种艺术：一堆黄土，从艺术家手中出来的是一件精致的陶艺品，而常人或许做不成一件有用的器皿。

3. 广义极值理论

设 $X_1, X_2, \cdots$ 是独立同分布的随机变量，分布函数是 $F(X)$，其中 $F(X)$ 又称为底分布，在实际应用中一般是未知的。例如，X_i 可以是某种灾害带来的经济损失、死亡人数或保险索赔额。为了研究方便，一般把损失数据当作正的，这样在极端灾害性事件发生之后损失数据就集中在极值分布的右尾上。对自然数 n，令

$$M_n = \max\{X_1, \cdots, X_n\} \tag{5-4}$$

作为某个样本的最大损失，极值理论研究的重点就是 M_n 到底符合什么分布。如果 X_i 的分布 $F(X)$ 是已知的，那么根据独立同分布的假设可以知道：

$$\Pr(M_n \leqslant x) = \Pr(X_1 \leqslant x, \cdots, X_n \leqslant x) = F^n(x), x \in R \tag{5-5}$$

这样就可以精确地求出 M_n 的分布。但在实际应用中，往往不知道分布函数 $F(X)$，通常用经验分布函数 $F^n(X)$ 来估计，这种方法的效果非常差，很难用于统计分析，因此人们开始研究 M_n 的极限分布，它有很重要的理论和实际意义。令

$$A = \{x : 0 < F(x) < 1\}, x^* = \sup A, x_* = \inf A \tag{5-6}$$

则把集合 A 叫做 F 的支撑，x^* 和 x_* 是集合 A 的上确界和下确界。因此，对所有 $x_* < x < x^*$，都有

$$\lim_{n\to\infty} \Pr(M_n < x) = \lim_{n\to\infty} F^n(x) = 0 \tag{5-7}$$

如果 A 的上确界 x^* 有限，即 $x^* < \infty$，当 $x > x^*$ 时，有

$$\lim_{n\to\infty} \Pr(M_n < x) = \lim_{n\to\infty} F^n(x) = 1 \tag{5-8}$$

这就是说，最大值 M_n 的分布的极限只能是 0 或 1，研究这种退化分布是没有任何意义的。1928 年，Fisher 和 Tippett 提出了极限类型定理，他们回避讨论极大值的渐进分布，而是像类似于处理 n 个随机变量之和的中心极限定理那样，通过对 M_n 的标准化变换来讨论最大值的分布性质[69]。

第一极值定理（Fisher - Tippett 极值类型定理）：如果 X_1, X_2，…是独立同分布的随机变量序列，且存在常数数列 $\{a_n > 0\}$ 和 $\{b_n\}$ 使得

$$\lim_{n\to\infty} \Pr\left(\frac{M_n - a_n}{b_n} \leqslant x\right) = H(x), x \in R \tag{5-9}$$

成立，其中 $H(x)$ 是非退化的分布函数，那么它必定属于以下三种分布类型之一：

第一类：$H(x) = \exp\{-e^{-x}\}, \quad -\infty < x < +\infty$ （5 - 10）

第二类：$H(x) = \begin{cases} 0 & x \leqslant 0, \alpha > 0 \\ \exp\{-x^{-\alpha}\} & x > 0, \alpha > 0 \end{cases}$ （5 - 11）

第三类：$H(x) = \begin{cases} \exp\{-(-x)^{\alpha}\} & x \leqslant 0, \alpha > 0 \\ 1 & x > 0, \alpha > 0 \end{cases}$ （5 - 12）

其中，参数 $\alpha>0$，第一类分布叫做 Gumbel 分布，第二类分布叫做 Fréchet 分布，第三类分布叫做 Weibull 分布。若记 $\xi=1/\alpha$，引入位置参数（Location Parameter）和尺度参数（Scale Parameter），那么以上三种分布的一般表达式可以表示为：

$$H(x;\mu,\sigma,\xi)=\exp\left\{-\left(1+\xi\frac{x-\mu}{\sigma}\right)^{-1/\xi}\right\},1+\xi(x-\mu)/\sigma>0 \quad (5-13)$$

广义极值分布 $H(x)$ 的密度函数为：

$$h(x;\mu,\sigma,\xi)=\frac{1}{\sigma}H(x;\mu,\sigma,\xi)\left(1+\xi\frac{x-\mu}{\sigma}\right)^{-(1+1/\xi)},1+\xi(x-\mu)/\sigma>0 \quad (5-14)$$

这个非退化的分布叫做广义极值（Generalized Extreme Value）分布，简称 GEV 分布。其中，ξ 是形状参数，它描述了尾部分布的特征，若 $\xi>0$，那么 $\alpha=1/\xi$ 被称为尾部指数（Tail Index），此时 $H(x)$ 表示 Fréchet 分布，其位置参数为 $\mu-\alpha\sigma$，尺度参数为 $\alpha\sigma$；当 $\xi=0$ 时，$H(x)$ 表示 Gumbel 分布；当 $\xi<0$ 时，记 $\alpha=-1/\xi$，$H(x)$ 表示 Weibull 分布，其位置参数和尺度参数分别为 $\mu+\alpha\sigma$ 和 $\alpha\sigma$。由此可见，极值分布的类型完全由形状参数来确定，与位置参数和尺度参数无关，在实际应用中，GEV 分布的尾部参数由目标数据决定。若尾部分布呈指数下降，那么 $H(x)$ 通常是 Gumbel 形式的，在 Gumbel 类型吸引场中的分布都是“瘦尾”（Thin Tailed）的，比如正态分布、对数正态分布、指数分布以及伽玛分布。在风险评估的应用中需要准确地拟合目标数据的分布，特别是数据分布的尾部特征，因为风险评估往往需要估计某种灾害损失分布的高分位数，比如 99% 概率水平下对应的损失是多少。若灾害损失数据的尾部分布是“肥尾”（Fat Tailed）的，那么使用正态分布去估计高分位数将会低估风险，从而造成损失。这可以从图 5-10 和图 5-11 中看到。相对于正态分布来说，Fréchet 分布的尾巴较厚，因此，在同样的置信水平下，Fréchet 分布的高分位数较正态分布的高分位数大，用正态分布估计高分位数则低估了风险；反之，Weibull 分布的尾巴较瘦，在同样的置信水平下，Weibull 分布的高分位数较正态分布的高分位数较小，用正态分布估计高分位数则高估了风险。由此可见，分布的尾部特征在风险评估中起着至关重要的作用。

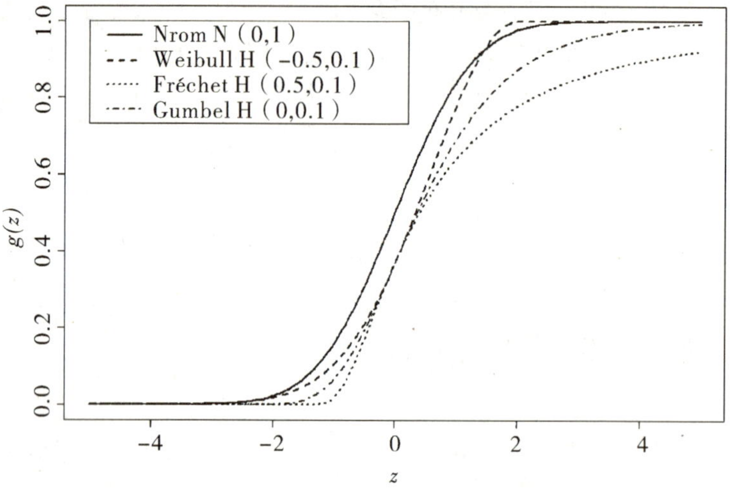

图 5-10　广义极值分布和正态分布函数的比较

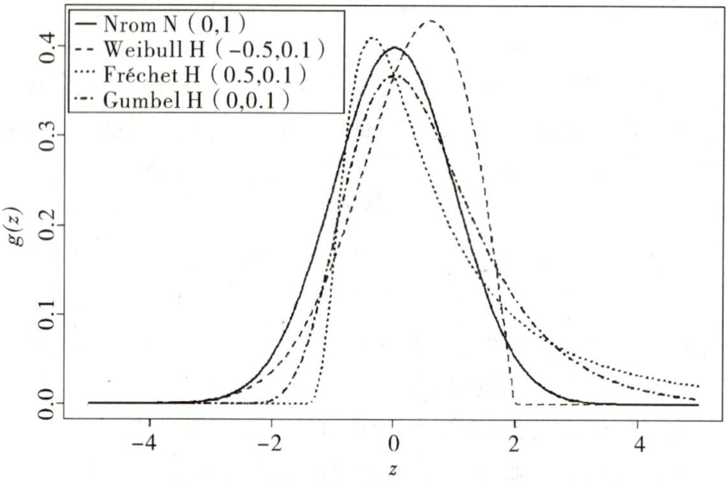

图 5-11　广义极值密度函数和正态分布密度函数的比较

4. 超阈值极值理论

由于上述的极值理论是只选用一组数据的极值来进行建模，在某种程度上来说，这种方法造成了一定数据信息的浪费。为了弥补这种缺陷，Balkema（1974）和 Pickands（1975）提出了第二极值定理，它把极端事件 X_i 定义为超过某一阈值 u 的随机事件，其超越分布 $F_u(y)$ 被定义为：

$$F_u(y)=P(X-u\leqslant y\mid X>u)=\frac{F(y+u)-F(u)}{1-F(u)} \tag{5-15}$$

其中，F 表示随机变量 X 的未知分布，$y>0$。Embrechts 等人（1997）证明当 μ 足够大时，$F_u(y)$ 收敛于广义帕累托分布（Generalized Pareto Distribution，简称 GPD）来逼近，即

$$\lim_{u\to\infty}F_u(x)=G(x,\xi,\mu,\sigma)=\begin{cases}1-\left(1+\dfrac{\xi(x-\mu)}{\sigma}\right) & \xi\neq 0\\[2ex] 1-\exp\left(-\dfrac{x-\mu}{\sigma}\right) & \xi=0\end{cases} \tag{5-16}$$

当 $\xi\geqslant 0$ 时，$x\geqslant\mu$；当 $\xi<0$ 时，$\mu\leqslant x\leqslant\mu-\sigma/\xi$，$\mu$ 为位置参数，$\sigma>0$ 为尺度，ξ 为形状参数。GPD 的密度函数为：

$$g(x,\xi,\mu,\sigma)=\frac{\sigma^{1/\xi}}{(\sigma+\xi(x-\mu))^{1/\xi+1}} \tag{5-17}$$

5.2.2.2　广义 Lambda 分布

前面提到，气象变量的概率分布足以反映大气系统的演变规律，精确地拟合气象变量的分布是进行科学应急管理的关键。一般来说，拟合分布主要有参数和非参数两种方法，在得知分布形态的情况下，参数方法相对于非参数方法来得更为简单。

然而在实际应用中，我们通常无法预先知道变量的分布形态，在这种情况下，可以通过非参数方法来拟合变量的分布，其主要步骤包括选择核密度函数和确定平滑尺度参数。其中，确定平滑尺度参数最为重要，它直接决定着拟合分布的优劣。当平滑尺度参数选择过大时，拟合的密度曲线较为光滑，平滑效果较好，但误差较大，过度拟合严重；反之，选择的尺度参数过小时，拟合的密度曲线较为粗糙，虽然误差较小，但平滑效果较差，无法反映一般规律。在平滑参数的选择上，许多学者致力于寻求一种统一的方法，比如，拇指法则、交叉验证、初步微分估计等方法，但这些方法在不同情形下各有优劣[70]。

1. GLD 定义

在参数方法领域，许多学者也致力于“一般化”的研究，广义 Lambda 分布（Generalized Lambda Distribution，简称 GLD）就是一种“一般化”的参数

方法。它具有足够的灵活性和一般性，适用于不同分布形态的拟合。最初的 GLD 只有 1 个参数，它由 Tukey（1960）提出，目的是用蒙特卡罗模拟方法来产生随机数。此后，为了更加一般化，Ramberg（1972）和 Schmeiser（1974）提出了 4 参数的 GLD，即 $G(\lambda_1, \lambda_2, \lambda_3, \lambda_4)$。

在统计中，一般有 3 种方法来表示事件或随机变量 X 的发生机制，一是分布函数 $F_X(x)$，二是概率密度函数 $f_X(x)$，三是分位数函数 $Q_X(y)$。若 X 是标准正态分布，那么第一种的 + 分布函数表示方式为：

$$F_X(x) = \int_{-\infty}^{x} f_X(t)\,\mathrm{d}t \tag{5-18}$$

其中，$f_X(t)$ 就是概率密度函数，即为第二种表示形式：

$$f(x) = \frac{1}{\sqrt{2\pi}} e^{-x^2/2} \tag{5-19}$$

第三种表示形式为：

$$Q_X(y) = F_X^{-1}(y) = \Phi(y) \tag{5-20}$$

其中，$y \in [0,1]$。也就是说，第三种表示方法其实是第一种表示方法的反函数形式。从标准正态分布来说，相对于密度函数 $f_X(x)$ 的表达式，$F_X(x)$ 和 $Q_X(y)$ 的表达式难以得到，所以用第二种表示方法非常方便。但对于一个 4 参数的 GLD 分布族 $G(\lambda_1, \lambda_2, \lambda_3, \lambda_4)$来说，它的分位数函数 $Q(y)$ 非常容易得到。因此，GLD 分布族的定义是以第三种表示形式给出的，具体如下：

$$Q(y) = Q(y;\lambda_1,\lambda_2,\lambda_3,\lambda_4) = \lambda_1 + \frac{y^{\lambda_3} - (1-y)^{\lambda_4}}{\lambda_2} \tag{5-21}$$

其中，$y \in [0,1]$，λ_1 为位置参数，λ_2 为尺度参数，λ_3 为偏度参数，λ_4 为峰度参数。需要指出的是，λ_3 和 λ_4 并非真正意义上的偏度和峰度，这两个参数决定着分布的形状和尾部特征。此外，公式（5－21）由 Ramberg 和 Schmeiser 提出，所以简称 RS 形式。还有另外一种 FMKL 形式，详情请参考文献[71]。

有了分位数函数以后，就可以得到概率密度函数 $f(x)$。由于 $x = Q(y)$，$y = F(x)$，根据反函数的倒数关系有

$$f(x)=\frac{dy}{dQ(y)}=\frac{1}{\frac{dQ(y)}{dy}}=\frac{\lambda_2}{\lambda_3 y^{\lambda_3-1}+\lambda_4(1-y)^{\lambda_4-1}} \tag{5-22}$$

其中，

$$\frac{dQ(y)}{dy}=\frac{d}{dy}\left(\lambda_1+\frac{y^{\lambda_3}-(1-y)^{\lambda_4}}{\lambda_2}\right)=\frac{\lambda_3 y^{\lambda_3-1}+\lambda_4(1-y)^{\lambda_4-1}}{\lambda_2} \tag{5-23}$$

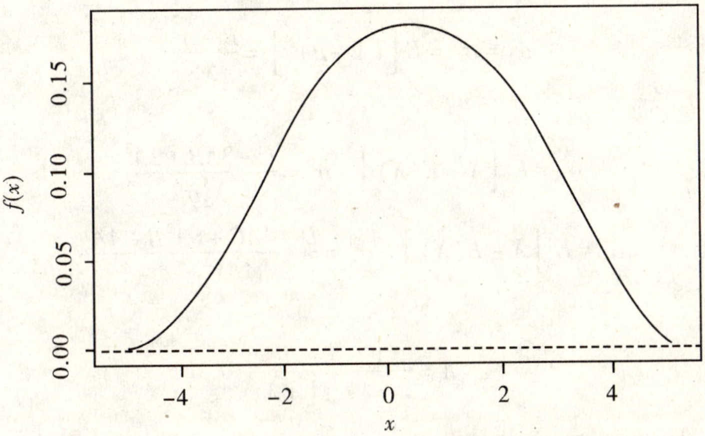

图 5-12　G（0.1,0.2,0.3,0.4）的概率密度函数图

图 5-12 给出了 $G(0.1,0.2,0.3,0.4)$ 的概率密度函数图，画图的原理是先把 $y\in[0,1]$ 足够细分，比如，0，0.001，0.002，…，1，然后根据公式（5-20）获得每一个 y 对应的 x，再根据公式（5-21）获得 $f(x)$，进而把点 $(x,f(x))$ 连接起来就得到了概率密度函数图。就以 $G(0.1,0.2,0.3,0.4)$ 来说，第三个四分位数为 $Q(0.75)=1.81$，而在 $x=1.81$ 时，$f(1.81)=0.16$，这样就得到了密度图中的一个点(1.81，0.16)。对于每个 $y=0.001$，0.002，…，1 重复上述步骤，就得到了图 5-12。

在正态分布 $N(\mu,\sigma^2)$ 中，隐含着参数的约束条件，即 $\sigma>0$。而对于 GLD 来说，4 个参数都有各自的约束条件，把这些约束条件综合到一起就是所谓的参数空间。若对于任意 $y\in[0,1]$，公式

$$f(x)=\frac{\lambda_2}{\lambda_3 y^{\lambda_3-1}+\lambda_4(1-y)^{\lambda_4-1}}\geqslant 0 \tag{5-24}$$

成立，那么 $G(\lambda_1,\lambda_2,\lambda_3,\lambda_4)$ 就属于可行的 GLD。上一节提到的极值理论也属于 GLD 分布族的一部分，可见 GLD 的分布类型非常广泛。

2. 矩估计方法

若 $X \sim G(\lambda_1,\lambda_2,\lambda_3,\lambda_4)$，且 $\lambda_3 > -\frac{1}{4}$，$\lambda_4 > -\frac{1}{4}$，那么其均值 α_1，方差 α_2，偏度 α_3，峰度 α_4 就可以表示为：

$$\alpha_1 = \mu = E(X) = \lambda_1 + \frac{A}{\lambda_2} \tag{5-25}$$

$$\alpha_2 = \sigma^2 = E\left[(X-\mu)^2\right] = \frac{B-A^2}{\lambda_2^2} \tag{5-26}$$

$$\alpha_3 = E\left[X-E(X)\right]^3/\sigma^3 = \frac{C-3AB+2A^3}{\lambda_2^3\sigma^3} \tag{5-27}$$

$$\alpha_4 = E\left[X-E(X)\right]^4/\sigma^4 = \frac{D-4AC+6A^2B-4A^4}{\lambda_2^4\sigma^4} \tag{5-28}$$

其中，

$$A = \frac{1}{1+\lambda_3} - \frac{1}{1+\lambda_4} \tag{5-29}$$

$$B = \frac{1}{1+2\lambda_3} + \frac{1}{1+2\lambda_4} - 2\beta(1+\lambda_3, 1+\lambda_4) \tag{5-30}$$

$$\begin{aligned} C = {} & \frac{1}{1+3\lambda_3} - \frac{1}{1+3\lambda_4} - 3\beta(1+2\lambda_3, 1+\lambda_4) \\ & + 3\beta(1+\lambda_3, 1+2\lambda_4) \end{aligned} \tag{5-31}$$

$$\begin{aligned} D = {} & \frac{1}{1+4\lambda_3} - \frac{1}{1+4\lambda_4} - 4\beta(1+3\lambda_3, 1+\lambda_4) \\ & + 6\beta(1+2\lambda_3, 1+2\lambda_4) - 4\beta(1+\lambda_3, 1+3\lambda_4) \end{aligned} \tag{5-32}$$

其中，$\beta(a,b)$ 表示 Beta 函数，其定义如下：

$$\beta(a,b) = \int_0^1 x^{a-1}(1-x)^{b-1}\mathrm{d}x \tag{5-33}$$

若 X 的观测样本 x_1，x_2，…，x_n，样本均值 $\hat{\alpha}_1$，方差 $\hat{\alpha}_2$，偏度 $\hat{\alpha}_3$，峰度

$\hat{\alpha}_4$ 就可以表示为：

$$\hat{\alpha}_1 = \overline{X} = \sum_{i=1}^{n} x_i / n \tag{5-34}$$

$$\hat{\alpha}_2 = \hat{\sigma}^2 = \sum_{i=1}^{n} (x_i - \overline{X})^2 / n \tag{5-35}$$

$$\hat{\alpha}_3 = \sum_{i=1}^{n} (x_i - \overline{X})^3 / n\hat{\sigma}^3 \tag{5-36}$$

$$\hat{\alpha}_4 = \sum_{i=1}^{n} (x_i - \overline{X})^4 / n\hat{\sigma}^4 \tag{5-37}$$

令 $\alpha_i = \hat{\alpha}_i$，$i = 1, 2, 3, 4$，解方程就可以得到参数 λ_i 的矩估计值 $\hat{\lambda}_i$。上面只是一种理论推导，解方程的过程非常复杂。而实际应用时，人们通常采用数值迭代方法来计算参数的矩估计值。在给定精度 $\varepsilon > 0$ 时，若 λ_i^* 使得

$$\max(|\alpha_i - \hat{\alpha}_i|) < \varepsilon \tag{5-38}$$

成立，那么 λ_i^* 就可以作为矩估计 $\hat{\lambda}_i$ 的近似值。除了矩估计方法之外，还有分位数估计方法，具体的理论请参考 Ramberg（1972）和 Schmeiser（1974）的著作。

5.2.2.3 广义线性模型

由于线性回归模型建立在若干经典假设之上，在实际使用中会遇到诸如线性相关、异方差问题。而且，对于分类或计数类型的数据难以适应。针对这些问题，Nelder 和 Wedderburn（1972）提出了广义线性模型（Generalized Linear Model，简称 GLM），给出了探讨线性问题的一般方法[72]。经过深入研究，McCullagh 和 Nelder 于 1989 年给出了更加一般、系统化的 GLM 的理论阐述[73]。针对台风灾害而言，为了研究气候变迁或区域环境因素的影响，我们需要分析不同因素下对应的台风灾害特点，这使得我们必须处理一些计数或分类数据，GLM 扩展了线性模型，为计数和分类提供了一个理想的建模工具。

1. 模型假设

在自变量 x_i 给定的情况下，若一个随机变量 Y 的观测值为 y_i，在广义线性模型中，x_i 只能通过线性函数（也叫线性预测值）

$$\eta = \beta_1 x_1 + \cdots + \beta_p x_p = x\beta \tag{5-39}$$

来影响 Y 的分布。若 $E(Y) = u$，那么广义线性模型可以定义为：

$$g(\mu)=E(Y)=\eta=x\beta \tag{5-40}$$

其中，g 就是所谓的链接函数（Link Function），它的作用就是把随机变量 Y 和线性函数 h 联系起来。此外，随机变量 Y 属于指数分布族，

$$f(y,\theta,\varphi)=\exp\left\{\frac{[y\theta-b(\theta)]}{a(\varphi)}+c(y,\varphi)\right\} \tag{5-41}$$

其中，φ 表示数据离散程度的尺度参数，参数 θ 取决于线性函数 η。若已知 φ，那么 Y 就属于参数指数分布，比如，在二项和泊松分布中 $a(\varphi)=1$。通常情况下，参数 φ 需要通过矩估计给出。

广义线性模型集成了许多重要分布类型一般估计方法，下面来看两个例子。对于 $Y\sim N(\mu,\sigma^2)$，公式（5-41）可以表示为：

$$f(y,\theta,\varphi)=\frac{1}{\sqrt{2\pi\sigma^2}}\exp\left[\frac{-(y-\mu)^2}{2\sigma^2}\right]$$

$$=\exp\left[\frac{\left(y\mu-\frac{u^2}{2}\right)}{\sigma^2}-\frac{1}{2}\left\{\frac{y^2}{\sigma^2}+\log(2\pi\sigma^2)\right\}\right]$$

其中，$\theta=\mu$，$a(\varphi)=\sigma^2$，$b(\theta)=\theta^2/2=\mu^2/2$，

$$c(y,\varphi)=\frac{-1}{2}\left[\frac{y^2}{\sigma^2}+\log(2\pi\sigma^2)\right]=\frac{-1}{2}\left[\frac{y^2}{\varphi}+\log(2\pi\varphi)\right] \tag{5-42}$$

对于 $Y\sim P(m)$，公式（5-41）可以表示为：

$$f(y,\theta,\varphi)=\frac{u^y e^{-\mu}}{y!}=\exp\left\{y\log(\mu)-\mu-\log(y!)\right\} \tag{5-43}$$

其中，$\theta=\log(\mu)$，$(\varphi)=1$，$b(\theta)=e^\theta=\mu$，$c(y,\varphi)=-\log(y!)$。显然，在某种程度上来说，广义线性模型也属于线性模型，若 Y 属于正态分布，通过引入下面提到的一致链接函数，广义线性模型就蜕变为经典线性模型。正是因为指数分布族包括二项、伯努利、泊松等分布，广义线性模型才能为我们提供分

类数据处理技术。

2. 典型链接函数

公式（5－41）的对数似然函数为：

$$l(y,\theta,\varphi)=\log[f(y,\theta,\varphi)] \tag{5-44}$$

$$\frac{\partial l}{\partial\theta}=\frac{y-b'(\theta)}{a(\varphi)}=0 \tag{5-45}$$

对两边取期望可以得到 Y 的期望

$$\mu=E(Y)=b'(\theta) \tag{5-46}$$

且是可逆函数，又由于

$$-\frac{\partial^2 l}{\partial\theta^2}=\frac{b''(\theta)}{a(\varphi)}=0=\left(\frac{\partial l}{\partial\theta}\right)^2=\left(\frac{y-b'(\theta)}{a(\varphi)}\right)^2 \tag{5-47}$$

对两边取期望可以得到 Y 的方差

$$Var(Y)=b''(\theta)a(\varphi) \tag{5-48}$$

若我们取的反函数作为链接函数，即使得

$$\eta=g(\mu)=(b')^{-1}b'(\theta)=\theta \tag{5-49}$$

成立，此时的链接函数（或反函数）就是典型链接函数。正态分布的典型链接函数为 $g(\mu)=\mu$，因此被称为一致链接函数。泊松分布采用对数链接函数 $g(\mu)=\log\mu$，对于二项、伯努利、多项等分布，可以采用 logit 链接函数 $g(\mu)=\log(\mu/1-\mu)$。

3. 模型的估计

令

$$l(\beta)=\log\left[f(y,\theta,\varphi)\right]=\log\left\{\left[f(y,h(x\beta),\varphi)\right]\right\}$$

$$U(\beta)=\frac{\partial l(\beta)}{\partial\beta}=\left(\frac{\partial l(\beta)}{\partial\beta_1},\cdots,\frac{\partial l(\beta)}{\partial\beta_p}\right)^T=(U_1(\beta),\cdots,U_p(\beta))^T \quad (5-50)$$

$$A(\beta)=\frac{\partial^2 l(\beta)}{\partial\beta^t\partial\beta}=-\frac{\partial U(\beta)}{\partial\beta}$$

其中，$\theta=h(x,\ \beta)$，A 是关于 β 的黑塞矩阵。若存在 β 的极大似然估计值，那么

$$U(\hat{\beta})=0 \quad (5-51)$$

进一步，根据中值定理有

$$0-U(\beta_0)=U(\hat{\beta})-U(\beta_0)=U'(\beta^*)(\hat{\beta}-\beta_0)=-A(\beta^*)(\hat{\beta}-\beta_0) \quad (5-52)$$

整理得

$$\hat{\beta}=\beta_0+A^{-1}(\beta^*)U(\beta_0) \quad (5-53)$$

以公式（5－53）为基础，有两种迭代方法，一种是 Newton－Raphson 方法，迭代方程为：

$$A(\hat{\beta}_t)\hat{\beta}_{t+1}=A(\hat{\beta}_t)\hat{\beta}_t+U(\hat{\beta}_t),t=0,1,2,\cdots \quad (5-54)$$

另一种是 Fisher 评分法，迭代方程为：

$$I(\hat{\beta}_t)\hat{\beta}_{t+1}=I(\hat{\beta}_t)\hat{\beta}_t+U(\hat{\beta}_t),t=0,1,2,\cdots \quad (5-55)$$

其中 $I(\beta)=E[A(\beta)]$ 被称为信息矩阵。两种方法在达到设定精度时停止。

$$\left|\beta_{N+1}-\beta_N\right|<\varepsilon \tag{5-56}$$

其中 ε 是一个非常小的数，比如0.000 1。由于这两种方法的迭代方程都可以表示为：

$$\hat{\beta}_{t+1}=(X^H W_t X)^{-1} X^T W_t z_t \tag{5-57}$$

其中，W_t 和 z_t 只与 β_t 有关，与尺度参数 φ 无关。因此，在给出初值 β_0 的情况下就可以进行迭代。在迭代过程中的权重系数 W_t 都在不断改变，因而被称为加权最小二乘迭代（Iterated Reweighted Least Square，简称IRLS）。进一步的详细迭代步骤可以参考 McCullagh 和 Nelder 的专著。

4. 模型的拟合优度检验

给定 n 个观测样本 y_i 和 x_i，根据公式（5－41）参数 θ_i 的极大似然函数为：

$$l=\left\{\sum_{i=1}^{n}\frac{[y_i\theta_i-b(\theta_i)]}{a(\varphi)}+c(y_i,\varphi)\right\} \tag{5-58}$$

由于，

$$\frac{\partial l}{\partial\theta_i}=\frac{y_i-b'(\theta_i)}{a(\varphi)}=\frac{y_i-u_i}{a(\varphi)}=0 \tag{5-59}$$

我们可以得到 $\hat{\mu}_i=y_i$。此时，公式（5－40）中 β 的 IRLS 结果可记作

$$\mu_i\% = g^{-1}(x\hat{\beta}) \tag{5-60}$$

进而两个模型的对数自然函数之差的两倍就是离差函数

$$D(y_1,\cdots,y_n,\mu_1\%,\cdots,\mu_n\%)=2a(\varphi)\left[l(y_1,\cdots,y_n)-l(\mu_1\%,\cdots,\mu_n\%)\right]$$

$$=2\sum_{i=1}^{n}\left[y_i(\hat{\theta}_i-\theta_i\%)+b\left(\theta_i\%\right)-b(\hat{\theta}_i)\right] \tag{5-61}$$

其中，$\hat{\theta}_i=(b')^{-1}(\hat{\mu}_i)=(b')^{-1}(y_i)$，$\theta_i\%=(b')^{-1}(\mu_i\%)$。离差函数可以

反映 $g(\mu_i)=x_i\beta$。较大的离差值意味着真实值 y_i 与拟合值 $\mu_i\%$ 的“距离”较大，拟合效果不理想。一般来说，当样本量 n 足够大时，$p<n$ 个回归参数的模型有

$$\frac{D}{a(\varphi)}:\chi^2(n-p) \tag{5-62}$$

从而，可以获得尺度参数的无偏估计

$$\hat{a}(\varphi)=\frac{D}{n-p} \tag{5-63}$$

在尺度参数已知的情况下，若 $q<p$ 个回归参数模型的离差函数为 D'，那么

$$\frac{D'-D}{a(\varphi)}:\chi^2(p-q) \tag{5-64}$$

若在尺度参数未知的情况下，和经典线性模型类似，可以采用

$$\frac{D'-D}{\hat{a}(\varphi)(p-1)}:F(p-q,n-p) \tag{5-65}$$

通常情况下，公式（5-64）和公式（5-65）只在高斯分布族中成立。在二项分布和泊松分布中，由于尺度参数为1，所以可以用卡方检验来验证系数的显著性。

5. 残差

在广义线性模型中，有3种形式的残差，它们分别是皮尔逊残差、离差残差和 Anscombe 残差。前两者较为常用，皮尔逊残差的定义如下：

$$r_{p,i}=\frac{y_i-\hat{\mu}_i}{\sqrt{V\hat{a}r(Y_i)}}=\frac{y_i-b'(\hat{\theta}_i)}{\sqrt{a(\varphi)b''(\hat{\theta}_i)}} \tag{5-66}$$

离差残差定义如下：

$$r_{D,i} = \mathrm{sign}(y_i - b(\hat{\theta}_i))\sqrt{d_i} \quad 其中，\sum_{i=1}^{n} d_i = D \tag{5-67}$$

广义线性模型将在第6章的实证分析中用到。

5.2.2.4 马尔可夫链蒙特卡罗模拟方法

马尔可夫链（Markov Chain）由 Andrey Markov 提出，一般用于描述系统的状态转移。马尔可夫链是一种无记忆的随机过程，它已被应用到诸多领域中。我们可以结合统计模型和马尔可夫链来模拟台风灾害的演化过程。

蒙特卡罗（Monte Carlo）这个名字来自以赌场闻名的城市摩纳哥（Monaco）。它的起源可以追溯到18世纪的著名数学问题——蒲丰投针[74]。蒙特卡罗方法是一种随机数值方法，主要是用来解决数学和物理领域的概率统计问题。由于美国洛斯阿拉莫斯国家实验室在研制出世界上第一颗原子弹时使用过蒙特卡罗方法，1944年这种方法首次受到世界的广泛关注。如今，蒙特卡罗方法的应用已经遍布金融、保险、灾害等研究领域。

有时，针对台风灾害建立一个复杂的模型去做统计推断的效果并不理想，尤其是极端灾害事件，在数据不足的情况下，更显得力不从心。所以，一个直接的想法就是模拟灾害事件本身，马尔可夫链蒙特卡罗（MCMC）方法的结合就为我们提供了模拟台风灾害的有效途径。从一维空间来看，它可以用来模拟极端灾害事件，进而我们就可以得到这个极端事件的发生概率和重现期。从二维空间来看，这种方法可以模拟灾害的发生地点，结合空间统计模型进行风险评估。最后，结合贝叶斯推断，我们可以获得台风灾害分析的新视角。

1. 极端灾害事件模拟

与普通事件相比，极端灾害事件的发生频率非常低，这个“低”取决于不同领域。比如，就台风灾害而言，千年一遇的级别的概率为0.001。而对于航空灾害而言，飞机失事的概率仅为10^{-9}。然而，灾害一旦发生，无价的生命便难以挽回。一般来说，只要能够估计出极端事件发生概率p，就能得到它对应的致灾强度（分位数），进而就可以为防御性工程措施提供科学依据，达到避免风险的目的。

如何来估计这个p呢？先来看经典数理统计方法。为了阐述方便，假设某一区域登陆的台风风速w属于标准正态分布，如果它有n个观测样本，由于$p(w>3.09)=0.001$，那么五千年一遇的极端台风灾害事件X可以定义为：

$$x_i = \begin{cases} 1, w>3.09 \\ 0, 其他 \end{cases} \tag{5-68}$$

p 的无偏估计为 $\hat{p}=\frac{\sum_{i=1}^{n}x_i}{n}$。由于 p 很小，在 n 充分大的情况下 X 近似服从正态分布。那么，p 的 $1-\alpha$ 的置信区间为 $\hat{p}\pm z_\alpha\frac{\hat{\sigma}}{\sqrt{n}}$，而宽度 $2z_\alpha\frac{\hat{\sigma}}{\sqrt{n}}$ 可以作为绝对误差的一种测度，样本量越大其绝对误差也就越小。然而，对于极端灾害事件 X 而言，p 是一个接近于 0 的数，必须采用相对误差来衡量估计结果的好坏。相对误差的定义如下：

$$r_e=\frac{2z_\alpha\sigma}{\sqrt{n}}/p=\frac{2z_\alpha\sqrt{p(1-p)}}{\sqrt{np}}\approx\frac{2z_\alpha}{\sqrt{np}} \tag{5-69}$$

那么我们可以得到样本量的表达式：

$$n=\frac{4z_\alpha^2}{r_e^2p} \tag{5-70}$$

假如我们把相对误差设为 10%，在 95% 的置信水平下 $Z_{\alpha/2}$，估计五千年一遇（$p=0.001$）的极端台风灾害至少需要 16×10^5 个样本，而对于航空灾难（$p=10^{-9}$）至少需要 16×10^{11} 个样本，这在现实中几乎无法实现。

在计算机技术迅速发展的今天，我们可以通过 MCMC 方法来模拟极端灾害。MCMC 的理论基础来自 3 个极限定理。

定理 1：令 $\{X_t,\ t\geqslant0\}$ 为某一非周期，不可约，状态空间为 Ω 的马尔可夫链，$f(X)$ 为其平稳分布，$f(X_0)$ 为初始分布，则

$$\lim_{t\to\infty}f(X_t)=f(X) \tag{5-71}$$

$F(X_t)$ 叫做 t 时刻的边际分布，这个定理说明马尔可夫链运行充分长时间后，其边际分布就是平稳分布，并且与初始分布无关。

定理 2：若 $\{X_t,\ t\geqslant0\}$ 为一个可遍历的马尔可夫链，且平稳分布为 $f(X)$，则 X_t 依分布收敛到 $f(X)$，且对任意函数 g，当 $n\to\infty$，且 $E_f|g(x)|$ 存在时，

$$\bar{g}_n=\frac{1}{n}\sum_{t=1}^{n}g(Xt)\to E_fg(X) \tag{5-72}$$

这个定理保证了马尔可夫链运行足够长时间后，我们就可以产生目标分布的随机变量。

定理3：若一个马尔可夫链的转移概率以速度 λ^t，$0<\lambda<1$ 收敛，且 g 相对于平稳分布是二次可积的，当 $n\to\infty$ 时则有

$$\frac{\overline{g}_n - E_f g(X)}{\tau\sqrt{n}} \to N(0,1) \tag{5-73}$$

这个定理为构造平稳的马尔可夫链的参数选择提供了置信区间。下面就以极端台风灾害的模拟为例来进一步阐述 MCMC 方法的实际应用。

首先，我们必须针对模拟对象构造一个马尔可夫链。简单起见，我们以两状态马尔可夫链为例，图 5－13 给出了台风灾害的两状态马尔可夫链模型。其中，$X\in\{0,1\}$ 表示台风的状态，状态的转换概率可以用转移矩阵

$$T=\begin{bmatrix} P(X_t=0 \mid X_{t-1}=0), P(X_t=1 \mid X_{t-1}=0) \\ P(X_t=0 \mid X_{t-1}=1), P(X_t=1 \mid X_{t-1}=1) \end{bmatrix} = \begin{bmatrix} 1-\alpha, & a \\ \beta, & 1-\beta \end{bmatrix} \tag{5-74}$$

来表示。一般来说，转移概率 a 和 b 可以通过气象方法来确定，假如某一区域的 $\alpha=8\times10^{-4}$，$\beta=0.8$，那么极端台风事件 $X=1$ 就是一个极其罕见的事件。而我们关心的是这个极端灾害事件在未来发生的概率 $p=P(X_\infty=1 \mid X_1=0)=P(X_\infty=1)$ 究竟是多少，也就是这个马尔可夫链的稳定分布 $f(x)$ 究竟是什么。根据图 5－13，我们可以根据如下算法来模拟这个极端灾害。

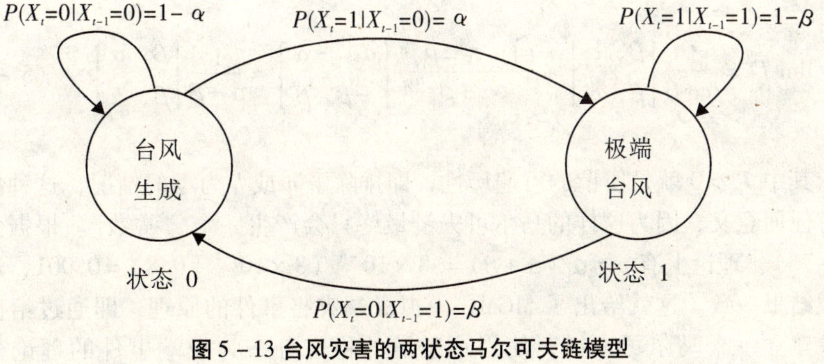

图 5－13 台风灾害的两状态马尔可夫链模型

给定 $X_0=0$，如果 $X_{t-1}=0$，那么 $X_t\sim B(1,\alpha)$，否则 $X_t\sim B(1,1-\beta)$，极端

事件频率为：

$$\hat{p}=\frac{\sum x_t}{n} \tag{5-75}$$

其 R 语言运行结果见图 5－14。

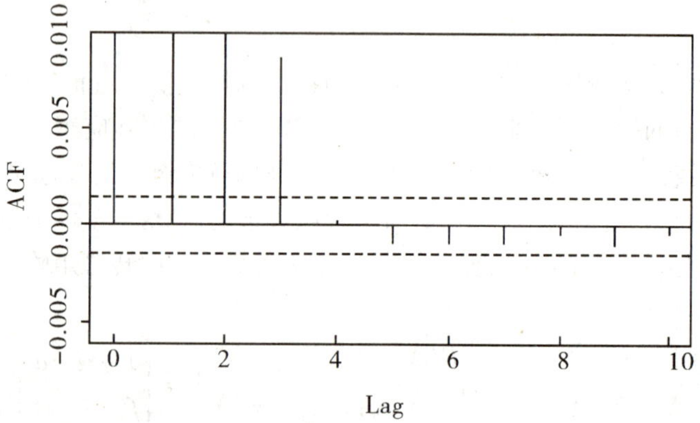

图 5－14　模拟过程的自相关图

从结果中看到，$p=0.001$，也就是说极端事件服从 $B(1,0.001)$ 分布，这相当于千年一遇的极端事件。同时，这个分布也是马尔可夫链的稳定分布 $f(x)$。从结果的自相关系数和图 5－14 知道，自相关系数在第 3 步开始显著为 0，满足定理 1。其实，根据 Chapman－Kolmogorov 等式，当模拟次数足够大时有

$$\lim_{n\to\infty}T^n=\frac{1}{\alpha+\beta}\begin{bmatrix}\beta, & \alpha\\ \beta, & \alpha\end{bmatrix}+\frac{(1-\alpha-\beta)^n}{\alpha+\beta}\begin{bmatrix}a, & -\alpha\\ -\beta, & \beta\end{bmatrix}=\frac{1}{\alpha+\beta}\begin{bmatrix}\beta, & \alpha\\ \beta, & \alpha\end{bmatrix} \tag{5-76}$$

其中 $T^n>0$ 就是所谓的可遍历性，即排除了 a 或 b 为零的情况，这种情况没有任何意义，因为这样的马尔可夫链最终只会产生一个“常数”。根据公式（5－76），理论上有 $p=\alpha/(\alpha+\beta)=8\times10^{-4}/(8\times10^{-4}+0.8)=0.001$，这和模拟结果一致。这就给出了 MCMC 模拟极端灾害事件的原理，即通过给模拟对象建立一个马尔可夫链，使得这个链的稳定分布为极端事件的理论分布 $f(x)$。然后，运行此链足够长时间至稳定状态，那么从稳定状态的马尔可夫链中产生的随机样本就是极端事件分布 $f(x)$ 产生的随机样本，进而实现模拟。

图 5－15 画出了每次运行马尔可夫链模拟出来的极端事件频率 $\hat{p}$，前面一段还没有收敛到稳定分布，就是所谓的“预热期”。当运行次数为 16×10^5 时，结果的相对误差为 0.01，运行这个马尔可夫链的平均周期为 1 220，即平均运行 1 220 次才模拟出 1 个极端事件，效率比较低下，如果是模拟航空灾害 $p=10^{-9}$ 的话，会面临算法时空复杂度的问题。

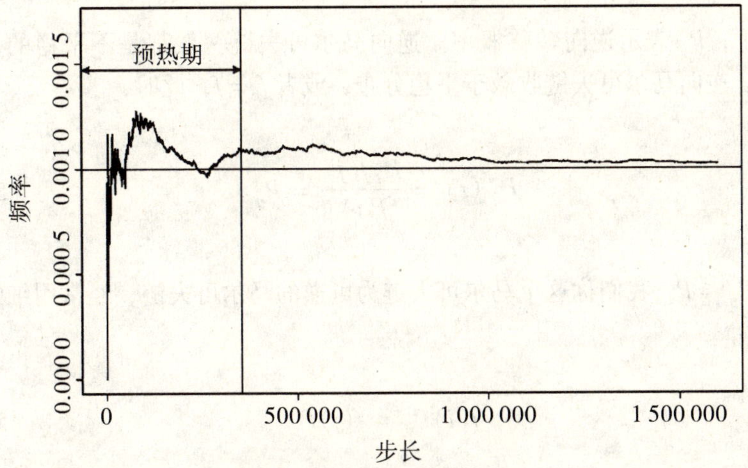

图 5－15　极端灾害的频率

为此，许多学者开始研究高效的模拟方法，在蒙特卡罗积分算法中可以采用重要性抽样来缩减边际误差，结合方差控制、方差缩减等技术，可以明显地减少模拟步长。而在马尔可夫链的构造方法上，Metropolis 算法、Metropolis－Hastings 算法和 Gibbs 抽样[75]都是高效的马尔可夫链构造方法。这些方法通过把高维空间中的问题分解成若干一维空间问题，使得高维随机变量的模拟得以实现。本研究将在第 6 章应用 Metropolis－Hastings 算法模拟台风起点，因此，下一节将介绍如何采用 MH 算法来产生二维空间随机变量。

2. 灾害的发生地点模拟

离散状态空间下，平稳的马尔可夫链 $\{X_t, t\geqslant 0\}$ 定义为

$$f(i)=\sum_j f(j)P_{ij} \tag{5-77}$$

其中，f 是其平稳分布，$P_{ij}=P(X_{t+1}=j\mid X_t=i)$ 为转移矩阵，公式（5－77）

意味着平稳马尔可夫链的转移概率与初始状态无关，只与转移步长有关。那么，从逆向来看这个马尔可夫链有：

$$P_{ij}^{*}(t)=P\{X_t=j\mid X_{t+1}=i\}=\frac{P(X_{t+1}=i\mid X_t=j)P(X_t=j)}{P(X_{t+1}=i)}=\frac{P_{ji}f_t(j)}{f_{t+1}(i)} \tag{5-78}$$

其中，P_{ij}^{*} 表示逆向转移概率。逆向马尔可夫链一般都是不平稳的，若当 $t\to\infty$ 时，逆向马尔可夫链收敛于平稳分布，或者 $f_0=f$，此时，

$$P_{ij}^{*}(t)=\frac{P_{ji}f(j)}{f(i)}=P_{ij}^{*} \tag{5-79}$$

若 $P_{ij}^{*}=P_{ji}$，我们称这个马尔可夫链为可逆的马尔可夫链，经常用细致平衡方程

$$f(i)P_{ij}=f(j)P_{ji} \tag{5-80}$$

来表示马尔可夫链的可逆性，对公式（5－80）两边求和就得到公式(5－77)。若一个目标分布 f 满足细致平衡方程，那么它就是平稳分布。在连续状态空间中，细致方程为：

$$f(x)K(x,y)=f(y)K(y,x) \tag{5-81}$$

其中，$K(x,y)=\frac{\partial P_{xy}}{\partial y}$ 叫做转移核，它是转移概率分布 $P_{xy}=P(X_{t+1}\leqslant y\mid X_t=x)$ 的偏导数。

因此，构建平稳分布目标分布 f 的关键在于构造转移核，MH 算法通过提议分布 $g(y\mid x)$（有的书籍也叫条件分布）来构造转移核，为了使得马尔可夫链收敛到目的分布，选择的提议分布要满足一些正则化条件，这些条件主要是保证所选择的提议分布具有一定的散度，足以遍历目标分布的支撑集，同时又使得 $f(x)/g(y\mid x)$ 是一个与 x 无关的常数。一般选择和目标分布具有同一支撑集的提议分布都会满足这些条件。此外，在实际应用中，人们通常选择尽可能容易模拟的提议分布。MH 算法通过如下步骤构造马尔可夫链 $\{X_t,t\geqslant 0\}$：

（1）给定初值 $X_0=x_0$，当 $t\geqslant 1$ 时重复（2），（3）步直至收敛；

（2）给定 x_{t-1} 通过选定提议分布 $g(y\mid x_{t-1})$，产生 $Y=y$；

（3）以概率 $a(y,x_{t-1})$ 接受跳跃，即令 $X_t=Y$，以概率 $1-a(y,x_{t-1})$ 令 $X_t=X_t$，其中，$a(x_{t-1},y)=\min\left\{1,\dfrac{f(y)g(x_{t-1}\mid y)}{f(x_{t-1})g(y\mid x_{t-1})}\right\}$。

下面来证明 f 满足细致平衡方程，当 $x\neq y$ 时，有

$$\begin{aligned}K(x,y)&=\frac{\partial P_{xy}}{\partial y}=\lim_{h\to 0}\frac{P(X_t\in x\pm h,\text{接受跳跃}\mid X_{t-1}=x)}{2h}\\&=\lim_{h\to 0}\frac{\int_{y-h}^{y+h}g(u\mid x)\alpha(x,u)du}{2h}=g(y\mid x)a(x,y)\end{aligned}\tag{5-82}$$

$$\begin{aligned}K(x,y)f(x)&=a(x,y)g(y\mid x)\\&=\min\left\{1,\frac{f(y)g(x\mid y)}{f(x)g(y\mid x)}\right\}g(y\mid x)f(x)\\&=\min\{g(y\mid x)f(x),f(y)g(x\mid y)\}\\&=a(y,x)g(x\mid y)f(y)\\&=K(y,x)f(y)\end{aligned}\tag{5-83}$$

当 $x=y$ 时，有

$$\begin{aligned}K(x,x)&=\lim_{h\to 0}\left[\frac{P(X_t\in x\pm h,\text{接受跳跃}\mid X_{t-1}=x)}{2h}+\right.\\&\qquad\left.P(X_t\notin x\pm h,\text{拒绝跳跃}\mid X_{t-1}=x)\right]\\&=g(x\mid x)a(x,x)+\int\left[1-a(x,u)\right]g(u\mid x)\mathrm{d}u\end{aligned}\tag{5-84}$$

显然，细致平衡方程成立。因此，f 满足细致平衡方程，MH 算法构造的马尔可夫链收敛于目标分布。

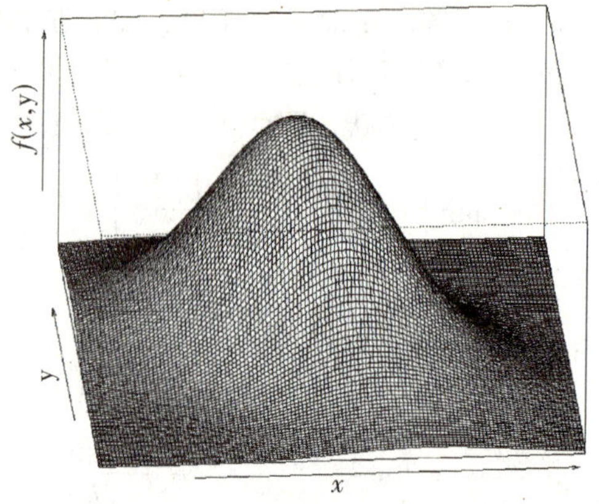

图 5－16　二维正态分布（$\rho=-0.7$）

若把地球上的经度记为 X，纬度记为 Y，台风起点的位置就可以用点集 (x_i,y_i) 来表示。假设某一区域的台风起点的空间分布服从 $\rho=-0.7$ 的二维正态分布，

$$f(x,y)=\frac{1}{\sqrt{2\pi(1-\rho^2)}}\exp\left\{-[2(1-\rho^2)]^{-1}[x^2-2\rho xy+y^2]\right\} \tag{5-85}$$

图 5－16 画出了这个二维正态分布，从切面来看，X 和 Y 的边际分布都是正态分布，比如，X 的边际分布为：

$$f(x\mid y)\sim N(\rho y,\sqrt{1-\rho^2}) \tag{5-86}$$

我们可以通过这个性质把二维随机变量模拟分解成一维随机变量模拟。为了容易模拟，选择提议分布为均匀分布。

去掉前面 50 000 步的预热期，剩下的结果就是稳定分布产生的随机变量，从结果中可以看到，模拟的相关系数为 －0.723 4，非常接近真实值。在运行过程中，有 56% 左右的提议点被拒绝，效率较低，有些点停留在原来的点上保持一段时间不动。这是由于我们采用的均匀分布为提议分布，随机跳跃分布的散度较大，这可以从图 5－17 的左下角看到，这也说明提议分布的选取需要权衡收敛效率和目标函数的遍历。该图的左上角给出了前 100 步的模拟路径，模拟点从初值($x=4,y=-4$)不断地靠近 x 和 y 的均值 0，最终的模拟结果如右下角所示，负斜率是相关系数为 -0.7 的直观表现。右上角给出了点密度等高线，这正是二维正态分布的形状。至此，本书就完成了对采用MCMC 方法模拟台风起点的理论介绍。至于 MCMC 方法结合贝叶斯推断在台风灾害分析中的应用将在第 6 章的实证分析中给出。

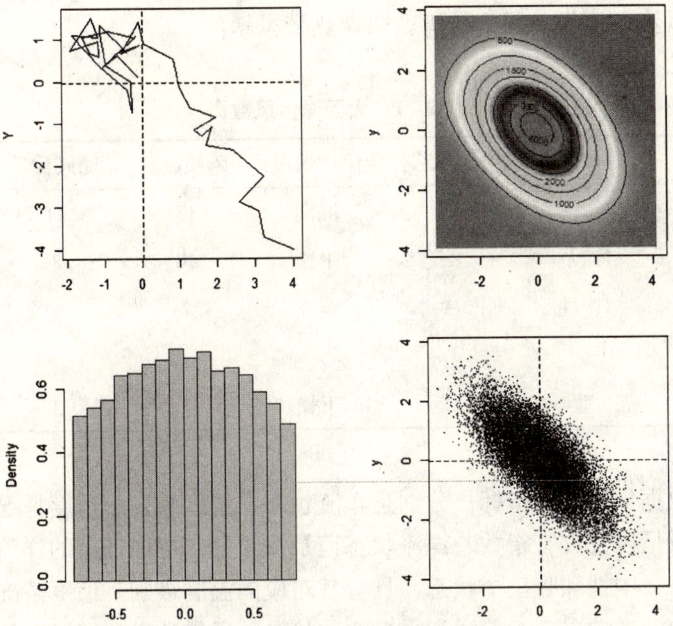

图 5-17 MH 算法模拟的二维正态随机变量（$\rho=-0.7$）

5.3 台风灾害影响因素的统计分析

本节是本书的实证分析部分，主要采用广义线性模型，马尔可夫链蒙特卡罗模拟和贝叶斯估计来分析台风灾害的气候影响因素。研究发现厄尔尼诺现象和气候湿度都是台风生成的影响因素，且厄尔尼诺现象的影响更为明显。具体来说，当厄尔尼诺洋流为冷年时，对台风生成起促进作用；而当厄尔尼诺洋流为暖年时，对台风生成起抑制作用。

5.3.1 数据来源

这一节所用的数据如表 5-1 所示，它记录了 1950 年至 1997 年大西洋海面风暴和飓风的生成数量。这个数据集由美国科罗拉多大学的 Gray 提供，可以在今日美国网站的天气板块（http：//www. usatoday. com/weather）获得。

台风、飓风和风暴其实属于强热带气旋，只是国际上不同国家的称呼不同而已。如果强热带气旋出现在西北太平洋和我国南海海面，那么它就叫做台风；若出现在大西洋、墨西哥湾、加勒比海和北太平洋东部海面则被称为飓风，若出现在印度洋、孟加拉湾就叫做热带风暴。

表 5－1　大西洋台风数据

年份	洋流状态	温度级别	湿度情况	风暴数量	飓风数量	灾害指数
1950	冷	低	湿润	13	11	243
1951	暖	高	干燥	10	8	121
1952	中性	中	湿润	7	6	97
⋮						
1997	暖	高	干燥	7	3	54

这一数据集有 6 个指标，分别是洋流状态、温度级别、适度情况、风暴数量、飓风数量以及灾害指数。洋流状态记录每年厄尔尼诺现象的洋流状态，洋流状态有冷、中性和暖三个状态，且有其对应的温度级别。适度情况记录的是西非洋面的湿度情况，有湿润和干燥两种状态。风暴数量和飓风数量分别记录了每年大西洋上不同海域所发生的台风数量。灾害指数是每年风暴数量、飓风数量、相关强度、持续天数等变量占所有年份总数的百分比得分之和，100 表示灾害强度的平均水平。

5.3.2　初步分析

首先，我们需要粗略地了解各个变量之间的关系，可以画出风暴数量、飓风与其他指标之间的矩阵散点图。从图 5－18 中可以看到，每年的风暴数量与飓风数量呈现出明显正向线性关系，并且似乎与厄尔尼诺状态有关。我们可从图中作出初步的结论，厄尔尼诺洋流状态为冷时对，其每年的风暴和飓风有某种促进作用，而暖的厄尔尼诺洋流起到了某种抑制作用。其次，还可以发现每年的风暴和飓风的数量与西非洋面的湿度有关，潮湿气候起促进作用，而干燥气候起抑制作用。

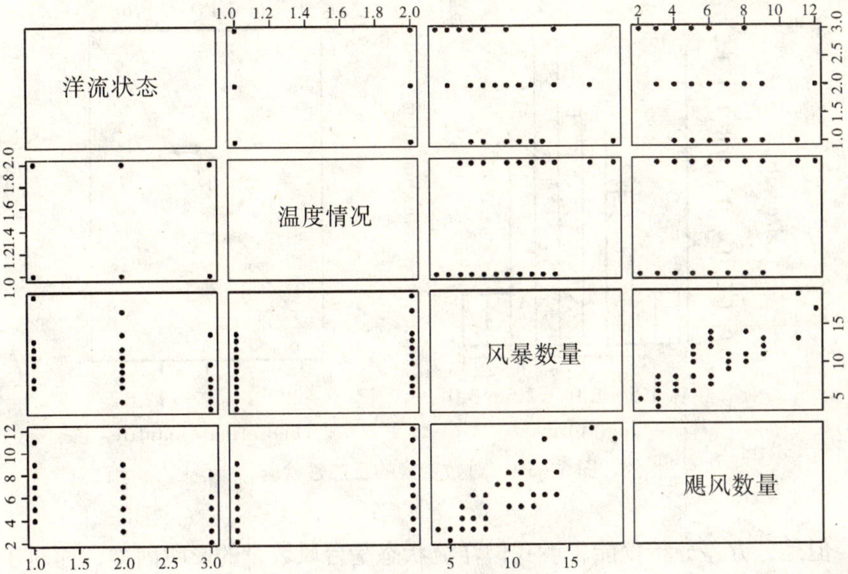

图 5－18　矩阵散点图

对于上述结论，我们可以采用方差分析来证实。方差分析其实是一种假设检验，它对全部样本观测值的差异进行分解，将某种因素下各种样本观测值之间可能存在的系统性误差与随机误差加以比较，以此推断各个总体之间是否存在显著性差异，若存在显著性差异，说明该因素的影响是显著的。但方差分析假设各个总体是独立的，且服从正态分布，因此在使用之前必须检验数据的独立性与正态性。气象理论表明年风暴数量是独立的，从而各个状态下的年风暴数量也是独立的，那么风暴数量满足正态分布的假设吗？

图 5－19 给出了对数变换后的风暴数量直方图和 Q－Q 图。从直方图的形状来看，这近似地服从于正态分布，而 Q－Q 图中的点基本上都落在直线上，因此经过对数变换的风暴数量符合正态分布，可以对其使用方差分析方法。对洋流状态和风暴数量使用方差分析的 F 统计量为 10.5，它服从自由度为 2 的卡方分布，求得的 p 值为 0.000 2，这表明洋流状态确实是风暴数量的显著影响因素。同理，对飓风数量和洋流状态使用方差分析也得到相同的结果。

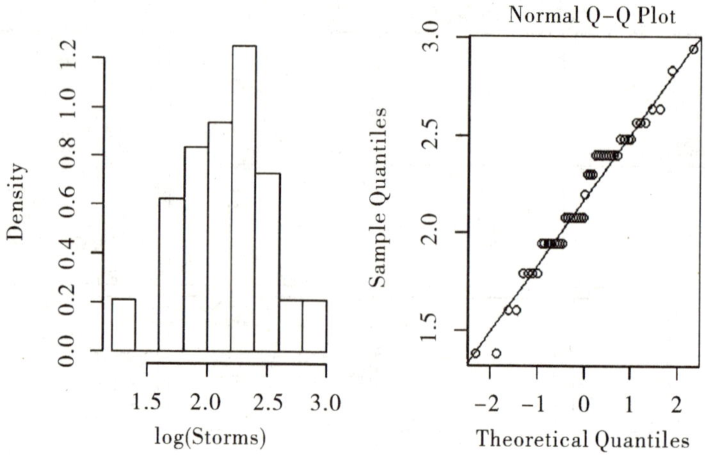

图 5－19　对数变换的正态性检验

但是，方差分析仅能告诉我们洋流状态是台风数量的影响因素，而对于应急管理工作来说，我们更关注的是它们之间的数量关系。比如，在洋流状态为冷年时，台风数量具体会比其他状态增加多少呢？根据数据的这些特点，我们可以使用广义线性模型来描述风暴数量和飓风数量与洋流状态和气候湿度之间的数量关系。下面我们先用广义线性模型来分析风暴数量影响因素，然后再用蒙特卡罗方法结合贝叶斯估计来分析飓风数量的影响因素。通过两种方法的对比可以发现，后者的视角更为新颖。

5.3.3　基于广义线性模型的影响因素分析

由于数据是离散的，我们可以采用对数链接函数的广义线性模型来分析风暴数量和洋流状态、湿度情况之间的数量关系。模型的线性形式如下：

$$\log(y) = a + bx_1 + cx_2 + dx_1x_2 \tag{5-87}$$

其中，y 表示风暴数量，x_1 和 x_2 分别表示洋流状态和湿度情况，其他是待估参数，d 表示两种情况的交互影响系数。采用 AIC 准则进行逐步回归，结果发现交互因素影响被剔除，表明洋流状态和湿度因素不会交互作用于风暴形成。此外，由于数据比较离散，我们需要通过估计来获得估计公式（5－41）中的尺度参数 a（φ），即采用准泊松回归方法。

表 5－2 给出了广义线性模型的估计结果，其中，洋流状态为冷（系数 a）的影响系数是 2.31，正值代表促进作用。洋流状态为暖的系数是－0.06，负

值代表抑制作用，这两个因素的 P 值都接近于0，证明系数非常显著。而湿润因素的影响系数为0.16，在显著水平为0.1的情况下通过检验，由此看出湿度因素对风暴数量的影响小于洋流因素。对于拟合优度的检验，我们还可以采用公式（5－64）来实现，表5－3给出了这一结果，基本和上述结果区别不大。

表5－2　广义线性模型结果

系数	估计值	标准误差	t 值	P 值（$X>\|t\|$）
a	2.31	0.09	25.87	0.00
b 中性	－0.06	0.10	－0.64	0.53
b 暖	－0.38	0.11	－3.32	0.00
c 湿润	0.16	0.09	1.72	0.09

表5－3　系数的卡方检验

	q	离差之差	p	离差	P 值 Pr（$>Chi$）
NULL			47	50.88	
洋流状态	2	14.88	45	35.99	0.00
湿度情况	1	2.30	44	33.69	0.09

经过检验后，我们就可以利用这些结果来探讨风暴数量和影响因素之间的数量关系。当洋流状态为冷，西非洋面气候为湿润时，风暴的数量最为极端，其期望值为exp（2.31＋0.16）＝11.8次，而1995年恰恰就同时出现了这两个状态，因此1995年生成的风暴数量为19，达到了历年最高值，按照泊松分布可以计算出这种极端事件大约为60年一遇。而出现暖流和干燥状态时，风暴数量的期望值为exp（2.31－0.38）＝6.8次，比起极端情况来说减少了近5次。

此外，对灾害指数进行广义线性模型分析的结果表明同时出现厄尔尼诺冷流和湿润气候的灾害指数期望值为161.1，而同时出现暖流和干燥气候的灾害指数期望值仅为56.6，这表明冷洋流和湿润气候因素不仅会使得台风灾害频发，而且致灾强度和持续时间也会显著增强。因此，大西洋沿海地区更应该在冷洋流和湿润气候状态下充分做好抵御极端台风灾害的准备，防御措施也应该针对这两个状态下的极端台风灾害来设计。

5.3.4 基于蒙特卡罗方法的贝叶斯分析

5.3.4.1 贝叶斯推断简介

贝叶斯理论与传统统计推断理论的区别在于传统理论认为随机事件概率是客观的，是重复发生多次的结果，而贝叶斯理论认为概率是主观的，是一个人一次或仅仅几次的观察结果。理论基础的差异导致了完全不同的统计推断方法，在实际应用中，两者各有所长。

然而，近年来的研究发现贝叶斯推断似乎比传统推断更有用，它和传统方法的估计结果几乎一样，但这并不是重点所在，重点在于贝叶斯方法显得更自然，更符合人类思维，且具有传统方法无法比拟的优点。比如在还没有收集到数据之时，贝叶斯方法可以根据人们长期实践的经验得出数据的分布信息。

贝叶斯方法把分布的参数视为随机变量，在估计这些参数之前，我们可以主观地推测这些参数的分布，这些分布有个专门的术语叫做先验分布。具体到本章的数据来说，根据前面的分析逻辑，我们可以根据洋流或湿度状态的不同，推断出飓风数量服从不同参数的泊松分布，把表 5 - 1 的数据按洋流状态（冷、中性、暖）分为 3 组，年飓风数量在 2 ~ 12 次之间，每组的均值分别为 7、6.25 和 4，根据矩估计方法可以认为各状态下的飓风数量分别服从 λ 为 7、6.25 和 4 的泊松分布。

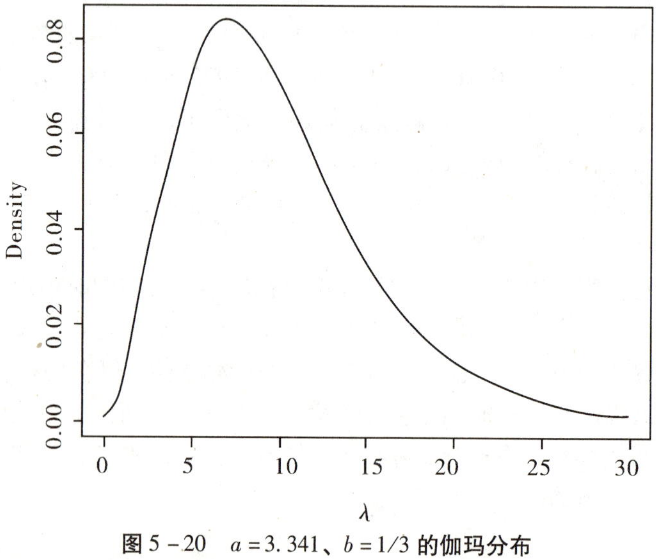

图 5 - 20　$a=3.341$、$b=1/3$ 的伽玛分布

用贝叶斯方法来估计时，我们可以假设 λ 服从伽玛分布，即 $\lambda \sim G(a,b)$，只要 a 和 b 的取值合适，这就是合理的。比如冷洋流状态下对应的 λ 为 7，其概率为 1/3，而当 $a=3.341$，$b=1/3$ 时，$P(\lambda \leqslant 7)=1/3$，且从图 5－20 中可以看到，$\lambda$ 的取值范围也符合现实意义。

有了这个先验分布之后，我们需要使用现有数据去更新主观信息，即根据贝叶斯公式去计算出后验概率，计算公式为：后验概率 = 先验概率 × 可能性程度。在许多情况下，我们并不知道后验分布的具体形式，无法通过解析来表达，我们只能通过构造目标分布收敛于后验分布的马尔可夫链来间接产生随机数，而这些随机数正是待估参数 λ 的可能值，对这些随机数取均值就可以获得 λ 的贝叶斯估计值。而我们得到的不单单是一个估计值，而是估计变量的整个分布，这正是 MCMC 结合贝叶斯方法的优势。前面提到，参数的分布代表着大气系统的稳定状态，如果这些概率分布的形态发生了某种明显变动，客观上就反映了系统的变化，进而气象灾害的强度也会发生变化。因此，对于台风灾害而言，贝叶斯推断更具优势。下面就用贝叶斯推断来分析飓风数量的影响因素，并给出它们之间的数量关系。

5.3.4.2　结果分析

在此，采用 MH 算法来构造收敛于后验分布为泊松回归的马尔可夫链，构造细节详见文献[76]。迭代 5 000 次并去掉前 100 次的预热期后，得到了表5－4 的贝叶斯估计结果，其中，后两列分别是最高后验概率密度（Highest Posterior Density，简称 HPD）区间的上界和下界，它类似于经典统计推断的置信区间，MCMC 贝叶斯统计在区间估计上有明显优势，因为只要把模拟值按从小到大的顺序进行排列，寻找出对应概率水平下的最短区间即可。图 5－21 还给出了每个系数的迭代路径和后验分布密度函数。

表 5－4　飓风数量影响因素的贝叶斯估计结果

系数	均值	标准差	下界	上界
a 冷	1.79	0.13	1.55	2.07
b 中性	－0.04	0.14	－0.33	0.22
b 暖	－0.45	0.17	－0.75	－0.12
c 湿润	0.23	0.13	－0.04	0.45

从结果中可以看到，洋流状态为冷的影响系数为 1.79，表明冷洋流对飓

风起促进作用。它落在 HPD 区间内，因此我们没有充分的理由来否定洋流状态对飓风数量没有影响这一假设。同理，湿润的气候环境也对飓风起促进作用，系数为 0.23，且都显著通过检验。年飓风数量的最大期望值为 exp（1.79 +0.23） =7.5 次，相对于最小期望值 exp（1.79 -0.45） =3.8 多出 4 次左右，这些结果和广义线性模型的结果非常相似。

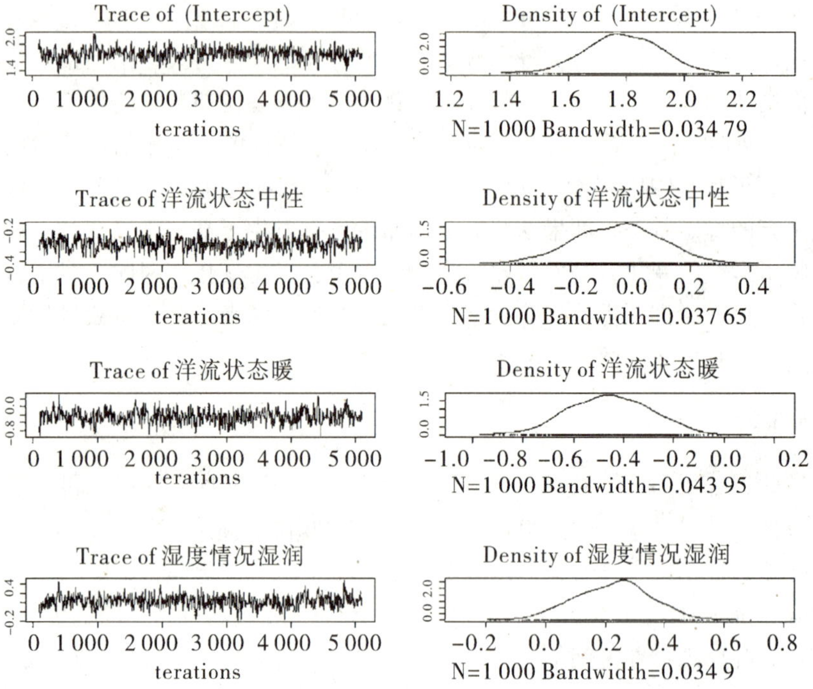

图 5 -21　迭代路径和参数密度

通常情况下，我们更关心的是两个显著影响因素的联合作用，在 MCMC 方法中，我们得到了每个系数的后验分布，进而就可以通过联合分布来考察这两个因素的影响，这是一般统计方法难以实现的。图 5 -22 给出了冷洋流和湿润气候系数的联合分布图，总的来说，两者呈现出负相关的关系，这也是两者没有交互作用的内在原因。当大气系统出现某种变化，使得两个系数出现在联合分布的右上角时（如虚线所示），极端台风灾害就会频发。此时，两个系数之和的最大值为 1.99 +0.32 =2.31，年飓风期望值为 10 次。而两系数之和的最小值出现在左下角，为 1.68，年飓风期望值为 5 次，比起最大值减少了一半。如果这两个因素是可以控制的，那么应急管理的目的就是要使得这两个系

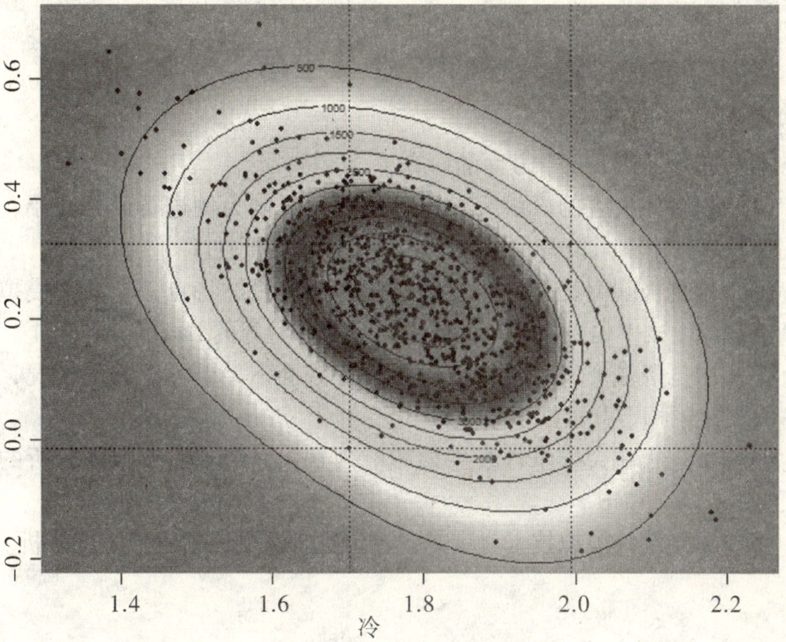

图 5－22　联合后验概率密度分布

数的位置尽可能地出现在联合分布的左下角，这就从统计学角度给出了突发事件应急管理的内在目标。

5.3.5　结论

通过广义线性模型和 MCMC 贝叶斯分析结果发现：厄尔尼诺暖洋流和西非的干燥气候对北大西洋的台风灾害起到了抑制作用，而厄尔尼诺冷洋流和西非的湿润气候对北大西洋的台风灾害有促进作用。在这两个状态同时出现的情况下，出现极端台风灾害的可能性大大高于其他状态，数据分析的结论可以用于台风灾害的防御工作，应该根据厄尔尼诺冷洋流和西非的湿润气候状态下的台风分布来做好各种抵御措施。

5.4 本章小结

本章进行了如下几个方面的研究：

（1）以台风灾害的极端突发事件的演化机制为例进行详细介绍，指出在极端突发事件中引入统计模拟技术的重要性和必要性。

（2）依据极端突发事件致灾因子是随机变量的特点，介绍了模拟极端突发事件的发生概率的极值理论，致灾因子分布特征的 Lambda 分布。

（3）根据极端突发事件发生频率低、数据不足或不存在的情况，介绍了马尔可夫链蒙特卡罗数据模拟方法。

（4）根据极端突发事件发生的影响因素，介绍了适于因素分析的广义线性模型。

（5）采用统计模拟技术对广东省台风灾害影响因素进行实证分析。

6　突发事件风险评估的空间统计分析

6.1　引言

6.1.1　问题提出

热带气旋（Tropical Cyclone）是形成在热带或副热带洋面上，具有组织的对流和确定气旋性环流的非锋面性涡旋的统称[77]，一般把发展强烈的热带气旋叫作台风。在全球热带气旋生成区中，西北太平洋是全球热带气旋生成频率最高（约占全球的36%）、台风强度最强（台风中心气压达875hPa）的区域[78]。而我国地处亚洲东部，西北太平洋沿岸，这就注定了我国是世界上几个遭受台风灾害最为严重的国家之一。我国的受灾区域主要集中在沿海地区，南起两广，北至辽宁。在过去的30年里，沿海地区的经济得到了飞速发展，人口、财富高度集中，因此，也成为损失最为严重的受灾区域。2009年，大型台风“莫拉克”登陆我国沿海地区，直接影响福建、江西、浙江等地，受影响人数达1亿之多，估计直接经济损失14.16亿美元[79]，打破了过去10年单个台风的损失纪录。研究表明，在全球气候变暖的情况下，极端台风的发生频率和强度也在增加，为了提高受灾区域抵御能力、减少生命财产损失，从20世纪90年代以来，热带气旋灾害的研究逐渐成为全球自然灾害的研究热点。

6.1.2　研究现状

鉴于台风灾害的严重性，我国学者开展了广泛的研究工作，主要集中在台风路径、强度等致灾因子方面。近年来，对台风灾害的社会经济影响，特别是对风险方面的研究逐渐多起来，主要方法是通过已有观测数据建立相关的灾害指标，再应用一些评估方法或分级模型，如综合评价、灰色关联、模糊判别等方法，得出灾害指标的等级和相关权重，在此基础上对受灾区域进行风险评估[80][81][82][83]。这类方法的优点是通过各种指标的综合评价能够得出综合反映台风灾害风险的等级指数。但是，观测数据的时空局限性却降低了这种风险评估方法的准确性。根据数据的时间局限性，目前可用来做西北太平洋台风风险评估的观测数据（包括路径、最大风速、中心气压等）仅从 1949 年开始至今 60 多年，用来评估未来 60 年的灾害风险是合适的，但对于某些百年或千年一遇的台风，其灾害评估效果很差；空间局限性表现在某些区域内没有或很少经历过超强台风的直接袭击，而现实情况表明，往往是这些地区疏于防范，在极端台风登陆时损失更加惨重[84]。因此，在数据稀缺的情况下，基于指标法的风险评估显得相当无力。

在 20 世纪 80 年代，国外许多学者展开了北大西洋沿岸地区热带气旋灾害的风险评估工作，随着保险和再保险业务的发展，研究越来越深入，建立了政府—保险公司—个人共同防灾减灾的模式。在这种模式下，考虑到台风灾害损失的严重性、全球变化条件下台风灾害风险增高的可能性，保险公司和政府都力求精确地评估台风灾害风险以便开发保险产品和制定防灾减灾措施，这通常需要估计出沿海地区 0.001 或更小概率下的极端风速。在指标风险评估法无法满足的情况下，许多学者或私人机构开始研究以随机模拟方法来弥补观测数据的时空局限性。在过去的 10 年里，许多基于统计模拟的风险评估方法取得了重大进展。Vickery（2000）最先采用自回归模型模拟了台风的前进速度和方向；James 和 Mason（2005）通过拟合历史台风经纬度的自回归模型模拟了澳大利亚东北沿岸的台风路径；Emanuel（2006）通过随机抽取转移矩阵来产生台风路径；Rumpf（2009）按照北大西洋台风路径的地理特征将其分类以便于更好地提取各种路径的统计特征，在此基础上拟合各类台风速度、方向的空间核密度函数，从而产生模拟路径[85][86][87][88]。

6.1.3 研究思路

本书针对我国沿海地区的台风灾害，综合国内外现有风险评估方法的优劣，建立空间统计模拟模型来评估我国台风灾害风险，在克服了数据时空局限性的基础上，给出了以地级市为单位的风险评估，力求为保险行业、政府部门防灾减灾提供准确的理论基础和科学依据。

在研究区域的选择上，考虑到广东省的经济发展水平、人口集中程度都处于全国前列，且每年登陆的台风数量为全国最多，受灾最为严重，因此，本书选取广东省为研究区域。首先，在中国台风网上获得 1949—2010 年热带气旋最佳路径数据集，按照台风路径的地理特征将其分类。然后，在此基础上利用非平稳泊松过程生成热带气旋起点，再根据地理位置和空间统计规律随机生成起点的前进方向、速度和风速，以此得到路径下一个点的位置。重复以上步骤，直到热带气旋消失为止，而消失的概率由热带气旋的风速和地理位置决定。至此，一条完整的台风路径就模拟出来了。通过多次重复这种方法，可以得到大量的模拟路径，而这些模拟路径与历史观测路径具有相同的统计特征，因而可以克服数据的时空局限性，对受灾区域进行更稳健的风险评估。

需要指出的是，这里注重的是整体历史数据的时空统计特征，目的在于提高区域风险评估的准确性，而不在于预测单个台风。

6.2 方法综述

6.2.1 理论简介

本书的模拟模型主要建立在空间点随机过程、空间核密度估计、马尔可夫链蒙特卡罗模拟、指数滑动平均模型、Weibull 分布、非线性回归等理论上。鉴于模拟起点用到的理论较为复杂，这里仅简单介绍前 3 个理论，其他理论在涉及时给予简单描述。

6.2.1.1 空间点随机过程和空间核密度估计

空间点过程（Spatial Point Process）是一种应用十分广泛的随机过程模型，在医学、经济学、社会学、电子信息科学等许多学科领域都能找到应用实例。而在水文、气象、地理学科领域中，最常用的是空间点泊松过程（Spatial Point Poisson Process），以下简称泊松过程。

令 $|A|$ 表示为任意正二维平面区域，完全随机点过程 X 是平稳泊松过程，那么落在 $|A|$ 内的点的个数的期望值可以表示为：

$$E[N(X \cap A)] = \lambda |A| \tag{6-1}$$

且落在 $|A|$ 内的点的个数 $N(A)$ 符合参数为 $\lambda |A|$ 的泊松分布。

$$P(N(A) = k) = \frac{(\lambda |A|)^k}{k!} e^{-\lambda |A|} \tag{6-2}$$

其中，k 为非负整数，λ 表示单位面积所包含点的个数，即点密度的概念。在平稳泊松过程中点密度是均匀的，λ 为常数。在一般情况下，点密度随着空间位置的不同而不同，假设在位置 u 附近，X 落在某一细小区域 $\mathrm{d}u$ 内的个数的期望值为 $\lambda(u)\mathrm{d}u$，$\lambda(u)$ 被称为密度函数，且 X 落在 $|A|$ 内的个数的期望值可以表示为：

$$E[N(X \cap A)] = \int_A \lambda(u)\mathrm{d}u \tag{6-3}$$

可以通过空间卡方检验方法来检测点泊松过程的平稳性，这种方法其实就是一般卡方检验的推广。首先，在平稳点过程的假设下，把 $|A|$ 分成若干个相等的子区域 B_1，…，B_m，计算出落在区域 B_j 的点的个数 n_j，期望值 $e_j, j = 1, \cdots, m$，从而计算出卡方统计量：

$$X^2 = \sum_j t_j^2 : \chi^2\ (m-1)，其中\ t_j = \frac{n_j - e_j}{\sqrt{e_j}} \tag{6-4}$$

其中，t_j 被称为皮尔逊残差，如果点过程是平稳的，那么 n_j 与 e_j 应该非常接近，卡方统计量较小，在给定显著水平下不能拒绝平稳性原假设；反之，则表明点过程是非平稳的。对于非平稳的点过程，通常可以用非参数方法——空间核密度来估计密度函数 $\lambda(u)$：

$$\hat{\lambda}(u) = \frac{\sum_{i=1}^{n} k(u - x_i)}{\int_A k(u - v)\mathrm{d}v} \tag{6-5}$$

其中，$k(.)$ 是任意核密度形式函数，在使用核密度估计时需要权衡误差和平滑效果来选择平滑尺度参数，当平滑尺度参数选择过大时，拟合的密度曲线较为光滑，平滑效果较好，但误差较大，过度拟合严重；反之，选择的尺度参数过小时，拟合的密度曲线较为粗糙，虽然误差较小，但平滑效果较差，无法反映一般规律。本书在模拟台风起点的时候采用了基于最短距离的核密度方法来估计历史数据的点密度函数 $\lambda(u)$：

$$\hat{\lambda}(u)=\frac{\sum_{i=1}^{n}K_G\left(\frac{u-x_i}{r_k(u)}\right)}{\int_A k\left(\frac{u-v}{r_k(u)}\right)\mathrm{d}v} \tag{6-6}$$

其中，$r_k(u)$ 是在位置 u 的点到第 k 近的点的距离，x_i 是第 i 个观测值，$K_G(.)$ 是高斯核函数：

$$K_G(x)=\frac{1}{\sqrt{2\pi}}\mathrm{e}^{-\|x\|^2/2} \tag{6-7}$$

关于点随机过程及其密度估计的系统理论可以参阅 Baddeley（2006）和 Silverman（1986）的专著[89][90]。

6.2.1.2　马尔可夫链蒙特卡罗模拟

对于一个一元随机变量来说，在已经得知其分布的情况下，就可以应用相应的算法来产生这种分布的随机数。然而，空间点随机过程属于二元随机变量的范畴，模拟二元随机变量的随机数需要用到马尔可夫链蒙特卡罗方法。MC-MC 方法的精髓在于其构造的马尔可夫链，MH（Metropolis－Hastings）算法是常用的构造马尔可夫链的方法，它包括 Metropolis 抽样、Gibbs 抽样、独立抽样、随机游走抽样等。MH 算法通过如下步骤产生马尔可夫链$\{X_0,X_1,X_2,\cdots\}$。

1. 构造满足正则化的提议分布 $g(.\mid X_t)$
2. 从某个分布 g 中产生 X_0
3. 重复以下步骤直到马尔可夫链达到收敛状态

（1）从 $g(.\mid X_t)$产生 Y；

（2）从均匀分布 $U(0,1)$中产生 U；

（3）若 $U_f(Y)g(X_t\mid Y)/f(X_t)g(Y\mid X_t)$，则接受 Y，并令 $X_t+1=Y$，否则 $X_t+1=X_t$；

（4）增加 t，重复步骤（1）。

通过 MH 算法构造的收敛分布恰好是目标点随机过程的空间密度分布，本书正是通过构造收敛分布是泊松过程的马尔可夫链，通过多次迭代来模拟台风起点。详细的理论框架可以参看 Hastings（1970）及 Metropolis（1953）介绍 MCMC 方法的专著[91][92]。

6.2.2 数据来源

表 6－1　CMA－STI 热带气旋最佳路径数据集

66666	0	18	1	1001	0	6	Omais
2010032206	1	79	1426	1004	15		
2010032212	1	84	1418	1004	15		
2010032218	1	89	1407	1002	15		
				⋮			
66666	0	29	12	1011	0	6	Fanapi
2010091418	1	196	1291	1004	15		
2010091500	1	200	1285	1002	15		
2010091506	1	205	1279	1002	15		
				⋮			

本书采用的数据来自中国台风网（http：//www. typhoon. gov. cn/）的 CMA－STI 热带气旋最佳路径数据集，现行版本的数据集共 62 805 行 9 列，提供自 1949 年至 2010 年西北太平洋（含南海，赤道以北，东经 180 度以西）海域 2 063 个热带气旋每 6 小时的位置和强度。数据集格式采用国际通用惯例，每个台风记录包含头记录和最佳路径数据记录。其中，头记录以“66666”开头，带有热带气旋国际编号、路径数据记录行数、气旋名称等信息；最佳路径数据记录包含了观测时间（世界时）、经纬度（0.1 度）、中心气压（百帕：hPa）、近中心最大风速（米/秒：m/s）等指标，数据集的结构如表 6－1 所示。图 6－1 画出了西北太平洋 1949 年至 2010 年间的 2 063 条热带气旋路径。

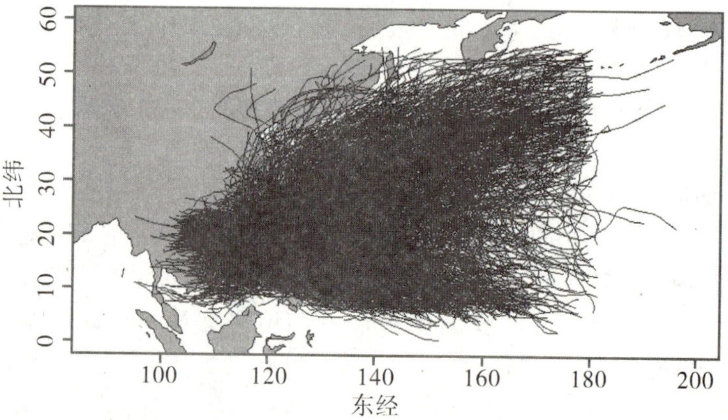

图 6－1　西北太平洋热带气旋路径（1949—2010 年）

6.2.3 主要步骤

本书的主要步骤分为模拟过程和风险评估两个部分。其中，模拟过程又分若干步骤，为了更好地提取台风的空间统计特征，在模拟之前需要对数据进行预处理，即路径划分。此后，开始正式模拟台风路径，按照台风的自然生命周期，模拟过程可以分为起点生成、路径模拟、终止消失等步骤。第二部分是风险评估，在风险评估之前需要对模拟结果进行检验，在检验通过的基础上给出研究区域的风险评估结果，图6－2给出了以上步骤中用到的理论方法。

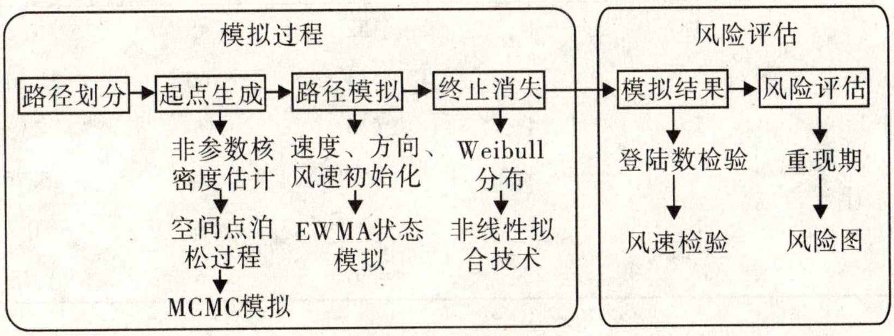

图6－2　主要步骤

6.3 路径划分

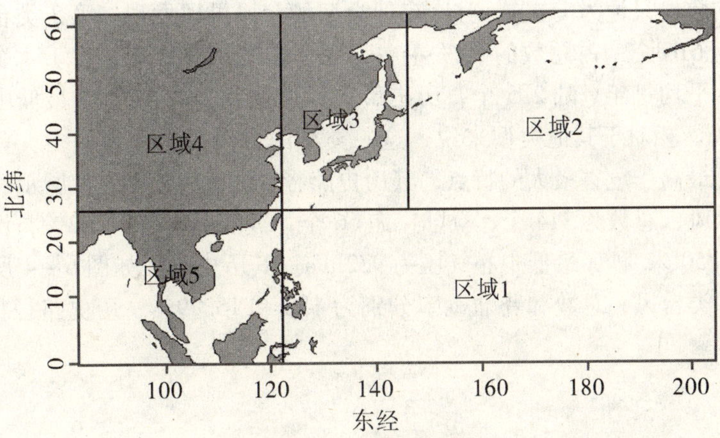

图6－3　区域划分

由于台风路径受多个因素的影响，每条路径都有自己独有的特征，同时也有相似的地方。如图 6－3 所示，起点和终点在同一区域的路径非常相似，反之，起点、终点不同路径之间的差异非常显著。因此，为了便于提取台风路径的空间统计特征，从而提高模拟精度，在模拟之前笔者根据台风路径起点、终点的地理位置差异，把它们分成 6 大类，使得属于同一类型的台风路径具有非常相似的空间统计特征。

表 6－2　台风路径分类标准、分类结果及登陆广东情况

类型	起点	终点	数量	登陆广东	登陆比例（%）
1	1	1	152	0	0
2	5	5	314	66	21.02
3	1	4	616	154	25
4	4	3	152	24	15.79
5	1	2	393	0	0
6	14	23	436	6	1.38

分类的步骤首先是把历史台风路径所覆盖的海面、陆地划分成 5 个观测区域，如图 6－3 所示，然后按照台风路径起点、终点所在的区域进行分类。比如起点、终点都在区域 1 内的台风为第 1 类。详细分类标准、结果及登陆情况见表 6－2，从 1949 年至 2010 年底，数据集所记录的台风有 2 063 个，其中有 250 个登陆广东（本书以台风中心登陆为准，即使 1 个台风多次经过一个区域，登陆数也只记为 1 次）。对比 6 种类型的台风可以发现，第 3 类台风数量最多，为 616 个，占总数的 30% 左右，且登陆概率为 25%，有 154 个台风登陆广东，平均每年登陆 2.5 个，历史最大风速达到 100 米/秒，最低中心气压为 875hPa。相对于其他类型来说，这一类型的台风具有数量最多、登陆最频繁、强度最高、危害最大的特点，其历史路径如图 6－11（下）所示。其次是第 2 类台风，总数为 314 个，登陆广东 66 个，登陆概率为 21.02%，历史最大风速达到 50 米/秒，最低中心气压为 932hPa。其历史路径如图 6－4 所示。最后是第 4 类台风，总数和登陆概率分别为 152 和 15.79%，历史路径见图 6－12（下）。

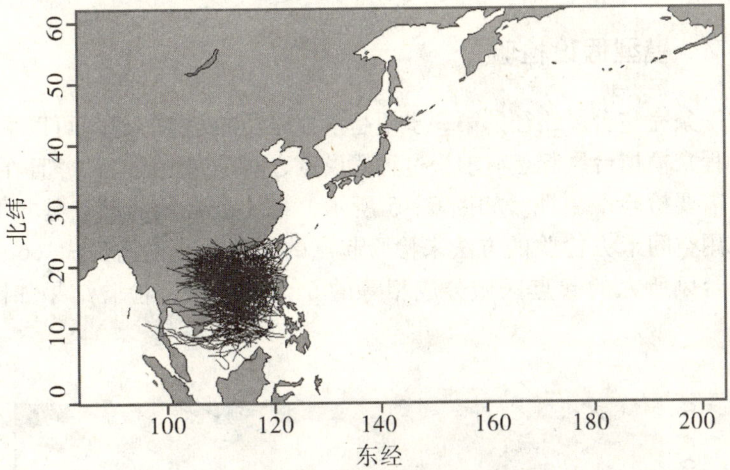

图 6－4　第 2 类台风路径

本书采用这种分类方法的目的是使得区域内的台风尽可能具有相似的空间统计特征，以便进行下一步的模拟。相似空间统计特征可以直观地理解为台风路径具有大致相同的方向、经过的区域几乎相同等等。尽管这种方法不是唯一的，具有某种任意性，但其在没有损失任何数据的情况下能够提高模拟精度，不失为一种数据预处理的有效手段。

完成分类后，考虑到广东省 97.6% 的台风灾害由第 2、3、4 三种类型的台风造成，而第 1、5、6 类型的台风主要集中在西北太平洋海面，对广东几乎没有影响。虽然第 1、5、6 类型的台风占总数的 48.18%，但模拟结果的台风登陆数接近于 0，对于大量模拟次数而言，模拟这些类型的台风对风险评估的作用微乎其微，因此，在能够减少近一半计算强度而又不影响结果的情况下，本书选择只模拟第 2、3、4 类型的台风路径。

6.3.1　起点生成

地球气象千变万化，不但具有确定的一面，更具有不确定的一面。历史台风路径数据蕴含了气象变动的时空尺度信息，若想从中分析归纳台风生成频率的时空规律，据此进行模拟，必须借助随机统计模型。随机过程作为一种有力的分析、模拟、预测工具，历来被应用于气象研究中。本节采用非平稳空间点泊松过程来研究热带气旋起点的时空统计规律，进而进行起点模拟。在建立模型之前，有必要对模型的假设进行验证。

6.3.2 模型假设检验

模拟一条完整台风路径的第一步便是模拟路径的起点，这里可以采用空间点泊松过程来模拟台风起点。泊松过程假设点之间是完全独立的，且在估计密度函数时需要检验平稳性。如图 6－5 所示，第 3 类台风的起点是非平稳的，我们可以用空间卡方检验的方法来检验起点的平稳性，根据公式（6－4）把第 3 类型台风所在的起点区域分成相等的 6 个子区域，检验结果如图 6－6 所示。

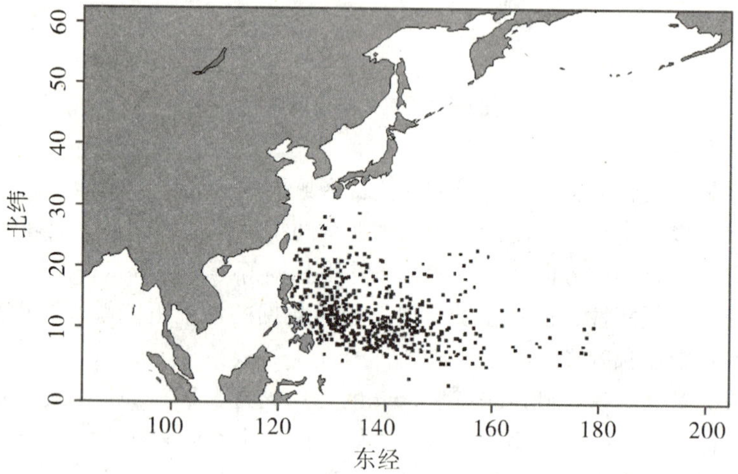

图 6－5　第 3 类台风起点

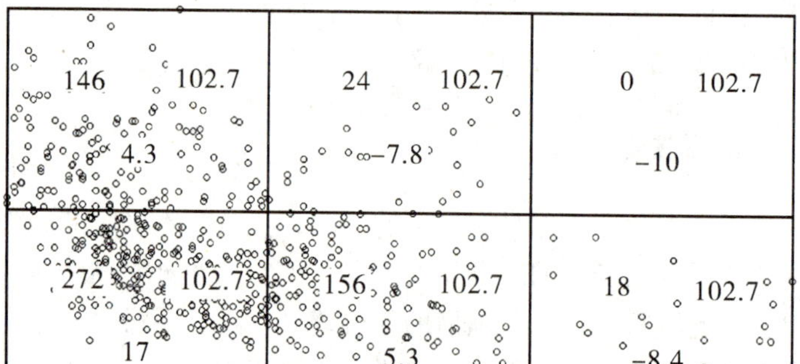

图 6－6　分块卡方检验

图 6－6 中每个区域左上方标出了观测数 n_j，右上方标出了期望值 e_j，下

方是 t_j 统计量，求得的卡方统计量为 558.05，自由度为 5，对应的 P 值为 2.2×10^{-16}，接近于 0，意味着第 3 类台风的起点确实是非平稳的。至于独立性，气象学理论表明台风起点之间确实是独立的，笔者尝试过用放松独立性假设的施特劳斯空心模型（Strauss Hard Core Model）来拟合历史起点数据，但模型结果显示起点之间并没有显著的相互作用，这表明用非平稳泊松过程来模拟台风起点是非常合适的。

6.3.3　密度函数估计及起点模拟结果

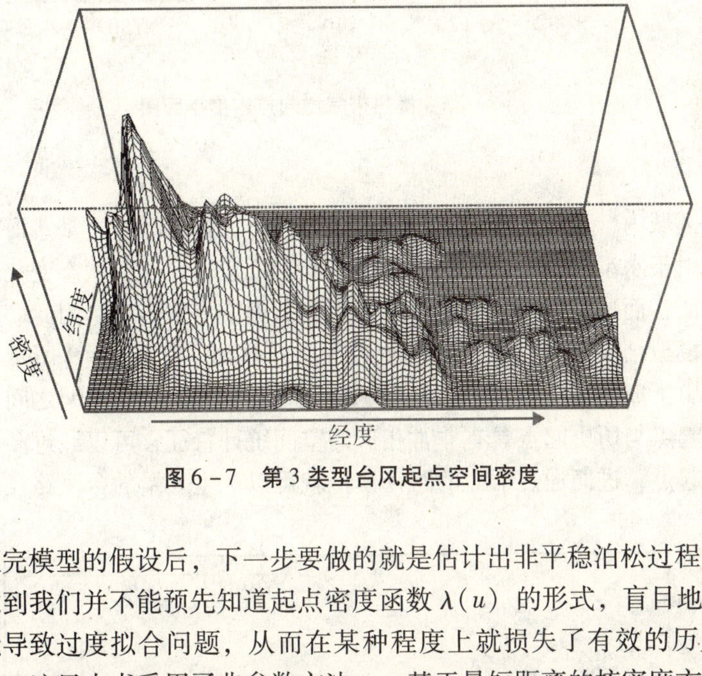

图 6－7　第 3 类型台风起点空间密度

验证完模型的假设后，下一步要做的就是估计出非平稳泊松过程的密度函数，考虑到我们并不能预先知道起点密度函数 $\lambda(u)$ 的形式，盲目地应用参数方法可能导致过度拟合问题，从而在某种程度上就损失了有效的历史数据信息。因此，这里本书采用了非参数方法——基于最短距离的核密度方法，力求充分利用历史数据信息。根据公式（6－7），取 $k=10$，从历史起点数据计算出 $r_k=0.85$，估计出来的起点密度如图 6－7 和图 6－8 所示。

台风起点的空间密度函数全面地描述了台风生成频率的时空分布特征，从气象原理来看，热带气旋的生成和发展需要海温、大气环流和大气层三方面因素的结合，只有满足这些因素的区域才会产生台风。从统计的概率意义上来说，这些因素都是随机的，具有某种理论概率密度分布。Hall 等人（2007）[93] 研究发现海洋气候特征的时间尺度长达数百年，就台风的生成规律而言，从历史观测数据中提取出来的空间统计信息具有非常好的长期代表性，同时，在相

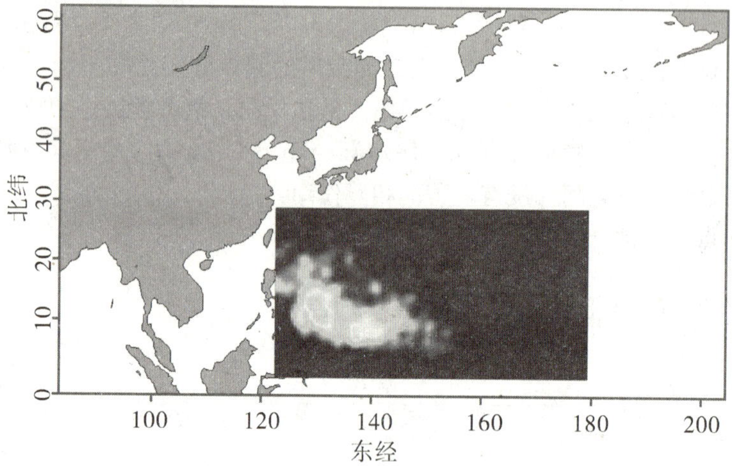

图 6－8　第 3 类热带气旋起点密度平面图

同的空间区域内，台风状态具有较高的相似性。比如台风经过某些海面、陆地的时候，由于水温、地形或大气因素的空间特征使得台风的状态变化也具有地理空间特征，而这种特征的信息必然在观测数据中有所表现。因此，建立在此基础上的模拟结果真实反映了台风生成的时空规律。如图 6－9 所示，第 3 类台风的历史生成区域主要集中在东经 120°～160°、北纬 5°～20°之间，通过模型模拟的起点与历史起点具有非常相似的空间统计特征，可以经过多次模拟来产生多个起点，进而通过下面的路径模拟就可以产生大量的台风路径。

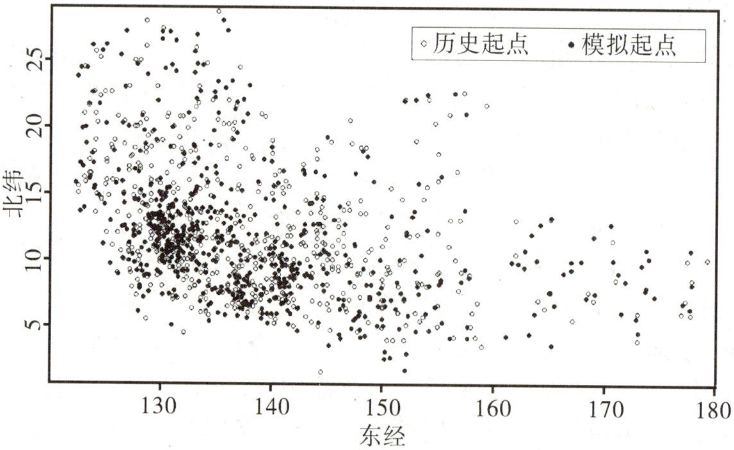

图 6－9　起点模拟结果

6.4 路径模拟

如上所述，观测数据记录了西北太平洋海域热带气旋每6小时的位置和强度，把观测位置用线段连接起来就得到了一条台风路径。当起点生成以后，我们还需要模拟出台风未来6小时的前进方向（用 a 表示）、位移（s）以及风速（v）这些变量，并且在未来6小时内保持不变的假设下，才能确定下一个点的位置和强度，重复以上步骤直到台风消散为止就可以得到一条完整的模拟路径。因此，路径模拟可以分成两步：第一步，初始化起点状态向量 $X_0=(a_0, s_0, v_0)^T$；第二步，根据第 i（$i>1$）个点的位置、状态 X_i，模拟出第 $i+1$ 个点的位置、状态 X_{i+1}。位置的确定用到了以下关系：

$$\begin{cases} lat_{i+1} = lat_i + s_i \times \sin(\alpha_i) \\ lon_{i+1} = lon_i + s_i \times \cos(\alpha_i) \end{cases} \tag{6-8}$$

其中，lat 表示纬度，lon 表示经度。

6.4.1 初始化

台风起点的空间密度函数显示了台风生成频率的时空分布特征。同理，如果把台风起点的前进方向、位移、风速都视为随机变量的话，那么就可以得到各个变量的空间密度函数，根据同样的假设，即起点状态由其地理空间位置来确定，就可以模拟出起点的相应状态。但由于起点的位置已经模拟出来了，所以这里采用了与起点模拟稍微不同的方法来建立各状态变量的空间分布：给定一个模拟起点的位置 l，取离 l 最近的前 n 个历史台风起点，那么其历史状态变量的条件概率密度函数可以表示为：

$$F_{X_0}(x \mid l) = \frac{\#\{m:1 \leqslant m \leqslant n, X_0^{(m)}(l) \leqslant x\}}{n} \tag{6-9}$$

其中，$X_0^{(m)}$，$m=1$，…，n，表示离位置 l 第 m 近的历史台风起点状态。通过这个条件状态分布来产生随机变量，就可以模拟出起点的状态变量。换句话说，模拟起点的状态变量由历史起点状态变量的空间分布特征来决定。

6.4.2 状态模拟

如果已知台风路径上第 i 个点的状态，那么如何确定第 $i+1$ 个点的状态呢？首先，根据惯性定律，台风在前进过程中会保持原有的运动状态。从统计学角度来说，这种惯性可以用“记忆性”来表示。研究这种“记忆性”的方法有很多，比如，时间序列里面的自回归模型，专门针对长记忆时间序列的长记忆过程模型以及贝叶斯统计里面的马尔可夫转移模型等等。其次，台风的前进方向还受到地理空间特征的影响。因此，针对以上两个影响因素，本书采用指数加权移动平均（Exponentially Weighted Moving Average）模型来归纳台风状态的变化规律。以台风的前进方向为例，模型可以表示为：

$$a_{i+1} = \lambda a_i + (1-\lambda)x_i + \varepsilon_i，其中\ \varepsilon_i \sim N(0,1) \tag{6-10}$$

其中，$i=1，2，\cdots，n$，a_i为路径上第 i 个点的前进方向，x_i代表空间区域的变化方向，λ 为待估参数，表示惯性对未来前进方向的影响程度，$1-\lambda$ 则代表了地理空间特征的影响，ε_i代表其他随机因素的影响。

6.4.3 终止概率

经过上面的步骤，我们已经模拟出了以 6 小时为步长的台风路径，最后要做的就是建立台风终止概率模型。上面已提到，台风在相同的空间范围内具有相似性，因此，其终止概率也应该具有空间分布特征。从台风产生到消散的生命周期来看，台风终止的概率还取决于台风本身的内部能量——风速。本书采用成功概率为 $p(l,w)$ 的伯努利随机实验（Bernoulli Experiment）来模拟台风终止概率，其中，事件的成功概率 $p(l,w)$ 等同于台风终止概率，而它取另外两个概率的最大者：一是台风当前所在空间位置的终止概率 pl，二是由能量衰减引起的终止概率 pw，下面给出了这两个概率的详细说明。

首先，先来计算台风受地理空间特征影响的终止概率 pl。pl 显示台风经过某一区域，内部能量受到温度、地形、气流等因素的影响而产生衰减效果，和起点状态初始化的公式（6-9）一样，pl 被定义为在位置 l 附近，终止的台风路径数占总台风路径数的比例。其次，可以从历史台风路径终点的风速记录计算出 pw。计算方法是把所有历史风速按照间隔为 1m/s 划分为若干个小区间，每个区间内的终止概率就可以表示为在这个区间终止的台风数占所有在这个区间的台风数的比例。此外，历史数据中有些终点的风速为 0m/s，从理论上来

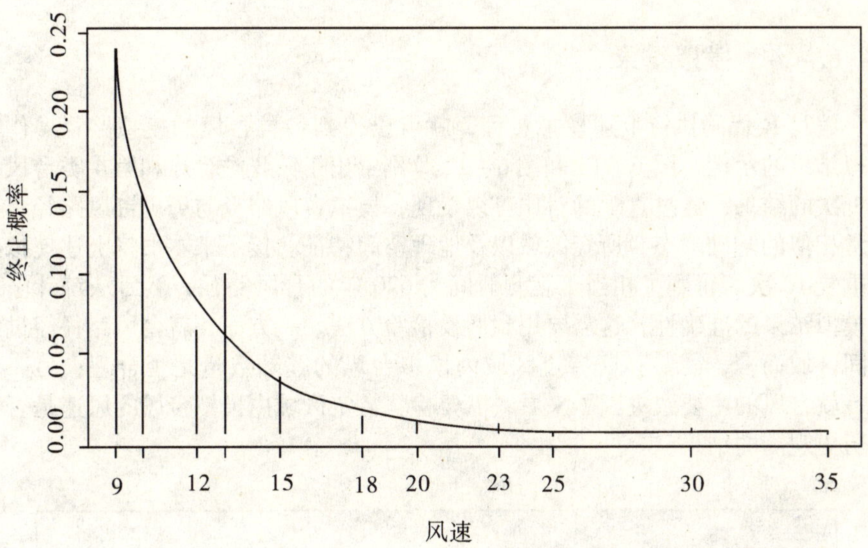

图 6-10　第 3 类台风终止概率拟合曲线

说台风风速在达到 0m/s 以前就早已消失了，为了减少这个观测误差对终止概率模型造成的不良影响，本书把 8m/s 以下的风速去掉。如图 6-10 所示，终止概率与风速之间存在某种非线性关系，可以采用 Weibull 概率分布模型来拟合：

$$Pw = \lambda\alpha\left(\lambda(w-8)\right)^{\alpha-1}\exp\left(-\left(\lambda(w-8)\right)^{\alpha}\right) \tag{6-11}$$

其中，λ、α 为待估计参数，w 表示风速。采用非线性回归迭代方法的估计结果是：$\lambda=0.45$，$\alpha=1.04$，且 P 值接近于 0，拟合结果非常显著。

这样，伯努利随机实验的成功概率就可以表示为：

$$P(l,w) = \max(pl,pw) \tag{6-12}$$

终止概率模型显示了台风消散的统计特征，使得模拟的台风路径具有合理性。一方面，它杜绝了台风路径太过深入亚洲大陆而风速依然很高的情况；另一方面，它考虑了部分台风在某些区域由于没有达到足够的能量而无法通过的情况。

6.4.4 模拟结果

编写 R 代码执行上述模拟过程，就可以得到各类台风的模拟路径。作为模拟结果的示例，图 6－11 和图 6－12 分别给出了第 3 类台风和第 4 类台风模拟 1 次的结果，通过直观的对比可以发现，模拟台风路径与历史台风路径具有非常相似的基础形态、所经区域以及地理空间特征。接下来本书将上述模拟过程重复 10 次，得到了相当于观测时间为 620 年的台风路径，然后从统计上验证模拟结果的准确性，这需要用到假设检验方法。一方面，就台风路径经过的空间区域而言，需要验证特定区域内模拟台风的登陆数量是否合理；另一方面，就台风的主要致灾因子来看，需要检验特定区域内模拟台风的风速是否符合历史观测的结果。

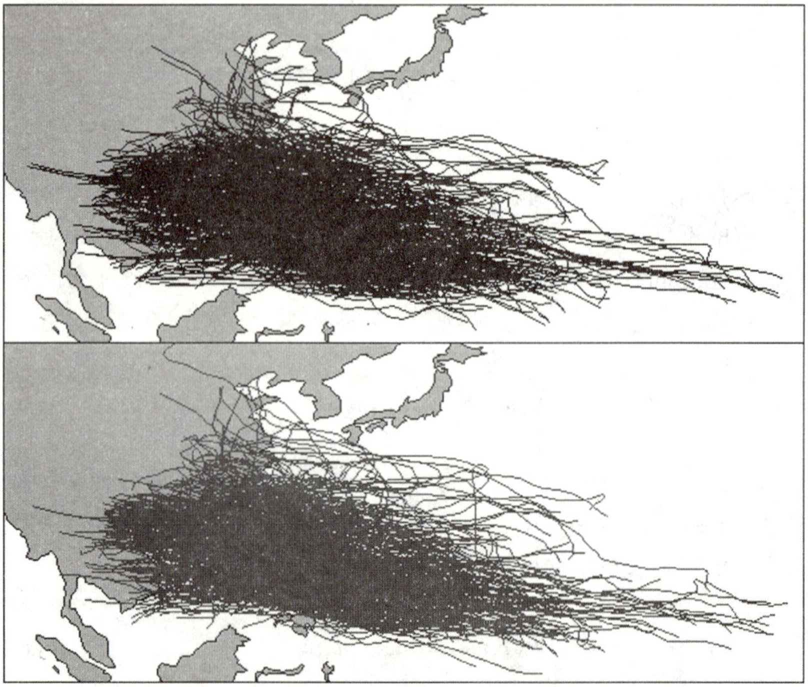

图 6－11　第 3 类台风模拟路径（上）及历史路径（下）

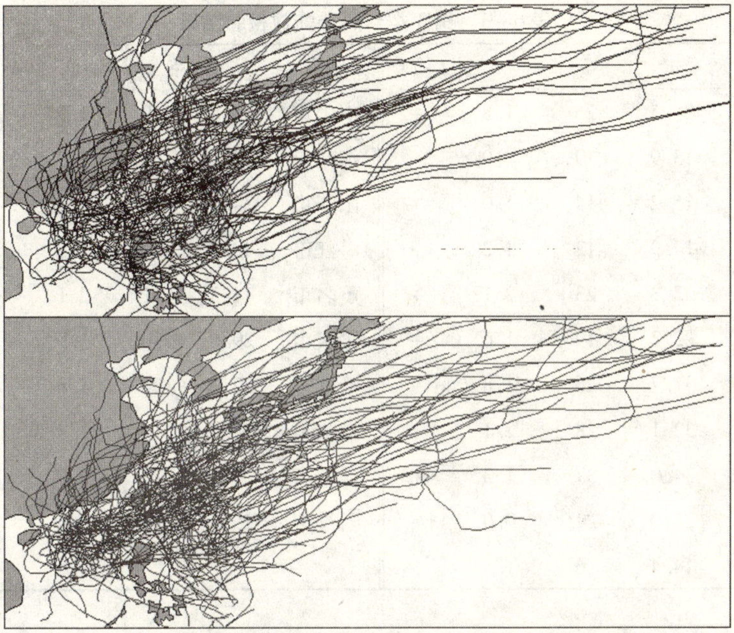

图 6－12　第 4 类台风模拟路径（上）及历史路径（下）

6.4.5　登陆数检验

台风登陆数量假设检验的思路是把过去 62 年内经过某一空间区域（比如广州市）的台风数量 u 视为理论总体真实值，而模拟 10 次的台风路径可以看作是 10 个观测样本。根据模拟的路径数据，可以计算出经过某一空间区域的模拟台风数量均值 u' 和标准差 s，那么在正态分布的假设下，统计量 $t=(u'-u)/s$，服从自由度为 9 的 t 分布。如果模拟的台风路径是合理的，那么 t 值应该相当小，在给定显著性水平（比如 $\alpha=0.05$）的情况下不能否定模拟结果是合理的原假设；反之，则表明模拟结果不合理，不能作为风险评估的数据来源。这里仅以第 3 类台风的模拟结果为例，表 6－3 给出了广东省 21 个地级市模拟台风登陆数量的检验结果，其中，“＋”表示原假设没有被否定，即模拟结果合理；“－”表示模拟结果不合理。从表中可以发现，21 个地级市中，仅深圳和中山两个城市的模拟结果不显著，模拟路径登陆数量偏低，这可能是由于模拟路径是以 6 小时为步长的，而深圳、中山地图板块较为狭长，造成某些台风经过这两个城市而没有留下记录的情况，从而使得统计结果偏低。从登陆数量来看，模拟的结果还是相当好的，准确率在 90% 以上。

表 6－3　第 3 类台风登陆数检验结果

城市	u'	u	s	t 检验	城市	u'	u	s	t 检验
广州市	28.5	26	1.8	+	中山市	13.2	19	1.2	－
深圳市	13.9	19	0.9	－	江门市	33.0	33	1.7	+
珠海市	15.2	14	1.0	+	阳江市	34.7	29	2.2	+
汕头市	14.9	12	1.2	+	湛江市	49.3	52	1.3	+
佛山市	23.3	23	2.1	+	茂名市	41.3	41	2.1	+
韶关市	22.2	19	1.6	+	肇庆市	29.6	30	1.9	+
河源市	31.7	26	1.8	+	清远市	27.1	24	1.6	+
梅州市	32.1	28	2.1	+	潮州市	17.4	14	1.3	+
惠州市	34.0	37	1.3	+	揭阳市	20.6	22	0.9	+
汕尾市	26.0	24	0.9	+	云浮市	25.8	19	2.4	+
东莞市	14.4	16	1.1	+					

6.4.6　风速检验

通常情况下，某个台风在某个城市登陆的次数只记 1 次，然而台风的风速是可以持续观察的。换句话说，在过去的 62 年里，某个城市被台风袭击的次数只是一个整数，而其风速记录可能是一串序列，这就决定了风速检验与登陆数检验是不同的。众所周知，经典统计的多数检验都假定了总体的背景分布，所不知道的仅仅是一些参数的取值或它们的范围。于是，主要任务是对一些参数（如均值或方差）进行估计或者检验。然而，在这里我们并不知道某个城市风速的总体分布，也不能随便地给出风速分布假设，因为在假定总体推断的情况下进行推断的做法可能产生错误的结果。因此，在放弃总体分布假设的条件下，可以考虑非参数检验方法。非参数检验方法在不假定总体分布的情况下，尽量地从数据本身来获得所需要的信息，利用这些信息得到的结论往往优于参数检验方法，并且非参数检验往往比传统检验安全，但在总体分布已知时，非参数检验的效率就不如传统方法高。

虽然检验的方法不同，但检验的步骤和登陆数的检验一样，风速的检验也是以各个城市为基础进行的。首先，把从历史数据中获得的各个城市过去 62 年出现过的所有风速作为观测样本；同样，可以把从模拟数据中获得的各个城市 62 年的全部风速作为模拟样本，剩下的工作就是要检验这两个样本是否是独立分布的——两样本拟合优度检验，原假设为：

$$H_0: F_{sim}(x) = F_{his}(x) \ \forall \quad x \in R \tag{6-13}$$

其中，$F_{sim}(x)$ 表示模拟风速的分布函数，$F_{his}(x)$ 表示历史风速的分布函数。本书主要用到了3种非参数检验方法：

（1）Kolmogorov－Smirnov 检验（简称 KS 检验），这种方法在给定显著性水平下，通过计算两个分布的最大差异程度来决定是否推翻原假设。应用这种检验可以迅速检测出模拟风速与观测风速差异过大的城市，然而其缺点就是在分布差异相同时，对分布的位置参数（如均值）的细小差异不太敏感。

（2）Wilcoxon Rank 检验（简称 WR 检验），这种方法弥补了 KS 检验的不足，它对位置参数（如均值）非常敏感，在分布差异相同的情况下，可以检测出各个城市的观测风速分布与模拟风速分布之间的细小平移。

（3）Ansari－Bradley 检验（简称 AB 检验），相对于 WR 检验来说，AB 检验对尺度参数（如方差）非常敏感，这种方法认为尺度参数所造成的误差比位置参数更为严重，更倾向于推翻原假设。

和模拟过程一样，采用R代码执行上述3个检验，具体操作请参考王斌会教授编写的《R语言统计分析软件教程》[94]。表6－4给出了模拟风速的检验结果，其中前面6列分别列出了历史观测风速和模拟风速的25%、50%和75%这3个分位数，后3列是3种非参数检验的结果。可以看到，模拟的风速与观测的风速非常接近。在显著性水平 $\alpha = 0.05$ 的情况下，KS 检验全部通过，表明模拟风速与历史风速之间并没有什么巨大的差异；其次，只有梅州市没有通过 WR 检验，由于梅州市地处广东内陆，属于广东山区，地形对台风风速的均值影响较大，而且面积比较广阔，使得多次模拟的均值与历史观测均值产生了一定的差异，WR 检验捕捉到了这种均值的差异；最后，惠州市和阳江市的模拟风速没有通过 AB 检验，这两个城市都是广东的沿海地区，受台风袭击的概率较高，使得多次模拟风速与历史观测风速的差异较大。

需要指出的是，以上检验仅以第3类台风为例，这类台风路径大多呈直线型，从东南吹向西北，只有少数路径具有较大弧度。正是这些具有较大弧度的路径使得模拟风速在某些城市出现了偏差，因此可以结合其他类型的台风模拟来克服这种偏差。此外，通过检验结果还可以发现，不存在同时没有通过两个检验的城市，而且所有的城市都通过了 KS 检验，这表明模拟风速在统计学上是显著的、合理的。至此，本书就完成了台风路径模拟，并证明了模拟的模型和方法确实是有效的，模拟的台风路径和历史观测路径具有相同的统计特征，可以作为台风灾害风险评估的数据来源。

表 6-4 各城市风速（m/s）检验结果

城市	历史 25%	模拟 25%	历史 50%	模拟 50%	历史 75%	模拟 75%	KST	WRT	ABT
广州市	10	11	15	16	19	25	+	+	+
深圳市	13	13	20	21	27	30	+	+	+
珠海市	18	17	27	25	32	32	+	+	+
汕头市	15	19	23	26	29	34	+	+	+
佛山市	11	11	16	16	21	25	+	+	+
韶关市	10	9	11	11	15	15	+	+	+
河源市	9	10	12	15	18	21	+	+	+
梅州市	10	11	12	16	17	23	+	-	+
惠州市	14	11	18	17	27	28	+	+	-
汕尾市	18	14	23	22	30	32	+	+	+
东莞市	12	12	16	18	23	28	+	+	+
中山市	15	15	22	24	29	33	+	+	+
江门市	15	15	20	23	27	31	+	+	+
阳江市	15	14	19	22	24	30	+	+	-
湛江市	13	14	22	21	31	31	+	+	+
茂名市	12	12	18	20	23	29	+	+	+
肇庆市	10	10	11	12	15	20	+	+	+
清远市	10	10	13	13	15	17	+	+	+
潮州市	16	15	20	22	25	30	+	+	+
揭阳市	12	13	21	21	26	31	+	+	+
云浮市	10	10	16	15	19	22	+	+	+

6.5 风险评估

确定了模拟方法的可靠性之后，我们就可以通过多次模拟来获得时间跨度长、空间尺度细的庞大台风路径数据集。这些数据保留了历史数据的统计特征，而又具有一定的随机性，克服了历史数据的时空局限性，用这些数据来进行台风灾害的风险评估有助于提高风险评估的准确性、科学性和实用性。在这里，本书从时间（重现期）和空间（灾害风险图）两个角度给出基于模拟数据的台风灾害风险评估，并与历史数据结果做比较，以此证明基于模拟方法的风险评估更加稳健。

6.5.1 重现期

台风灾害风险评估的主要目的之一就是估计受灾区域极大风速的高分位数 x_p，这个分位数被称为是受灾区域重现期为 $T=1/(1-p)$ 的重现水平（Return Level），重现水平以某一概率水平描述了台风灾害的严重程度，它在灾害应急管理中广为人知。通常情况下，受灾地区的应急预案和防灾减灾工程都要按照灾害的重现期来设计，但是，如何估计出可靠的重现期一直是人们面对的一大难题。比如，在三峡工程防洪能力上就出现了重现期的争议，2003 年 6 月 1 日新快报新闻《三峡大坝固若金汤，可以抵挡万年一遇洪水》[95]，2006 年 5 月 22 日新华网新闻《三峡大坝可抵御百年一遇特大洪水》[96]，2007 年 5 月 8 日文汇报新闻《三峡大坝今年起可防千年一遇洪水》[97]，2010 年 7 月 20 日 CCTV 新闻《长江水利委：今年抗洪还不能全都指望三峡大坝》[98]。

表 6－5 重现期计算及其检验

城市	30 年重现水平（m/s）	N（次）	T（次）	LR	60 年重现水平（m/s）	N（次）	T（次）	LR
广州市	29.0	0	14	+	44.8	0	36	+
深圳市	44.0	0	14	+	45.0	1	26	+
珠海市	37.2	1	7	+	47.7	0	24	+
汕头市	32.8	1	10	+	48.0	0	19	+
佛山市	27.3	1	14	+	44.6	0	35	+
韶关市	16.5	7	19	−	35.0	0	32	+
河源市	28.8	0	24	+	39.6	0	43	+
梅州市	24.5	6	20	−	41.5	0	39	+
惠州市	35.1	1	27	+	45.0	0	54	+
汕尾市	39.4	0	21	+	45.0	1	37	+
东莞市	26.7	3	12	−	50.4	0	22	+
中山市	37.6	1	8	+	45.0	0	24	+

（续上表）

城市	30 年重现水平（m/s）	N（次）	T（次）	LR	60 年重现水平（m/s）	N（次）	T（次）	LR
江门市	36.5	1	19	+	48.7	0	51	+
阳江市	29.5	6	25	–	47.2	0	51	+
湛江市	42.3	2	38	+	45.0	1	84	+
茂名市	33.2	5	32	–	45.9	0	67	+
肇庆市	23.9	0	15	+	40.0	0	39	+
清远市	24.1	0	16	+	39.3	0	36	+
潮州市	35.0	0	11	+	45.4	0	20	+
揭阳市	31.6	3	18	–	46.6	0	32	+
云浮市	24.7	0	13	+	42.5	0	31	+

这些争议在一定程度上反映了我国在估计灾害重现期的数据要求和方法上尚未形成统一标准。国外灾害风险评估的经验表明，对于方法而言，重现期的准确性与稳定性更大程度上取决于数据的质量。这里的稳定性是指增加新数据或改用其他方法来估计新的重现期时，应该与原来的重现期相差不大。Johnson 等人（2006）通过研究近 150 年的北大西洋热带气旋发现，数据的时间跨度和空间尺度对重现期的准确性与稳定性起着至关重要的影响。150 年的历史数据对于估计 150 年的灾害重现水平来说是可取的，如果所估计的重现期超出数据的时间长度，就要经过严格的统计检验来验证其准确性。其次，研究还发现对于某些较少受台风袭击的城市而言，观测数据稀少，空间分布离散，在这种情况下，估计出来的重现水平往往稳定性较差，经受不住实际的检验[99]。因此，本书主要从准确性和稳定性两个方面来对比两种数据估计重现期的准确性，下面先从准确性的对比方法进行阐述，然后给出其对比结果。

表 6－6　打破各个城市 30 年重现水平的台风

袭击城市	台风编号	台风名称	中心最大风速（m/s）	袭击城市	台风编号	台风名称	中心最大风速（m/s）
珠海市	8309	Ellen	41	中山市	8309	Ellen	38
汕头市	9107	Amy	38	江门市	0915	Koppu	37

（续上表）

袭击城市	台风编号	台风名称	中心最大风速（m/s）
佛山市	8309	Ellen	31
韶关市	8009	Kim	18
	8805	Warren	19
	9009	Tasha	19
	9107	Amy	20
	9505	Helen	20
	9710	VICTOR	18
	0013	Mari	18
梅州市	8015	Percy	32
	8805	Warren	29
	9018	Dot	25
	9107	Amy	29
	9504	Gary	30
	0510	Sanvn	25
惠州市	9509	Kent	38
东莞市	9710	VICTOR	28
	0104	Utor	28
	0906	Molave	27
阳江市	8515	Tess	33
	8702	Ruth	32
	8908	Gordon	35
	9302	Koryn	32
	9309	Tasha	35
	0915	Koppu	36
湛江市	9111	Fred	45
	0814	Hagupit	44
茂名市	8702	Ruth	35
	8908	Gordon	34
	9309	Tasha	35
	0307	Lmbudo	39
	0814	Hagupit	45
揭阳市	8805	Warren	33
	9107	Amy	35
	9315	Abe	38

重现期的准确性可以采用 Kupice（1995）提出的 LR 统计量来检验，LR 的定义如下：

$$\mathrm{LR}=2\ln\left(\left(1-\frac{N}{T}\right)^{T-N}\left(\frac{N}{T}\right)^{N}\right)-2\ln\left((1-p)^{T-N}(p)^{N}\right) \qquad (6-14)$$

其中，p 表示观测值超过重现水平的理论概率，N/T 表示观测值超过重现水平的实际概率，T 表示观测样本数，N 表示观测样本中超过重现水平的个数。LR 服从自由度为 1 的卡方分布，如果 $\mathrm{LR}>3.84$，则在 5% 的显著性水平下推翻了重现水平准确的原假设。准确性对比的过程可以归纳为四步：第一步，把62年的历史数据分成两组，第一组为1949—1979年的台风路径数据，第二组为1980—2010年的台风路径数据；第二步，以第一组数据计算出广东省21个地级市重现期为30年的极大风速，然后，以第二组数据来做准确性检验；第三步，根据模拟数据计算出21个城市重现期为62年的极大风速，并以62年历史数据做准确性检验；第四步，对比历史数据和模拟数据的检验结果，得出结论。这里，考虑到有的城市受台风袭击的次数较少，历史观测数据稀缺，难以采用参数方法来建立分布，因此主要使用非参数方法来计算广东省21个地级市基于历史数据和模拟数据的极端风速重现水平。

表6－5给出了根据历史数据计算的30年重现水平和根据模拟数据计算的60年重现水平以及它们的检验结果。从结果中可以看到，有6个城市的30年重现水平无法通过准确性检验，打破各个城市30年重现水平的台风，由表6－5给出。以茂名市为例，根据1949—1979年的数据估计出来的30年重现水平的极端风速是33.2m/s，而1980—2010年共有32个台风登陆该市，其中8702、8908、9309、0307、0814这5个台风的登陆近中心最大风速打破了30年的重现水平，根据公式（6－14）计算的LR统计量为8.1，大大超出了95%置信区间的临界值3.84，从而否定了30年重现水平为33.2m/s的原假设，即根据历史数据计算的30年重现水平低估了茂名市的台风灾害风险，需要进一步修正。其他城市比如珠海、汕头、佛山等7个城市虽然有台风打破其30年重现水平，但次数较少，可以认为是由气象系统本身的随机性和周期性造成的，重现期的突破次数在统计上来说是可以接受的。

其次，从单个台风来看，极端台风具有连续打破多个城市重现水平的能力。如果估计的重现水平被层层击破，其准确性就必然受到质疑，若以这种重现期来设计应急预案和防灾措施，将给台风所经之地造成严重损失。图6－13标出了两个极端台风的路径和风速，9107号台风Amy连续打破了4个城市基于历史数据估计的30年重现水平，它在汕头登陆风速为38m/s，然后穿过揭阳市、梅州市、韶关市，最后在湖南结束。当时的官方记录表明，Amy是20年以来登陆广东的最强台风，经过台湾海峡时掀起了12米巨浪，国家列为2级风暴浪灾害。其登陆后袭击了以汕头市为中心、直径数百公里内的东南沿海城乡，数小时之间，夺走了上百人的生命，受伤近五千人，刮走了23亿元财产。8309号台风Ellen于1983年9月9日在珠海市登陆，登陆时最大风速为41m/s，之后穿过珠海直达佛山。据统计，其风暴潮达到了百年一遇水平，溃决海堤111公里，农业受灾面积323.8万亩，受灾人口120万人，死亡45人，直接经济损失5亿元。表6－5还给出了基于模拟数据计算的各个城市60年极大风速的重现水平，根据62年的历史数据检验发现全部通过准确性检验，尽管有3个台风（7908Hope、6903Viola、5413Ida）分别打破了深圳市、汕尾市、湛江市的60年重现水平，但没有一个台风连续突破两个城市重现水平的记录。因此，这就证明了根据模拟数据估计的重现水平确实比历史数据更具准确性，以此来设计应急预案和防御性工程可以起到很好的防灾减灾效果。

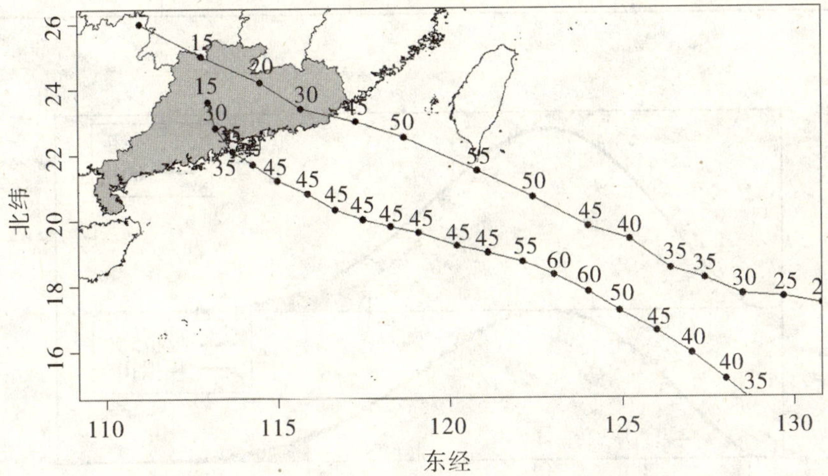

图6－13 台风 Amy（上）和 Ellen（下）的路径

重现期的稳定性可以通过改变数据的时间跨度来验证。同样，这里仅以茂名市为例，其他城市的情况大同小异。表6－7列出了根据各种数据估计出来的茂名市30年重现期的极端风速重现水平。其中，前两列重现水平是分别采用前31年（1949—1979年）和所有（1949—2010年）历史数据估计的，第3列是用前31年历史数据模拟5次的估计结果，而第4列则是模拟10次的估计结果。通过对比表中的4列结果可以发现，基于历史数据估计的30年重现水平不够稳定，差异在5m/s左右；而模拟数据估计的结果非常稳定，采用参数检验方法估计的差异仅为0.1m/s，图6－14画出了参数方法——Weibull分布的估计结果，直观地表达了两种数据的稳定性差异。假如茂名市的防风措施可以抵御38.3m/s的极端风速，那么使用前31年历史数据来做风险评估的人就会得出茂名市可抵御140年一遇的极端台风灾害这一结论，因为根据前31年历史数据所估计的140年重现水平恰好是38.3m/s，而以所有历史数据来做风险评估的人则认为茂名市仅能抵御30年一遇的台风灾害。相反，基于模拟数据的结果一致认为38.3m/s只是21年的重现水平，不会导致不同的结论。此外，通过对比参数和非参数方法的估计结果还可以发现，此方法对于重现期估计的影响不大。

表6-7　茂名市极端风速30年重现水平

数据 方法	历史数据（31年）	历史数据（62年）	模拟数据（5次）	模拟数据（10次）
非参数	33.2	38.3	42.0	41.0
参数	34.5	38.2	40.1	40.0

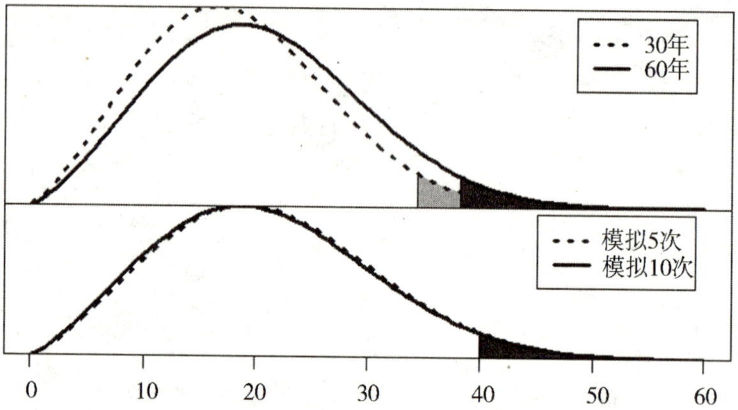

图6-14　稳定性比较

最后，鉴于模拟数据估计重现期的准确性和稳定性，本书给出了广东省21个地级市不同重现期的重现水平，见表6-8。参照Iman等人（2005）通过研究加勒比海沿岸台风灾害给出的减灾指引，一些比较容易重建的公共基础设施的防风措施需要达到25年重现水平标准，比如公园景观、公交站牌、海边娱乐设施等；对于沿海居民区，房屋的防风措施需要达到30年重现水平，一些地区可能要达到50年标准；对于一些至关重要，涉及国计民生的建筑防风措施需要达到100年标准，基于这些标准的防护措施在降低台风灾害损失方面效果显著，1美元的投入可以避免未来4美元的损失[100][101]。

表6-8　广东省21个地级市极端风速重现期以及重现水平

城市	25年	30年	50年	100年	城市	25年	30年	50年	100年
广州市	38.2	39.0	43.1	45.9	中山市	44.3	44.7	45.0	47.5
深圳市	40.0	40.1	43.1	48.4	江门市	44.2	45.0	47.1	50.0

（续上表）

城市	25 年	30 年	50 年	100 年	城市	25 年	30 年	50 年	100 年
珠海市	40.5	44.8	46.6	50.0	阳江市	40.0	42.2	45.4	49.0
汕头市	41.2	43.5	47.4	48.7	湛江市	40.9	43.7	45.0	47.6
佛山市	40.0	40.3	44.2	45.0	茂名市	40.0	41.0	45.0	46.9
韶关市	30.2	31.3	33.9	36.7	肇庆市	36.5	37.9	40.0	41.1
河源市	35.0	35.8	38.4	41.7	东莞市	39.8	40.0	47.5	51.4
梅州市	37.4	37.8	41.3	42.3	潮州市	40.0	41.1	43.8	48.4
惠州市	38.5	40.0	43.9	46.8	揭阳市	41.7	43.9	46.5	52.8
汕尾市	42.4	42.8	45.0	50.5	云浮市	36.4	39.2	40.7	44.8
清远市	34.3	34.9	38.1	40.0					

6.5.2 风险图

台风灾害的风险图是基于空间角度的风险评估，既是风险评估的依据，又是评估成果的直观表现。由于数据的空间局限性使得许多灾害风险图都采用基于大数定理的传统概率统计方法，风险图分析的取样单元面积过大，描述的多是国家或大区域的风险分布情况，风险图的成图比例较小，用于实际的防灾减灾工作的可操作性和实用性相对不强。而作为受灾一线的地级市、县和区都缺乏风险图的制作，即缺乏大比例尺灾害风险图。国际经验表明，开展大比例尺台风灾害风险图制作是防灾减灾工作的有效途径之一[102]。然而，大比例尺风险图在数据缺乏的情况下难以绘制，为了解决数据缺乏问题，欧美等发达国家从 20 世纪 70 年代开始就采用数值模拟方法来绘制大比例尺风险图[103]。在此，本书建立的模拟方法也可以解决数据缺乏问题，而且通过上面的验证表明模拟方法是有效的，基于这些模拟数据的风险评估具有相当高的准确性和稳定性。因此，本书下面将采用 62 年的模拟数据绘制出以地级市为基础的台风灾害风险图，试图预测未来可能发生的极端风速空间分布情况，满足受灾区域各级民政系统防灾减灾部门管理和决策的需要。本书采用核密度加权平均的方法来绘制风速风险图。如果在给定位置 u，以 r 为半径的区域内的风速观测记录为 x_i，$i=1,\cdots,n$，那么这个区域的加权平均风速为

$$\bar{x}(u) = \sum_{i=1}^{n} x_i K(\frac{u - v_i}{r}) / \sum_{i=1}^{n} K(\frac{u - v_i}{r}) \quad (6-15)$$

其中，v_i是x_i对应的点，$K(.)$ 为高斯核密度函数。图 6－15 给出了基于 62 年模拟数据，以 $r=150$ 公里绘制的广东省风速空间分布图，借此可以从平均水平上来了解风险分布。从图中可以看到风速的空间分布呈现出明显的 3 级趋势，且由沿海向内陆递减。沿海地区的加权平均风速为 20m/s～23m/s，中部地区为 17m/s～20m/s，到了内陆地区平均风速为 10m/s～16m/s。以省为单位绘制的加权平均风速空间分布图在平均水平上反映了未来登陆广东省台风的强度，显示了未来几百年内最为常见的风险分布。然而，从台风导致的损失来看，政府机构和人民群众更关心的是一些极端台风，这些极端台风通常具有三个特征：一是发生的频率相对较低；二是强度大、风速高；三是会导致严重的经济损失。由于第一个特征使得极端台风的历史观测数据较少，难以绘制大比例尺风险图；同时，也使得极端台风的模拟数据在所有模拟数据中所占的比例较小，即使绘制出以省为单位的风速分布图，一些极端风速也会被所选的制图尺度平均掉。比如，在图 6－15 中，实际模拟风速为 0m/s～60m/s，而以 $r=150$ 公里计算的加权平均风速却为 13.9m/s～23m/s。因此，为了更好地描述极端风速的空间分布，在模拟数据足够庞大的情况下，可以通过降低 r 值来获得以地级市为基础的风险图。

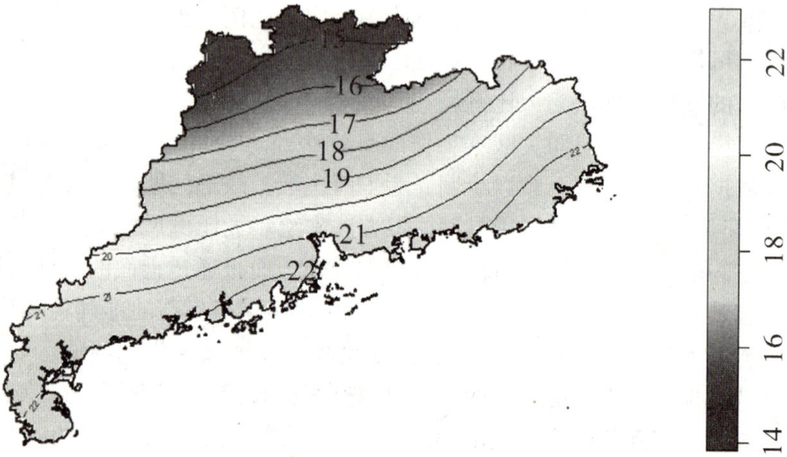

图 6－15　广东省模拟风速空间分布图

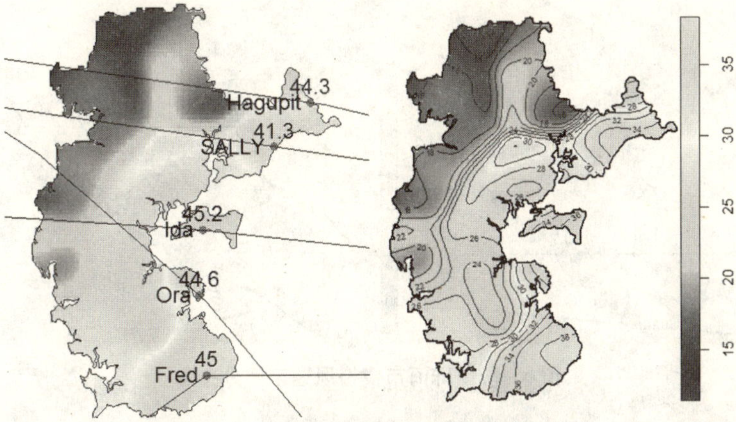

图 6－16　湛江市模拟风速空间分布图

图 6－16 是以 $r=8.3$ 公里绘制的湛江市 62 年模拟风速空间分布图。湛江市地处雷州半岛，三面环海，纬度较低，历来是广东受台风灾害影响最为严重的城市。雷州半岛饱受来自南海和西北太平洋热带气旋的直接威胁和正面袭击。从图中可以看到，模拟结果显示来自西北太平洋的极端热带气旋更为频繁，12 级（32.7m/s）以上的极端风速大多分布在湛江东部沿岸。左图标出了新中国成立以来直接袭击湛江市最强的前 5 个台风，圆点处标出了它们的登陆最大近中心风速，从右图可以看到，这与模拟数据绘制的风险图相当吻合。图 6－17 是以 $r=4.15$ 公里绘制的珠海市模拟风速空间分布图。珠海市地处珠三角地区南部，毗邻澳门，与深圳市隔海相望，属于亚热带海洋性气候，常受南亚热带季候风侵袭。1951—1999 年直接登陆珠海的特大台风就达 10 次以上，造成的经济总损失达到 39.3 亿元。绘制的风险图显示 30m/s 以上的极端风速主要出现在珠海市上半段以及下整段沿海区域，左图标出了历年直接袭击珠海市最强的前 4 个台风，它们的登陆区域以及最大近中心风速与风险图标注的高风速区域非常一致。

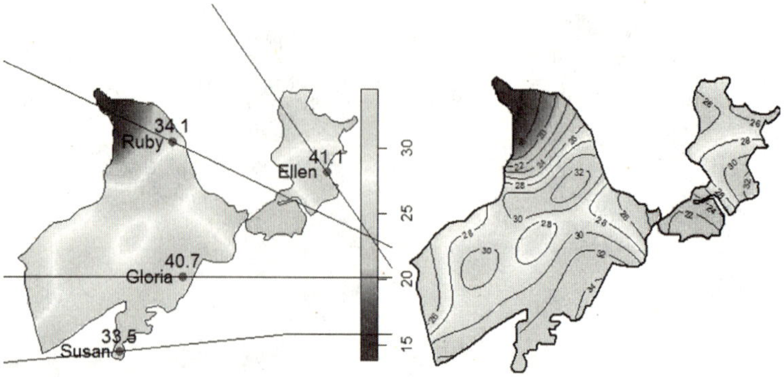

图 6－17 珠海市模拟风速空间分布图

最后，采用同样的原理，图 6－18 给出了广东省其他 19 个地级市的模拟风速空间分布图。结合上面给出的风速重现期，大比例风险图可以起到以下作用：第一，当地政府可以依据风险图来制定区域经济发展规划，尽量避免台风灾害风险对区域经济社会发展造成的影响；第二，可以为当地有关部门制定应急预案、防灾规划，实施灾害救助等提供直观灵活的实用工具；第三，可以为财产保险机构确定巨灾保险费率提供科学依据，以便达到合理分摊风险的目的。

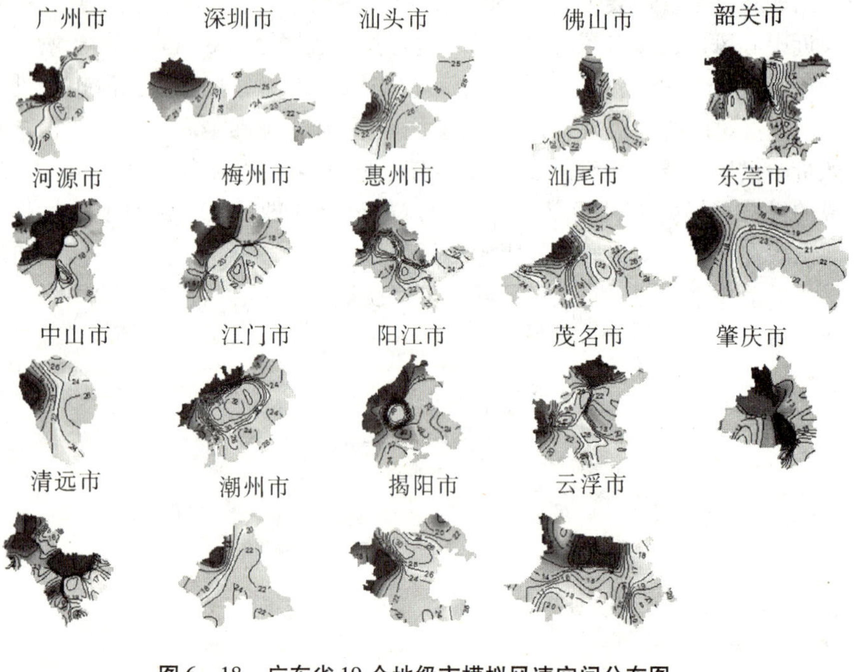

图 6－18 广东省 19 个地级市模拟风速空间分布图

6.6 本章小结

本章通过建立模拟方法来克服历史数据的时空局限性，试图提高热带气旋风险评估的稳健性。

（1）采用过去62年的历史数据，引入空间统计模型，结合马尔可夫链蒙特卡罗方法模拟了西北太平洋的热带气旋路径，并通过各种统计检验方法验证了这种模拟方法的合理性。

（2）以广东省为例，给出了以地级市为单位的模拟风险评估结果。研究发现基于模拟数据的风险评估更为稳健，与历史数据相比较，基于模拟数据估计的重现水平更具准确性和稳定性。

（3）通过模拟数据绘制出了大比例极端风速风险图，很大程度上提高了风险评估的实用性，其结果可以作为保险行业开展巨灾保险业务，政府部门制定防灾减灾规划的科学依据。

（4）空间统计模型采用了1949—2010年的整段历史台风路径数据，忽略了某些周期性因素对风险评估的影响。比如太阳黑子周期对台风强度的影响，太阳黑子活跃的年份往往有极端的台风出现。又比如，当厄尔尼诺现象发生时，对台风的产生起到了抑制作用，而拉尼娜现象却促进了台风的产生。这些因素通过影响台风起点和风速强度的空间分布，进而影响到模拟结果。可以分割出对应的数据来进行模拟，以此研究各种因素的影响作用。

（5）由于本书获得的历史台风路径数据没有给出台风半径信息，仅对台风近中心风速进行模拟，在一定程度上可能高估了风险。半径数据的缺失，可以综合联合台风警报中心（JTWC）等国际机构的数据来完善模拟结果。由于数据的缺失，本书只模拟了台风灾害最为严重的致灾因子——风速，没有对风暴潮、降雨等因素进行模拟。以上提到的都是本书将来要改进的地方，也是以后要研究的主题。

7 突发事件应急能力评价的技术研究

7.1 突发事件应急能力评价的基本概念

7.1.1 应急能力的内涵及其影响因素

一般来讲，应急能力指的是应对紧急事务的能力，也是政府效能和社会文明的重要标志。目前，国外使用较多的是“紧急事务管理”这个概念，其定义为：“它是应用科学、技术计划和管理等手段，应对造成大量人员伤亡、严重财产损失以及社会生活破坏等非常事件的一门学科和职业。”从国外对应急能力的定义来看，他们已经把应急能力作为一门专门的学科来对待，我国也正向这方面迈进，但还没有提升到运用一门学科或职业来定义的高度。目前，我国对应急能力还没有一个统一的概念，经常将应急能力、紧急事务管理、灾害应急管理能力和突发事件应急能力等词混用[104]。

突发事件应急能力的强弱很大程度上取决于该地区突发事件本身的风险特点以及事件发生后该地区的政府、组织和公众应对突发事件的能力。突发事件应急能力是随着应急制度的建立和应急事业的发展而被提出的。直到目前，突发事件应急能力也没有一个统一概念，在综合前人结论的基础上，本书对突发事件应急能力的定义为：突发事件发生后，与突发事件相关的组织、人力、资源和技术等要素所表现出的敏感性，从而最终能够减少人员伤亡、财产损失、环境破坏以及尽快恢复灾前状态的能力，是与突发事件相关的自然因素与社会因素，软、硬件配置，人力资源与体制结构，工程能力与组织能力等多方面因素表现出来的绩效[105][106][107][108]。

在突发事件应急能力评价中，应急能力受到多方面的影响，综合起来主要体现在以下两个方面[109]：

（1）内部因素。主要包括：应急管理者的知识、能力和素质；强有力的决策中枢；信息收集、传递与分析水平；应急管理体系权责明确，应急管理体系权责是否明晰是应急管理过程中能否做到统一指挥、有效动员、通力合作、成功抗击的关键。

（2）外部因素。主要包括：①经济因素；②社会成熟度，社会成熟度就是公众的危机忧患意识，提高社会成熟度会增强公众的危机意识，这有助于增强人们战胜危机的信心，减少面临危机时的心理脆弱性，提高抵御风险的能力；③危机情境，当前，由于危机诱因的复杂性、多样性和态势变化的不确定性因素的影响，使得危机管理手段也要具有多变性的特点，这就意味着随着危机态势的变化，应对危机的策略、方式和手段也要跟着变化；④传媒，媒体的态度与声音在一定程度上会直接影响政府的应急能力效能，正面的媒体导向会有效地防止危机升级、控制社会秩序以及避免不必要的恐慌，负面的媒体导向会急速地阻止应急工作的进程。

7.1.2 应急能力评价的过程

突发事件应急能力评价是一个多参数、多系统的评价过程，应急能力各因素之间关系复杂，一般不是单独起作用，往往是交织在一起，换言之，一种机能制约着相关的机能，形成连锁关系。其基本评价过程如图 7－1 所示。

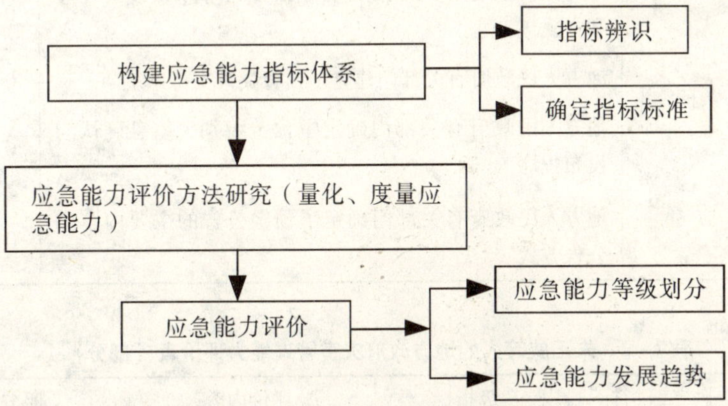

图 7－1 突发事件应急能力评价过程

在图 7－1 的评价过程中，如何有效地将应急能力系统有机地结合起来是突发事件应急能力评价的重要内容之一，而突发事件应急能力指标体系是将系统各部分连接起来的工具。因此，在突发事件应急能力评价过程中，应急能力指标体系的建立显得尤其重要，而这恰恰是应急能力评价中最难的一步，指标体系的好坏在一定程度上直接决定评价的成败。

由于突发事件本身种类繁多、专业性强和技术问题多，所以，无论是针对突发事件的评价，还是针对应急能力或应急管理能力的评价，指标体系都会有非常大的差异，缺乏相互借鉴性和可比性。但因为指标体系的重要性和构建指标体系相对容易，还是有很多学者从事这方面的研究，并取得了一定的成果。如张兴凯、邓云峰[109]以我国“一案三制”和应急保障系统为基础，建立了城市应急能力评价指标体系，如表7－1所示；朱正威、胡增基[110]借鉴国外发达国家的指标体系，建立了适合中国国情的灾害管理指标体系，如表7－2所示；杨青等人[111]从突发事件处置流程入手构建了应急管理评价指标体系，如表7－3所示等。

表7－1　邓云峰等人的城市应急能力评价指标体系（部分）

一级指标	二级指标	三级指标	得分
监测与预警	信息	……	……
	监测	……	……
	预警	地方人民政府确定了预警机构的职责和任务	0 1 2 3
		地方人民政府有关部门明确了预警及解除预警的程序和方式	0 1 2 3
		地方人民政府有关部门建立了预警决策支持系统	0 1 2 3
		地方人民政府有关部门确定了预警级别、信息确认与发布程序	0 1 2 3
		地方人民政府有关部门确定了预警公告的主要内容和公告方式	0 1 2 3

表7－2　朱正威等人的地方政府灾害管理能力评价表（部分）

一级指标	二级指标	三级指标	评价内容	评分
准备能力	防灾机构的演习与训练	是否制订相关演习计划	有，并且完整 已经完成，但待完善 部分完成 正在制订 无	优：4.6～5 良：4.1～4.5 中：3.6～4.0 差：3.1～3.5 不合格：<3

（续上表）

一级指标	二级指标	三级指标	评价内容	评分
准备能力	防灾机构的演习与训练	是否制订演习程序	有，并且完整 已经完成，但待完善 部分完成 正在制订 无	优：4.6~5 良：4.1~4.5 中：3.6~4.0 差：3.1~3.5 不合格：<3

表7－3　杨青等人的基于过程管理的城市灾害应急管理指标体系（部分）

一级指标	二级指标
灾前预警能力评价	对已有灾害的监测预报能力 对可能存在的灾害的监测预报能力 灾害的预警技术能力 减轻灾害措施的能力
灾中应急能力评价	灾害辨别能力 灾害紧急救援能力 政府部门应急反应能力 城市居民灾害行为反应能力
灾后恢复能力评价	社会保障系统 灾害损失评估能力 城市灾后恢复能力 城市灾后重建能力

本书将从突发事件应急能力管理部门功能和统计学角度，在对当前已有的指标体系进行提炼和综合的基础上建立应急能力评价指标体系，不针对突发事件的具体应急过程建立指标体系，关于突发事件应急能力、应急过程的指标体系的设计过程可以参考相关文献[112]。

突发事件应急能力发展过程、评价对象、评价主体和评价标准具有很强的不确定性和模糊性的特点，因此，需要根据指标特点建立有效、合理的应急能力评价模型，对应急能力进行量化。模糊理论是应急能力评价的基础，本书将在模糊理论和前人方法的基础上，提出符合特定特征的应急能力评价方法。

突发事件应急能力评价是应急管理与应急评价过程的衔接和重叠，只有进行了全面、合理的应急能力评价，才能更好地制定出正确的应急管理措施，有效地提高应急管理水平。本书将从统计学角度对突发事件应急能力进行指标体系设计与应急能力评价，不涉及管理因素。

7.2 突发事件应急能力评价指标体系的构建

7.2.1 指标体系的构建原则

建立科学、合理的应急能力评价指标体系关系到评价过程的完整性和评价结果的客观性，是应急能力评价的关键过程。在建立应急能力评价指标体系的过程中，一般遵循以下原则[113]：

1. 完备性原则

这一原则要求应急能力系统状态和内部变化都能够用所建立的指标体系的指标和加工后的统计指标来描述或度量，以满足应急能力评价的需求。一般所建立的指标体系很难满足这一原则，为了遵循这一原则，人们往往采用不断增加指标的方法来实现。

2. 最小性原则

完备性原则使得指标体系中的指标种类不断增多，指标数目不断增大，这样极大地增加了评价的工作量。因此，在遵循完备性原则的同时也要使选择的指标尽可能地缩小，即最小性原则。最小性原则的原理是：对于集合 X，有 $X \supset Y$，对于任意的集合 Y，有 $Y \supset Z$，则称 Z 满足最小性原则，此处 Z 指代突发事件应急能力评价指标体系。该原则就是用最少的指标解释最多的信息。人们经常采用筛选的方法来满足该原则。

完备性和最小性原则在实际操作中是很难做到的，因此，完备性和最小性原则在这里只是一个相对概念。

3. 层次性原则

突发事件应急能力系统是一个庞大、复杂的系统。该系统可以分解成多个子系统，在建立指标体系时，应该以系统论作为依据，结合应急能力过程，在不同层次上设计指标体系，以利于决策者从不同层面上对应急过程进行调整。

4. 客观、科学性原则

设计的应急能力评价指标体系应符合客观实际，符合已被实践证明了的科学理论；指标的物理意义必须明确；统计计算方法必须规范；测算方法必须标准；设计的指标能够体现某类突发事件应急能力的含义和实现目标的程度。

5. 实用、可操作性原则

设计的应急能力评价指标体系是各级政府应急情况的表现，因此各评价指标应遵循实用、可操作性强的原则。各指标应简单实用、容易理解，能准确地对应急能力的实际状况进行描述，各指标应有稳定的数据来源和可靠的收集渠道。

6. 定量与定性指标相结合

应急能力评价指标体系内涵十分丰富，包含了客观、具体、可以直接度量的指标以及主观、模糊和抽象、难以用数量直接度量的指标。因此，设计的指标体系应遵循定量与定性结合的原则，选择尽量可以量化的指标，对于一些难以量化的指标尽量用定性指标来描述。

7.2.2 指标体系的指标筛选方法

面对纷繁交错的指标，需要对其进行筛选，以尽量满足遵循以上原则的需要。筛选指标时，既要综合考虑也要区别对待。一方面，要综合考虑评价指标的完备性、实用性和可操作性，不能仅由某一原则决定指标的取舍；另一方面，以上构建指标的原则各具特点，对各项原则的认识也各不相同，各项原则的衡量精度和研究方法不可强求一致。譬如，评价指标体系中的定性和定量指标，定性指标无法用具体数值来衡量，只能依赖评价者对评价对象的了解程度以及对应急能力具体内涵的理解程度进行评价，尽可能地采用科学方法将定性指标转换为定量指标；而定量指标则可以采用一定的技术手段和方法得到其定量值，因此两者不必要也不可能使用同样的方法或数值标准来对待。

一般来说，筛选指标遵循的原则是：第一，删除那些对评价结果影响不大的指标或合并与评价类似的指标，要主观与客观相结合；第二，删除那些对测度目标序位不产生影响的指标，即保序性准则。其具体筛选过程如下：

1. 假设

被评价对象 m 个，每个被评价对象有 n 个评价指标，则被评价对象的指标数据矩阵为：

$$X=\begin{bmatrix} x_{11} & x_{12} & \cdots & x_{1n} \\ x_{21} & x_{22} & \cdots & x_{2n} \\ \vdots & \vdots & \vdots & \vdots \\ x_{m1} & x_{m2} & \cdots & x_{mn} \end{bmatrix} \tag{7-1}$$

公式中，$X=(x_1, x_2, \cdots, x_n)$ 是预选指标集，x_{ij}为第 i 个被评价对象的第 j 个指标的指标值，$i=1$，2，…，m，$j=1$，2，…，n。

用变异指数来描述指标之间的状态差异，指标值分布的变异指数用以下公式表示为：

$$V_j = S_j \sqrt{\bar{x}_j} \qquad j = 1, 2, \cdots, n \tag{7-2}$$

公式中，$\overline{x_j}=\frac{\sum_{i=1}^{m} x_{ij}}{m}$为均值，$S_j=\sqrt{\frac{\sum_{i=1}^{m}(x_{ij}-\overline{x_j})^2}{m-1}}$为标准差。

当 $V_j=0$ 时，删除 x_j，位序不受影响；当 V_j很小时，删除 x_j通常也可以保持位序不变。当 V_j为最小时，由 V_j所确定的权值也是最小的，与 V_j对应的权值 W_j表示为：

$$W_j = \frac{V_j}{\sum_{j=1}^{n} V_j} \tag{7-3}$$

当 W_j很小时，可以将其对应指标删除，但必须满足保序性检验。

2. 保序性检验

为了确定删除指标的合理性，需要对 x_j做保序性检验，其算法如下：

设指标权向量为 $w=(w_1, w_2, \cdots, w_n)$，且 $w_1>w_2>\cdots>w_n$，以上指标数据矩阵 X 的标准化矩阵为 $Z=(z_{ij})$，则综合测度值为：

$$A_i = \sum_{j=1}^{n} w_j z_{ij} \qquad i = 1, 2, \cdots, m \tag{7-4}$$

根据综合测度值可以得到某一评价对象的排序。从测度指标集 X 中删除最小权的指标后，新的测度指标集为 $X'=(x_1, x_2, \cdots, x_{n-1})$，随着测度指标集的变化，相应权向量也跟着变化，设 X'的权向量为 w'，则权向量为：

$$w'_j = \frac{w_j}{\sum_{j=1}^{n-1} w_j} \qquad j = 1, 2, \cdots, n-1 \tag{7-5}$$

此时，被评对象的综合测度值为：

$$A_i = \sum_{j=1}^{n-1} w'_j z_{ij} \qquad i = 1,2,\cdots,m; j = 1,2,\cdots,n-1 \tag{7-6}$$

按综合测度值的大小可得 m 个被评对象的排序为 T'，设删除前各指标（除后期被删除指标）综合测度值排序为 T，如果 $T = T'$，则该指标可以删除，否则应予以保留。

3. 一致性检验

对于筛选后的指标，需要检验这些指标是否具有足够的代表性。非参数检验对低级尺度变量的处理较为有效且简单，约束条件少。鉴于此，指标的增选问题可以采用非参数统计方法来解决。一般从两个方面来考虑这种增选问题：一是检验选择的个体指标间高度的整体一致性是否成立；二是当高度一致性成立时，检验增选指标集内的各个指标在个体之间的一致性（单个指标一致性）是否成立。

（1）整体一致性检验。

设为指标体系选择的各指标进行排序，排序原则为专家对指标的偏爱程度。则专家对指标的偏爱程度排序矩阵可以表示为：

$$R = \begin{bmatrix} r_{11} & r_{12} & \cdots & r_{1n} \\ r_{21} & r_{22} & \cdots & r_{2n} \\ \vdots & \vdots & \vdots & \vdots \\ r_{m1} & r_{m2} & \cdots & r_{mn} \end{bmatrix} \tag{7-7}$$

公式中，r_{ij}表示第 j 个专家对第 i 个指标的偏爱次序，r_{ij}（$1 \leqslant i \leqslant n$）值越小，则表示 j 专家对 i 指标的偏爱程度越高，则 i 指标进入指标体系的可能性越大。

对于专家整体选择指标一致性检验，可以采用 Kendall 秩相关检验。定义 1，2，…，n 为矩阵秩次，则 $R_{i.} = \sum_{j=1}^{m} r_{ij}$表示第 i 个指标的秩次和。Kendall 协和系数 T 可以表示为：

$$T = \frac{12 \sum_{j=1}^{n} R_{i.}^2}{m^2 n (n^2 - 1)} - \frac{3(n+1)}{n-1} \tag{7-8}$$

根据 Kendall 证明，$m(n-1)T$ 服从自由度为 $n-1$ 的 X^2 分布。此时，对专家意见的一致性可以采用统计假设检验方法进行检验。

假设 H_0：m 位专家指标选择意见一致性不成立；H_1：m 位专家指标选择意见一致性成立。

当 m 较大时（$m>7$），对于给定的显著性水平 α，若 $m(n-1)T>x_{\alpha}^{2}(n-1)$，则拒绝原假设，$m$ 位专家的指标选择意见是一致的。

Kendall 协和系数主要是对指标选择意见的一致性情况进行判断，基本不能测量一致性高低程度，也就是说，T 统计量检验显著程度高并不能说明个体间具有强一致性[114]。因为，从公式（7-8）发现，T 值在 m 和 n 较大的情况下也有可能会较小，从而通过检验，得到显著性结论。因此，必须要求用较大的 Kendall 协和系数 T 值来确定专家的选择意见具备一致性，这就需要运用 Kendall 秩相关检验对 T 值进行约束，从而判断专家选择指标意见的一致性程度。Courger 界定的 T 值大小所代表的含义如表 7-4 所示。

表 7-4　Courger 对 T 值的界定

T	归类	置信度
0.1	非常弱的一致性	没有
0.3	弱一致性	低
0.5	中等一致	合理
0.7	强一致	高
0.9	很强的一致	很高

根据表 7-4 的结论，可以发现，当 $T\geq 0.7$ 时，我们可以认为专家对指标的选择具有很强的一致性，故可将统计量 $m(n-1)T$ 变换为 $m(n-1)(T-0.7)$，运用新的统计量进行检验。

（2）单个指标的一致性检验。

增选指标整体上的高度一致性并不能完全保证各个指标在个体选择上具有高度一致性，因此还需要对指标体系中的各个指标进行检验。苏为华等人[115]提出采用 MCNemar 检验来判断某一项指标是否可以进入评价指标体系。MC-Nemar 变化显著性检验特别适用于先后型匹配设计[116]，可利用它来判断某一研究对象的前后情况在指标体系检验中是否发生显著变化。

对于指标体系中的某一指标 i，对 m 位专家进行 p 轮调查，并对调查前后的意见进行比较，则可以检验调查轮次对个体评价意见差异的影响。利用第 p 轮调查前后的情况，根据 MCNemar 检验的原理，MCNemar 构造频数统计表如下。

表 7－5　MCNemar 检验频数表

		第 p 轮调查后	
		无选择	选择
第 p 轮调查前	无选择	A	B
	选择	C	D

在第 p 轮调查前后，如果 B 和 C 两格子次数发生变化，则表明专家对指标体系中某一指标评价意见发生了变化。如果两格子的数目变化大，则说明专家们意见分歧很大；反之，则表明专家们意见较为一致。这种意见的稳定性表明了个体意见的一致性。因此，运用 MCNemar 检验可以筛选出包含高信息量的指标。MCNemar 检验如下：

假设 H_0：p 轮调查后，专家意见在调查前后变化可能性相同；H_1：p 轮调查后，专家意见在调查前后变化可能性不同。

根据 MCNemar 检验的 X^2 统计量：

$$\chi^2 = \frac{(|B-C|-1)^2}{B+C} \tag{7-9}$$

在给定的显著性水平 α 条件下，若 $\chi^2 < \chi^2_\alpha(1)$，则接受原假设，此时认为在经过第 p 轮的意见征询后，专家对指标 i 的选择意见没有显著性差别。不过，单次 MCNemar 检验不能保证检验结果的稳定性，至少应该检验两个轮次以上的调查结果，以防止检验结果出现伪一致的情况。

需要说明的是，整体一致性检验和单个指标的一致性检验都需要专家的积极配合，因此，成本比较高，检验周期比较长。由于种种条件限制，本书在设计指标体系过程中没有进行以上相关检验。

7.2.3　评价指标体系的指标标准确定方法

在确定指标体系之后，为了体现样本指标与标准指标的差距，通常都需要为各指标制定评价标准，制定标准的方法较多，这里介绍常用的 3 种指标标准确定方法。

(1) 问卷调查法。问卷调查法是一种专家意见评判法，通常的做法是：研究者将待调查问题制成事先拟好标准答案的问卷，将问卷发放给有关专家学者或地方政府决策者，并进行回收，根据回收的问卷和制定的规则，转换答卷人答案成定量数据，从而对突发事件应急能力指标的具体标准进行确定。问卷调查法能够充分调动人在确定指标标准过程中的主观能动性，从而得出比较符合动态性和差异性原则的结果，且成本相对比较低，在实际应用中得到了广泛使用。不过问卷调查法用时较长，并且必须重新调查或者删除那些答案离散程度较高的问题。

（2）标准法。标准法是一种利用现有的一些国际、国内标准进行指标标准确定的方法。通过查询标准就可以获得标准的量化值，标准法是一种最为简便的指标标准确定方法。国际、国内标准比较丰富的是经济发展和环境保护与治理领域。由于制定各类标准均需要相当长时间的历史数据，因此运用标准法确定的指标标准的客观性和参考价值要强于通过其他方法得到的指标标准。

（3）参照系数法。参照系数法是通过一定的比较和筛选，将现存的某些类似的突发事件作为参照标准。使用参照系数法确定突发事件应急能力评价指标标准时，对照比较各类突发事件的各类指标，根据对照结果确定指标不同等级的具体标准。这一方法虽然简便，但得出来的结论较问卷调查法和标准法的准确性要差。

本书主要采用标准法和参照系数法，对于有国家和地方标准的，采用标准法进行确定，对不存在相应标准的则参照相应指标的平均水平来确定。

7.3 突发事件应急能力评价模型研究

突发事件应急能力的发展过程、评价对象、评价主体和评价标准都具有很强的不确定性和模糊性。不确定性主要表现在：第一，认识的局限性引起的不确定性；第二，评价指标数据的不充分性和不可靠性引起的不确定性；第三，随机性和可变性引起的不确定性。这种不确定性决定了需要使用模糊理论对应急能力的现状进行评价。

结合组合赋权、模糊理论以及 Logistic 函数的特点，建立的基于 Logistic 隶属函数的应急能力发展现状评价过程如图 7－2 所示。在图 7－2 中，在已有系统指标体系的基础上，隶属函数的确定是应急能力发展现状评价的关键。

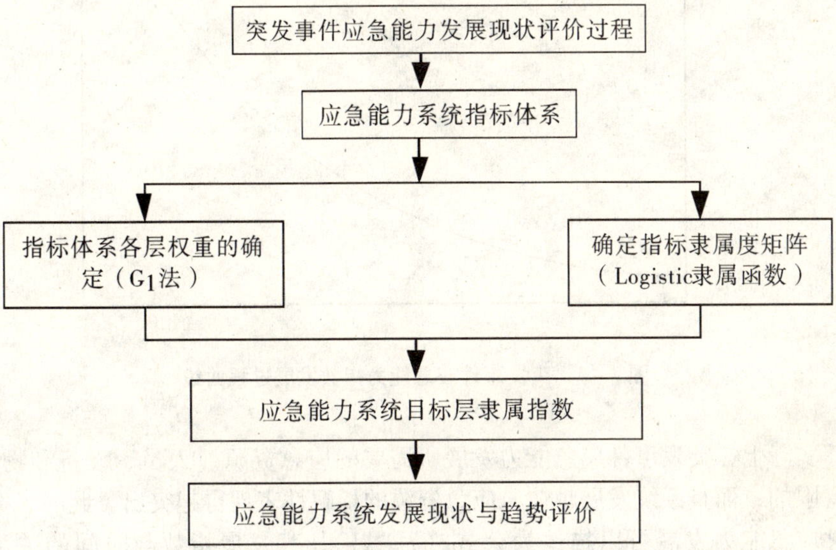

图 7－2　突发事件应急能力发展现状与趋势评价过程

7.3.1　用 Logistic 方程描述的应急能力发展过程

突发事件应急系统并不是一个简单的线性系统，而是一个复杂的非线性系统。在现实生活中，应急能力的发展过程既有其自身发展的规律，又受到环境因素的制约，其发展趋势是正反馈力与负反馈力综合作用而导致的非线性曲线，并不是人们经常所描述的线性过程。本书将运用 Logistic 方程及其法则对突发事件应急能力的发展过程进行描述、分析，期望能对突发事件应急能力发展过程进行更加合理的描述和评价[117]。

用 $X(t)$ 表示突发事件应急能力的发展指数（发展状态），则应急能力的发展速度为$\frac{dX}{dt}$，相对发展速度为 $r=\frac{1}{X}\frac{dX}{dt}$。

对于某类突发事件而言，其应急人员、应急设备和应急物资等应急资源是一定的，因此可以假设突发事件应急能力发展过程不受外界任何因素限制，则应急能力发展呈指数增长，如公式（7－10）和图 7－3 所示：

$$\frac{dX}{X}=r\mathrm{d}t \qquad \text{两边积分得到：} X=X_0e^{rt} \tag{7-10}$$

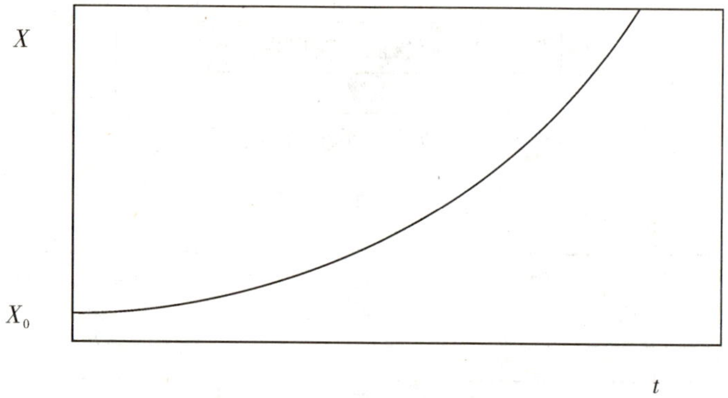

图 7－3　突发事件应急能力指数发展过程曲线

实际上，突发事件应急能力发展所需要的应急资源（人员、设备和物资）是有限的，而且系统发展越快，应急资源的稀缺性表现得越突出。此时，突发事件应急能力发展可以描述为公式（7－11），其发展指数与时间的关系如图7－4 所示：

$$\frac{dX}{dt}=rX(1-\frac{X}{k}) \text{ 或 } \frac{dX}{X(k-X)}=\frac{r}{k}dt \qquad (7-11)$$

两边积分得：

$$X=\frac{k}{1-ce^{-rt}} \qquad (7-12)$$

公式（7－12）中，c 为积分常数，$c=\frac{k-k_0}{X_0}>0$，且 $k>X_0>0$，r、k 为大于零的常数，分别表示突发事件应急能力发展要素的增长率和饱和容量。

对应地，其相对发展速度可以表示为公式（7－13）。即在有限的社会、经济、应急技术和资源条件下，突发事件应急能力总有一个周期内的阈值，使得相对发展速度为 X 的线性递减函数，如图 7－4 所示：

$$\frac{1}{X}\frac{dX}{dt}=r-\frac{r}{k}X \qquad (7-13)$$

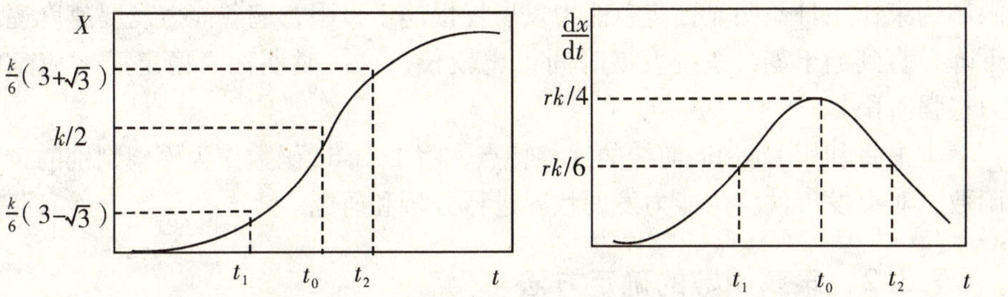

图 7－4　突发事件应急能力发展过程（左）和发展速度（右）

利用 Logistic 方程二阶导数和三阶导数为零的三个点，可将 Logistic 曲线划分为四个阶段，分别称为起步期、成长期、成熟期和稳定期，如表 7－6 所示，相应地，可以将这四个阶段称为应急能力的弱、临界、强和很强阶段。

表 7－6　基于 Logistic 曲线的突发事件应急能力发展轨迹

t	$(0,t_1)$	t_1	(t_1,t_0)	t_0	(t_0,t_2)	t_2	$(t_2,+\infty)$
X	缓慢上升	$\frac{k}{6}(3-\sqrt{3})$	迅速上升	$k/2$ 拐点	继续上升	$\frac{k}{6}(3+\sqrt{3})$	趋于平稳
dX/dt	上升	$rk/6$ 拐点	上升	$rk/4$ 极大	下降	$rk/6$	下降
发展时期	起步期	成长期		成熟期			稳定期
应急能力强弱阶段	弱	临界		强			很强
发展性质	发展缓慢	发展快速					发展缓慢

注：t_0 为 Logistic 方程二阶导数为零时 t 的两个值，t_1、t_2 为方程三阶导数为零时 t 的值。

从图 7－4 与表 7－6 可以看出，在应急能力发展周期内，在起步期（应急能力较弱阶段），由于可得性资源较少，技术落后，社会危机意识不高，应急能力发展缓慢；在成长期，由于在社会需求驱动力的作用下，可用性资源增加，技术水平不断提高，应急能力呈现快速增长的趋势，由 $rk/6$ 迅速上升至 $rk/4$，具有较高的发展速度，属于突发事件应急能力发展的临界阶段，时间相对较短。在这两个阶段中，正反馈占主导作用。然后，随着突发事件和社会环境复杂程度的增强，对应急能力发展的约束力也在增强，系统发展速度虽逐渐下降，但仍然保持较高的发展速度，大于 $rk/6$，此时，系统处于成熟期（应急能力较强阶段），也是整个应急能力发展过程的高潮阶段；随着各方面因素的限制约束作用日益明显，应急能力发展慢慢趋于极限，应急能力发展速度逐渐下降，直到趋于零，系统发展时间也比较长，这一时期称为稳定期（应急能力很强阶段）。

本书将利用 Logistic 曲线的这种特点，将 Logistic 函数作为模糊判别的隶属函数，对突发事件应急能力发展状况进行分析和研究。

7.3.2 隶属函数的确定方法

模糊数学的基本出发点是用数学方法表现和处理现实世界中客观存在的模糊现象，使模糊现象清晰化。而隶属函数是达到此目的的重要手段，确定了隶属函数，就为解决实际模糊问题跨出了重要的一步。目前，仍然没有一个建立隶属函数的统一方法，主要是根据实际经验来探求对应法则。但无论用什么方法，在建立隶属函数的过程中，总要建立一个从论域 U 到 $[0,1]$ 上的映射，用来反映某对象属于某个模糊概念或者具有某种模糊性质的程度，符合客观规律的隶属函数关系是确定隶属函数的原则[118]。本书将根据模糊分布方法确定的隶属函数的特点，结合用来表征突发事件应急能力发展过程的 Logistic 曲线，建立符合突发事件应急能力发展过程的隶属函数。

7.3.2.1 模糊分布理论

和概率统计方法相似，运用模糊分布方法确定隶属函数的过程是：根据研究对象的客观实际情况，选择某些带参数的函数来表示某种模糊概念的隶属函数，可以指定论域为实数域 R，而函数参数可以通过实验或者经验来确定。常用的分布类型有：

1. 矩形分布或半矩形分布

$$\text{正向指标：} f(x) = \begin{cases} 0 & x < a \\ 1 & x \geqslant a \end{cases} \tag{7-14}$$

$$\text{逆向指标：} f(x) = \begin{cases} 1 & x \leqslant a \\ 0 & x > a \end{cases} \tag{7-15}$$

$$\text{适度指标：} f(x) = \begin{cases} 0 & x < a \\ 1 & a \leqslant x \leqslant b \\ 0 & x > b \end{cases} \tag{7-16}$$

2. 梯形分布或半梯形分布

$$正向指标：f(x)=\begin{cases}0 & x<a\\ \dfrac{x-a}{b-a} & a\leqslant x\leqslant b\\ 1 & x>b\end{cases}\tag{7-17}$$

$$逆向指标：f(x)=\begin{cases}1 & x<a\\ \dfrac{b-x}{b-a} & a\leqslant x\leqslant b\\ 0 & x>b\end{cases}\tag{7-18}$$

$$适度指标：f(x)=\begin{cases}0 & x<a\\ \dfrac{x-a}{b-a} & a\leqslant x<b\\ 1 & b\leqslant x<c\\ \dfrac{d-x}{d-c} & c\leqslant x<d\\ 0 & x\geqslant d\end{cases}\tag{7-19}$$

从以上分布特征来看，一般建立的隶属函数为线性函数。实际上，突发事件应急能力的发展并不是随着某些属性的变化而按照一个方向变化的，因此，简单的线性关系不能很好地体现应急能力发展的特性。本书将运用符合事物发展趋势的 Logistic 曲线对模糊分布中的梯形与半梯形分布情况进行改进，使得应急能力评价结果更符合实际情况。

7.3.2.2 改进的 Logistic 隶属函数

设隶属函数为：

$$f(t)=\frac{k}{1-ce^{-rt}}\tag{7-20}$$

其中，c 为位移因子，r 为压缩因子，k 为饱和容量，此处设 $c=1$。

显然，有 $\lim\limits_{t->+\infty}f(t)=k$，$\lim\limits_{t->-\infty}f(t)=0$，$\lim\limits_{t->+\infty}f'(t)=0$，$\lim\limits_{t->-\infty}f'(t)=0$。为了用定义域在$(-\infty,+\infty)$上的 Logistic 函数替换线性函数，这里取这一函数的一部分。

设隶属函数值域为$[0.001k,0.999k]$，且值域在 $0.001k$ 值时，其隶属度可以忽略不计。则在定义域$[t_1,t_u]$内，有：

$$\begin{cases}\dfrac{1}{1+e^{-rt}}=0.999\\ \dfrac{1}{1+e^{-rt}}=0.001\end{cases}\Rightarrow\begin{cases}t_u=\dfrac{6.9068}{r}\\ t_l=\dfrac{-6.9068}{r}\end{cases}\Rightarrow r=\dfrac{6.9068}{\dfrac{t_u-t_l}{2}} \quad (7-21)$$

为了使隶属函数值域符合[0,1]区间的要求，令 $0.999k=1$，则 $k=1.001$，结合模糊分布特点，令 $t=t-\dfrac{t_u-t_l}{2}-t_l$

则隶属函数化为：

$$f(t)=\frac{1.001}{1-e^{-rt}}=\frac{1.001}{1-e^{(-6.9068/(t_u-t_l)/2)(t-(t_u-t_l)/2-t_l)}} \quad (7-22)$$

结合评价指标特点，将突发事件应急能力分为4级，确定的突发事件应急能力模糊评价隶属函数如下：

1. 正向指标

正向指标指的是指标等级值从小到大排列，并且指标值越大，归属于较高等级的能力越强，其隶属度计算公式如下：

$$R=\begin{cases}R_{i1}=1, R_{i2}=R_{i3}=R_{i4}=0 & x_i\in(-\infty, S_{i1})\\ R_{ij}=\dfrac{1.001}{1+e^{-(6.9068/(S_{ij}-S_{i(j+1)}/2))(x_i-(S_{ij}-S_{i(j+1)})/2-S_{ij})}} & x_i\in[S_{ij}, S_{i(j+1)}]\\ R_{i(j+1)}=1-R_{ij} & x_i\in[S_{ij}, S_{i(j+1)}]\\ R_{i4}=1,\ R_{i1}=R_{i2}=R_{i3}=0 & x_i\in(S_{i4}, +\infty)\end{cases}$$

(7-23)

公式中，s_{ij}为第 i 项指标的第 j 级强度标准，R_{ij}为第 i 个指标第 j 级的隶属度，公式（7-24）和公式（7-25）中的参数和此处意思相同，以后不再作解释。

2. 逆向指标

逆向指标指的是指标等级值从大到小排列，并且指标值越小，归属于较高等级的能力越强，逆向指标隶属度计算方法与正向指标相似，计算公式如下：

$$R=\begin{cases} R_{i1}=1, R_{i2}=R_{i3}=R_{i4}=0 & x_i\in[-\infty, S_{i4}) \\ R_{i(j+1)}=\dfrac{1.001}{1+e^{-(6.9068/(S_{ij}-S_{i(j+1)}/2))(x_i-(S_{ij}-S_{i(j+1)})/2-S_{ij})}} & x_i\in[S_{i(j+1)}, S_{ij}] \\ R_{ij}=1-R_{i(j+1)} & x_i\in[S_{i(j+1)}, S_{ij}] \\ R_{i4}=1, R_{i1}=R_{i2}=R_{i3}=0 & x_i\in(S\,i1, +\infty) \end{cases} \tag{7-24}$$

3. 适度指标

在评价标准集中，适度指标的各等级值以某一点对称分布，指标值不能太小也不能太大，当指标值在一个适中的位置时，评价等级最高，一般取评价指标中间值作为级别最高点。由于适度指标的评价标准具有对称性，可以以对称点为中心，将其划分为正向指标和逆向指标，再按公式（7－23）和公式（7－24）隶属函数的计算方法确定其隶属度。其具体计算方法如下：

$$R=\begin{cases} R_{i1}=R_{i2}=R_{i3}=R_{i4}=0 & x_i\in(-\infty, S_{i1}) \\ R_{ij}=\dfrac{1.001}{1+e^{-(6.9068/(S_{ij}-S_{i(j+1)}/2))(x_i-(S_{ij}-S_{i(j+1)}/2)-S_{ij})}} & x_i\in[S_{ij}, S_{i(j+1)}] \\ R_{i(j+1)}=1-R_{ij} & x_i\in[S_{ij}, S_{i(j+1)}] \\ R_{i4}=1, R_{i1}=R_{i2}=R_{i3}=0 & x_i\in(S_{ij}, S_{i(j+1)}) \\ R_{i(j+1)}=1, R_{i1}=\cdots=R_{ij}=R_{i(j+2)}=\cdots=0 & x_i\in[S_{i(j+1)}, \dfrac{S_{i(j+1)}+S_{i(j+2)}}{2}] \\ R_{i(j+2)}=1, R_{i1}=\cdots=R_{i(j+1)}=R_{i(j+3)}=\cdots=0 & \\ & x_i\in[\dfrac{S_{i(j+1)}+S_{i(j+2)}}{2}, S_{i(j+2)}] \\ R_{i(j+2)}=1-R_{i(j+3)} & x_i\in[S_{i(j+2)}, S_{i(j+3)}] \\ R_{i(j+3)}=\dfrac{1.001}{1+e^{-(6.9068/(S_{i(j+2)}-S_{i(j+3)})/2)(x_i-(S_{i(j+2)}-S_{i(j+3)/2}-S_{i(j+2)}))}} & \\ & x_i\in[S_{i(j+2)}, S_{i(j+3)}] \\ R_{i1}=R_{i2}=R_{i3}=R_{i4}=0 & x_i\in[S_{i4}, +\infty] \end{cases} \tag{7-25}$$

本书在进行实证分析时，将运用以上建立的隶属函数对指标隶属度进行处理。

7.3.2.3 评价指标隶属度计算方法

1. 定性指标隶属度确定方法

定性指标可以分为两类，一类是程度指标，可以用“好坏程度”、“满意程度”和“可靠程度”等词来表达，如应急计划的完善程度；除此之外的指标属于另一类非程度指标，指城市类型、城市地位等。这里主要介绍这两种类型的定性指标[119]。

（1）非程度指标的指标分值。

客观来说，非程度指标对人的主观判断的依赖程度比程度指标要小，这是因为非程度指标所依据的客观事实比较充分，人们对该指标的认识程度基本相同，如城市类型、城市地位等，故可以根据客观情况来划分不同等级，赋予相应的指标值。

（2）程度指标的指标分值。

①语义法。一般来说，程度指标是没有确定的数值标准可以利用的，主要依赖评价者的感觉和经验，而这种感觉或经验往往会因不同的评价者有巨大的差异，在这种情况下，应尽可能地用语言表达的方式为程度指标进行分级，使评价过程或结果尽可能有标准可循。一般的做法是：首先将评价指标从优到差分成三到五个等级或若干个等级；然后为每个等级赋予具体的文字表述；接着让评价人员根据自己的感觉在设置等级中选择一个等级；最后统计评价者的选项，选出比重较大的级别作为指标值。这种做法对所有定性指标都适用，一些难以直接量化的指标，如法律法规的完善程度等，可先用文字描述，然后用分级计分的方式确定评价指标值。

②模糊量化方法。对于受多因素影响的定性指标，可以考虑使用模糊量化方法进行量化，该方法能够充分考虑影响指标因素的优劣程度，并采用适当的方式将这些因素结合起来，从而达到量化定性指标的目的。如对“政府反应能力”这个定性指标进行量化，需要考虑的因素有5个分项，根据5个分项对指标“政府反应能力”的贡献程度大小赋予相应的权值，然后根据权值大小为每个分项赋予指标值，一般的做法是，指标最优者赋值为1，最差者为0。运用得到的分项值和它们对应的权值，可以确定指标“政府反应能力”的指标值。

③模糊统计法。指标在从制定到最终的可操作化处理中，总是包含一些处理着的主观因素，都具有对客观实际反应的模糊性，指标之间的区别就在于这种模糊性的大小。因此，可以将一些定性指标视为一种模糊因子来处理。利用

模糊理论的有关方法，将那些作为模糊因子保留的指标项视为一种可能性指标并纳入评价指标体系中，保留指标的模糊性，在给定某一具有明确定量内涵的定性概念的前提下，运用模糊数学相关理论，计算这些指标归属于某一定性概念的隶属度。一般来说，通过模糊量化后的评价指标更具有可操作性。比如就“应急预案的完备程度”这个指标进行指标量化，其具体过程如下：

将应急预案的完备程度分为以下 5 个等级，赋予相应的数值：

{完备，较完备，临界，不完备，很不完备} $=\{u_1,u_2,u_3,u_4,u_5\}$。

实际样本应急预案的完备程度对以上 5 个级别的隶属度分别为：$\{r_1,r_2,r_3,r_4,r_5\}$，则应急预案的完备程度指数 K 的计算过程可以用公式（7-26）来完成。

$$K=\sum_{i=1}^{5}u_i r_i \tag{7-26}$$

2. 定量指标隶属度的确定方法

对于定量指标，其隶属度主要通过隶属函数来计算，如早些年国内有张南纶提出的用模糊统计法确定的隶属函数，屈荫生提出的用三分法确定的隶属函数，马谋超、曾志强提出的用多维量表法确定的隶属函数等等，国外也有示范法（Zadeh，1972）、统计法（H. M. Hersh，1976）、蕴含解析法（M. KoChen，1976）等。本书将根据突发事件应急能力发展的特点，在指标量化的基础上运用以上建立改进隶属函数来对隶属度进行计算。

7.3.3　基于 Logistic 隶属函数的应急能力发展现状评价模型

根据 Logistic 曲线特点，结合模糊理论，建立基于 Logistic 隶属函数的应急能力发展现状评价模型的步骤如下：

1. 层次分析应急能力评价系统

根据系统特点，将系统分为目标层、一级指标层和二级指标层。将目标层 A 分为 m 个一级指标 B_i，$i=1$，2，…，m，即 $A=\{B_1,B_2,\cdots,B_m\}$。B_i包括 n_i 个二级指标，即 $B_i=\{C_{i1},C_{i2},\cdots,C_{in_i}\}$，$C_{ij}$为第 i 级指标层的第 j 个指标。

2. 对指标数值进行无量纲化处理

采用 G_1法确定各级指标的权值。权值包括二级指标相对于一级指标的权值集 W_{1C}和一级指标相对于目标层的权值集 W_{1B}。

$$W_{1C}=\{C_1,C_2,\cdots,C_n\} \tag{7-27}$$

$$W_{1B} = \{B_1, B_2, \cdots, B_m\} \tag{7-28}$$

在公式（7－27）中，$C_i = \{C_{i1}, C_{i2,} \cdots, C_{im_i}\}$，$m_i$ 为第 i 级指标包含的指标数，公式（7－28）中 B_i 与 C_i 意义相似。

3. 建立评价标准集

将目标层根据 Logistic 函数特点把应急能力发展现状划分为 n 个等级，建立评价标准集。根据 Logistic 函数增长速度的大小将应急现状分为四个等级，即与起步期、成长期、成熟期和稳定期对应的弱、临界、强和很强四个等级。

$$S = \begin{bmatrix} s_{11} & s_{12} & \cdots & s_{1n} \\ s_{21} & s_{22} & \cdots & s_{2n} \\ \vdots & \vdots & \vdots & \vdots \\ s_{m1} & s_{m2} & \cdots & s_{mn} \end{bmatrix} \tag{7-29}$$

公式中，m 为评价系统指标数，n 为评价系统等级数，s_{ij} 为第 i 个指标第 j 个等级的评价标准。

4. 根据评价指标集确定 Logistic 隶属函数，具体过程参考本节上半部分介绍

5. 根据隶属函数和各指标的实际值确定二级指标的隶属度

$$R = (R_1, R_2, \cdots, R_m)^T = \begin{bmatrix} r_{11} & r_{12} & \cdots & r_{1n} \\ r_{21} & r_{22} & \cdots & r_{2n} \\ \vdots & \vdots & \vdots & \vdots \\ r_{m1} & r_{m2} & \cdots & r_{mn} \end{bmatrix} \tag{7-30}$$

公式中，R_j 为第 j 级指标的隶属度，r_{ij} 为第 i 个指标属于第 j 等级的隶属度。

6. 分层模糊评价，确定一级指标与目标层的隶属指数

二级指标对一级指标的模糊评价，第 i 个一级指标的模糊评价为：

$$D_i = W_{1C} \circ R_i = (C_{i1}, C_{i2}, \cdots, C_{ij}, \cdots, C_{im_i})^T = \begin{bmatrix} r_{11} & r_{12} & \cdots & r_{1n} \\ r_{21} & r_{22} & \cdots & r_{2n} \\ \vdots & \vdots & \vdots & \vdots \\ r_{im_i1} & r_{im_i2} & \cdots & r_{im_in} \end{bmatrix}$$

$$= (d_{i1}, d_{i2}, \cdots, d_{ij}, \cdots, d_{in}) \; (i = 1, 2, \cdots, m) \qquad (7-31)$$

一级指标对目标层的模糊评价为：

$$V_i = W_{1B} \circ D = W_{1B} \circ \begin{bmatrix} C_1 \circ R_1 \\ C_2 \circ R_2 \\ \vdots \\ C_m \circ R_m \end{bmatrix} = (a_1, a_2, \cdots, a_i, \cdots, a_n) \qquad (7-32)$$

公式中，d_{ij}表示第 i 个指标的第 j 个等级的隶属指数，a_i为系统处于第 i 个等级的隶属指数，$\circ$为模糊矩阵的模糊算子。

7. 模糊算子的选择

在模糊运算中，涉及模糊关系运算 $W \circ R$，符号“$\circ$”即模糊算子，表示合成运算。理论上，广义模糊合成算子有无穷多种，一种模糊算子对应一种综合评价模型。在实际应用中，通常采用主因素决定型、主因素突出型和加权平均型三种类型[120]。

(1) 主因素决定型 $M(\wedge, \vee)$。$M(\wedge, \vee)$适用于通过单项评价最优就能得出综合评价最优的情况，因为其评价结果只取决于评价体系中起主要作用的那个因素，其他因素均不影响评价结果。

(2) 主因素突出型 $M(\bullet, \vee)$和 $M(\wedge, \oplus)$。与模型 $M(\wedge, \vee)$相似，主因素突出型运算更精细，评价结果更细腻，即突出主要因素又兼顾其他因素。

(3) 加权平均型 $M(\bullet, \oplus)$。根据权重大小，$M(\bullet, \oplus)$ 会均衡兼顾所有因素，一般适用于评价总和最大的情形。在 $M(\bullet, \oplus)$ 中，运算符“$\bullet$”与“$*$”一致，运算符“$\oplus$”与“$+$”一致，故加权平均型模型可以表示为：

$$d_j = \sum_{i=1}^{n} w_i r_{ij} \qquad (j = 1, 2, \cdots, m) \qquad (7-33)$$

由于突发事件应急能力评价涉及的因素很多，为了得到科学、合理的评价结果，需要充分考虑各种因素的影响，全面反映各因素评价的信息。因此，突发事件应急能力的综合评价一般都采用加权平均型模型 M（•,⊕），本书将使用加权平均型模型对突发事件应急能力进行评价。

8. 评价结果处理

根据以上评价过程得到的评价结果指标集 V_i，可以使用以下两种方法给出系统确定的评价结果。

（1）最大隶属度法：最大隶属度法就是只考虑最大评价指标对系统的贡献，舍去其他指标给系统提供的信息，具体做法是将与 $\max\limits_{1\leq i\leq n}\{a_i\}$ 相对应的元素 V_i作为评价结果。最大隶属法很难或者不能对存在多个最大评价指标的系统给出确定的评价结果。

（2）分值法：分值法综合考虑各个指标对系统的贡献，对指标各等级进行分值化，以 $\{a_i\}$ 作为权值，采用$\sum\limits_{i=1}^{m}a_iV_i$ 作为其最终评价结果，将该结果与各等级进行对比，从而判断系统属于哪一等级。

在实际应用中，根据具体情况选择评价方法。由于本书中没有对系统进行等级划分，只是对系统发展状况进行分析，故本书采用最大隶属度法对结果进行处理。

7.4　灾害事件应急能力评价的实证分析

7.4.1　广州市火灾情况分析

火灾，作为一种人为灾害，是指火源失去控制蔓延发展而给人民生命财产造成损失的一种灾害性燃烧现象。火灾还是一种终极型灾害，任何其他灾害最后都可能导致火灾。火灾能烧掉人类经过辛勤劳动创造的物质财富，使工厂、仓库、城镇、乡村和大量的生产、生活资料化为灰烬，在一定程度上影响着社会经济的发展和人们的正常生活。火灾还污染大气，破坏生态环境。火灾不仅使一些人陷于困境，它还涂炭生灵，夺去许多人的生命和健康，给他人造成难以磨灭的身心痛苦。

据世界火灾统计中心及欧洲共同体研究测算，如果火灾带来的直接损失占国民经济生产总值的2‰，整个火灾的损失将占国民经济生产总值的10‰以上。现代社会空前发展，积累了巨大的社会财富。特别是在城市地区，社会人口相对集中，建筑设施鳞次栉比，一旦发生火灾，会严重危害人们的生命财产安全，造成惨重的损失。因此，我国政府高度重视消防安全工作。在我国，火灾危害之烈，损失之巨，不亚于地震和洪水的危害。近年来，我国城市火灾频频发生，深圳、广州、上海、长沙、石河子、吉林、浙江等地发生的特大火灾所造成的危害及后果，给人们留下了极其深刻的印象，火灾给国家和人民的生命财产造成了巨大的损失。

广州市作为广东省的政治、经济、文化中心，近年来，广州市火灾灾情状况不断好转，其火灾发展状况如表 7 -7 所示。

表 7 -7　广州市近年火灾灾情情况表

年份	火灾起数（起）	死亡人数（人）	受伤人数（人）	直接财产损失（万元）
2005	7 179	31	48	557. 90
2006	7 557	24	42	530. 26
2007	1 237	18	11	1 328. 20
2010	1 164	13	9	1 636. 64

从表 7 -7 可以看出，从 2005 年到 2010 年，广州市火灾受灾程度都在不断减少，尤其是伤亡人数，说明人们的消防意识在不断提高，消防人员的救灾能力在不断加强，而这一切都归功于近年来不断提升的火灾应急能力。为了更好地了解当前广州市火灾应急能力发展状况，更好地完善火灾应急能力机制，本书将从统计学角度建立广州市火灾应急能力指标体系，运用 7. 3. 1 中设计的基于 Logistic 隶属函数的应急能力发展现状评价模型对广州市火灾应急能力发展状况进行评价。

7. 4. 2　火灾事件应急能力指标体系的构建

无论是哪一类突发事件，建立的应急能力评价指标体系都应该从系统的角度，综合考虑突发事件的灾害立法、应急救援预案、应急机构、应急资源、致灾环境和灾后恢复等方面，应该能够覆盖处理灾害的整个过程，并能够系统地反映突发事件应急过程中存在的优势和不足。

本书将从统计学角度来研究突发事件应急能力，不从时间上考虑突发事件应急能力评价过程。根据突发事件应急管理部门功能建立的火灾事件应急能力评价指标体系框架如表 7 -8 所示。

表7-8 火灾事件应急能力评价指标体系框架

目标层	一级指标	二级指标	指标特征描述
火灾事件应急能力	监测预警能力	威胁性识别	对突发事件类型、风险源、频率的识别能力
		脆弱性识别	对突发事件所影响的人、物的识别、分析能力
		监测	对突发事件的监测范围、技术和水平
		预警	对突发事件的预警实时性和预警范围
	社会控制能力	法规标准	突发事件相关法规标准完善程度和实施程度
		机构职责	应急机构职责落实程度和完善程度
		应急预案	突发事件应急预案完善程度和实施程度
		宣传教育	接受义务教育百分比，应急宣传的普及率
		培训演练	突发事件演练周期、次数
	政府反应能力	快速反应	是否建立有紧急救援中心及建立时间
		资源整合	资金调动、职责分工、对突发事件的分析能力以及组织社会团体和志愿者的能力
		部门协调	相关部门的配合程度
		动员能力	调动社会各界力量参加救援时间
	公众反应能力	应急意识	公众对突发事件的了解程度
		应急行为	公众自救、互救和救物能力
		心理康复	突发事件发生时公众心理素质、康复时间
	紧急救援能力	通信报警	报警专线达标率，电话、手机普及率
		指挥协调	救援队伍应急指挥协调水平
		抢险抢救	每万居民拥有的消防人员、医生人数
		疏散避难	人口密度、人均道路面积和绿地面积
		治安交通	每万居民拥有的警察人数和道路面积
		评估清理	突发事件评估准确程度、清理时间和程度
		善后处理	突发事件善后处理的满意程度
		恢复重建	突发事件后的恢复重建时间
	资源保障能力	应急人员	每万居民拥有的应急人员、技术专家数
		应急物资	应急物资储备（含社会捐赠）情况
		应急装备	装备研发和购置投入数
		灾害保险	人均承保额（元/人）

在表 7－8 的火灾事件应急能力评价指标体系中，将整个应急系统分为 6 个子系统和 28 个指标。运用该指标体系对广州市的火灾应急能力现状与发展趋势进行分析和研究。

7.4.3　突发事件应急能力评价指标量化标准

以上所建立的应急能力评价指标具有很强的模糊性与不确定性，确定评价指标的量化标准界限的划分也带有很强的不确定性。本书将结合标准法和参照系数法对所建立的评价指标进行量化，其量化标准如表 7－9 至表 7－14 所示。

表 7－9　政府反应能力量化标准

指标	标准描述
快速反应	根据是否建立有紧急救援中心及建立时间分为 4 级： 事件发生前，分值为 5 事件发生后 10 分钟内，分值为 4 事件发生后 10～15 分钟内，分值为 3 灾害发生 15 分钟后或没有此环节，分值为 2
资源整合	资金调动、职责分工、分析突发事件的能力以及组织社会团体和志愿者的能力
部门协调	相关部门的配合程度分为 4 级： 配合默契，分值为 5 配合效果欠佳，分值为 4 协调，但配合不理想，分值为 3 不够协调，配合不够理想，分值为 2
动员能力	调动社会各界力量参加救援的时间

表 7－10　资源保障能力量化标准

指标	标准描述
应急人员	根据每万居民拥有的专职应急人员数（N_4）、兼职应急人员数（N_5）和技术专家数（N_6）来确定，即 $Y=\frac{N_4+N_5+N_6}{3}$
应急物资	应急储备金、应急储备物资和社会捐赠物资占城市全年产值的比重
应急装备	装备研发和装备购买的总投入占城市年产值的比重
灾害保险	受灾地居民的人均承保额（元/人）

表 7－11　公众反应能力量化标准

指标	标准描述
应急意识	通过抽样调查数据，根据对突发事件、损失和应急措施的了解程度，采用抽样调查的方式获得数据
应急行为	用公众自救能力（K_1）、互救能力（K_2）和救物能力（K_3）表示（运用抽样调查获得），即为$\frac{K_1+K_2+K_3}{3}$，三种能力指标采用 4 级标度量化
心理康复	根据突发事件发生时公众的心理素质和发生后的心理康复能力分为 4 级： 完全能够面对突发事件，事后对心理不产生影响，分值为 5 完全能够面对突发事件，事后对心理产生一定影响，分值为 4 不能完全面对突发事件，事后对心理产生一定影响，分值为 3 不能完全面对突发事件，事后对心理产生很大或一定影响，分值为 2

表 7－12　社会控制能力量化标准

指标	标准描述
法规标准	根据政府应急管理政策、针对应急的法规和应急规划的设计完善程度和实施程度，分为 4 级： 设计合理，完全落实，分值为 5 设计合理，没有完全落实，分值为 4 设计较合理，完全落实，分值为 3 设计不太合理，部分落实，分值为 2
机构职责	根据政府、应急管理组织在应急管理中职责的完善程度和落实程度，分为 4 级： 职责完善，并完全发挥其职责，分值为 5 职责完善，未完全发挥其职责，分值为 4 职责较完善，完全发挥其职责，分值为 3 职责不够完善，部分发挥其职责，分值为 2
应急预案	根据应急预案种类、完善程度和实施程度，分为 4 级： 应急预案分类详细，设计合理并完全实施，分值为 5 应急预案分类详细，设计合理并未完全实施，分值为 4 应急预案分类较详细，设计较合理，并完全实施，分值为 3 应急预案分类较详细，设计较合理，未完全实施，分值为 2

（续上表）

指标	标准描述
宣传教育	用公众接受义务教育百分比（T_1）和应急教育普及率（T_2）表示，即 $\sqrt[2]{T_1T_2}$
培训演练	以每年应急演练培训次数直接量化或根据演练周期分为 4 级： 每 3 个月举行突发事件仿真演习，分值为 12 每 6 个月举行突发事件仿真演习，分值为 8 每 12 个月举行突发事件仿真演习，分值为 6 每 18 个月或以上举行突发事件仿真演习，分值为 4

表 7－13　紧急救援能力量化标准

指标	标准描述
通信报警	根据电话普及率（P_4）、手机普及率（P_5）和报警专线达标率（P_6）来确定，即为 $J=\sqrt[3]{P_4P_5P_6}$
指挥协调	根据应急组织内部、应急管理机构和其他机构之间、国内与其他城市之间进行指挥协调的情况分为 4 级： 在三个方面都能够进行很好的协调，分值为 5 在组织内部、应急管理机构和其他机构之间能够较好地协调，分值为 4 在组织内部能够进行很好的协调，对其他两项较好地协调，分值为 3 在组织内部不能进行很好的协调，分值为 2
抢险抢救	根据每万户居民拥有的消防人员数（N_1）、医生人数（N_2）来确定，即 $Q=\sqrt[2]{N_1N_2}$
疏散避难	根据人均道路面积（M_1）、人均公共绿地面积（M_2）来确定，即 $S=（\sqrt[2]{M_1M_2}$
治安交通	根据每万居民拥有警察数量（N_3）、人均道路面积（M_1）来确定，即 $Z=\sqrt[2]{N_3M_1}$
评估清理	根据突发事件评估准确度和清理速度分为 4 级： 评估准确，早于规定时间内清理完，分值为 5 评估较准确，早于规定时间内清理完，分值为 4 评估较准确，在规定时间内清理完，分值为 3 评估不准确，或没有在规定时间内清理完，分值为 2

（续上表）

指标	标准描述
善后处理	根据突发事件结案率（P_7）和善后处理满意程度（P_8）来确定，即 $SH=\sqrt[2]{P_7P_8}$
恢复重建	根据突发事件后恢复正常生活的时间定位分为 4 级： 恢复时间比预定时间短，分值为 5 恢复时间和预定时间相当，分值为 4 恢复时间比预定时间长，分值为 3 恢复时间比预定时间长一年以上，分值为 2

表 7－14　监测预警能力量化标准

指标	标准描述
威胁性识别	完全辨识威胁因素、事件类型、范围和概率，分值为 5 完全辨识威胁因素、事件类型、基本的风险范围和概率，分值为 4 辨识主要威胁因素、事件类型、基本的风险范围和概率，分值为 3 未辨识主要威胁因素，辨识了事件类型、部分风险范围和概率，分值为 2
脆弱性识别	准确地评估事故脆弱带内的人员密度和财产状况，分值为 5 能够评估事故脆弱带内的人员密度和财产状况，分值为 4 能够部分确定脆弱带内的人员密度和财产状况，分值为 3 不能准确确定事故脆弱带内的人员密度和财产状况，分值为 2
监测	用突发事件监测网络的覆盖范围的百分比来表示
预警	运用电脑（P_1）、电视（P_2）、广播（P_3）和电话（P_4）普及率来表示，即 $\sqrt[4]{P_1P_2P_3P_4}$

7.4.4　评价标准和数据来源

根据建立的评价标准，进行数据收集和整理，数据主要来源于《广州统计年鉴》（2001—2008 年）、《火灾年鉴》（2001—2008 年），部分标准参考了秦寿康《综合评价原理与应用》[120] 中的标准和数据。

表 7－15 评价标准体系的评价标准

子系统	指标	弱	临界	强	很强
监测预警能力	监测	60%	70%	80%	90%
	预警	30%	40%	60%	80%
	威胁性识别	2	3	4	5
	脆弱性识别	2	3	4	5
社会控制能力	应急预案	2	3	4	5
	宣传教育	30%	40%	60%	80%
	机构职责	2	3	4	5
	培训演练	4	6	8	12
	法规标准	2	3	4	5
政府反应能力	快速反应	2	3	4	5
	动员能力	2	3	4	5
	资源整合	2	3	4	5
	部门协调	2	3	4	5
公众反应能力	应急行为	60%	70%	80%	90%
	应急意识	60%	70%	80%	90%
	心理康复	2	3	4	5
紧急救援能力	抢险抢救	10	20	30	40
	疏散避难	5	8	10	15
	通信报警	30%	40%	60%	80%
	指挥协调	2	3	4	5
	治安交通	4	6	8	10
	善后处理	30%	40%	60%	80%
	恢复重建	2	3	4	5
	评估清理	2	3	4	5
资源保障能力	应急人员	2	10	15	20
	应急物资	0.004	0.006	0.008	0.01
	应急装备	0.000 4	0.000 6	0.000 8	0.001
	灾害保险	40	60	80	100

根据突发事件应急能力发展现状特点，将广州市火灾应急能力分为 4 个等级，即应急能力弱、临界、强和很强。建立的实际评价指标体系的评价标准如表 7－15 所示。

采集数据运用 7.4.2 中的处理方式进行处理，得到的数据处理结果如表 7－16 所示。

表 7－16　各指标各年应急能力调查数据表

指标	年份							
	2001	2002	2003	2004	2005	2006	2007	2008
监测	0.55	0.56	0.59	0.56	0.57	0.59	0.61	0.63
预警	0.54	0.55	0.56	0.55	0.58	0.56	0.59	0.61
威胁性识别	2.27	2.45	2.98	2.73	2.94	3.12	3.17	3.31
脆弱性识别	2.09	2.18	2.24	2.31	2.14	2.33	2.42	2.62
应急预案	2.32	2.37	2.47	2.42	2.42	2.44	2.46	2.46
宣传教育	0.24	0.26	0.28	0.3	0.3	0.31	0.32	0.33
机构职责	2.36	2.38	2.42	2.41	2.41	2.43	2.44	2.47
培训演练	4.75	4.86	5.15	5.12	5.12	5.34	6.02	6.81
法规标准	3.39	3.41	3.45	3.43	3.44	3.47	3.51	3.51
快速反应	2.01	2.55	3.2	3.4	3.21	3.56	4.14	4.3
动员能力	2.54	2.64	3.63	3.51	3.62	3.74	4.21	4.3
资源整合	2.22	2.61	3.68	3.14	3.71	3.85	3.97	4.05
部门协调	2.43	2.71	3.25	2.93	3.24	3.66	4.11	4.21
应急行为	0.45	0.46	0.52	0.5	0.51	0.51	0.54	0.56
应急意识	0.51	0.54	0.59	0.57	0.57	0.58	0.62	0.64
心理康复	2.54	2.56	2.67	2.61	2.61	2.63	2.64	2.7
抢险抢救	11.00	12.00	24	18.00	20.00	24.00	28.00	31.00
疏散避难	6.00	8.00	14	13.00	13.50	13.80	14.00	14.20
通信报警	0.22	0.23	0.32	0.33	0.34	0.65	0.68	0.74
指挥协调	2.22	2.27	3.36	3.35	3.36	3.41	4,43	4.43
治安交通	5.50	6.00	7.1	6.40	7.00	7.80	8.00	9.00
善后处理	0.34	0.42	0.44	0.45	0.47	0.51	0.51	0.52

（续上表）

指标	年份							
	2001	2002	2003	2004	2005	2006	2007	2008
恢复重建	2.43	2.51	2.53	2.54	2.54	2.57	2.59	2.61
评估清理	1.42	1.47	1.52	1.55	1.55	1.58	1.61	1.62
应急人员	4.00	8.00	16.00	14.00	15.00	18.00	18.5	20.00
应急物资	0.006	0.005	0.008	0.008 4	0.008 6	0.008 7	0.009	0.009 1
应急装备	0.000 6	0.000 65	0.000 7	0.000 8	0.000 84	0.000 9	0.000 92	0.000 95

7.4.5　突发事件应急能力发展现状评价过程

7.4.5.1　一级指标、二级指标的权值确定

根据7.4.2中所建立的评价指标体系，运用郭亚军教授改进的AHP方法—G1法对各子系统指标进行排序、赋重要性比较值，得到一级指标之间、二级指标之间的判断矩阵，根据判断矩阵得到各级指标的权值。

表7－17　指标之间、子系统之间的重要性比较判断表

指标一	比较判断序列生成表					指标二
	同样重要	稍微重要	明显重要	强烈重要	极端重要	
监测（C1）		1.2				预警（C2）
预警（C2）			1.4			脆弱性识别（C3）
脆弱性识别（C3）			1.4			威胁性识别（C4）
应急预案（C5）			1.4			宣传教育（C6）
宣传教育（C6）			1.4			机构职责（C7）
机构职责（C7）				1.6		培训演练（C8）
培训演练（C8）					1.8	法规标准（C9）
快速反应（C10）				1.6		动员能力（C11）
动员能力（C11）		1.2				资源整合（C12）
资源整合（C12）	1					部门协调（C13）
应急行为（C14）			1.4			应急意识（C15）

（续上表）

指标一	比较判断序列生成表					指标二
	同样重要	稍微重要	明显重要	强烈重要	极端重要	
应急意识（$C15$）					1.8	心理康复（$C16$）
抢险抢救（$C17$）			1.4			疏散避难（$C18$）
疏散避难（$C18$）		1.2				通信报警（$C19$）
通信报警（$C19$）				1.6		指挥协调（$C20$）
指挥协调（$C20$）	1					治安交通（$C21$）
治安交通（$C21$）		1.2				善后处理（$C22$）
善后处理（$C22$）	1					恢复重建（$C23$）
恢复重建（$C23$）		1.2				评估清理（$C24$）
应急人员（$C25$）			1.4			应急物资（$C26$）
应急物资（$C26$）			1.4			应急装备（$C27$）
应急装备（$C27$）				1.6		灾害保险（$C28$）
紧急救援能力（$B5$）				1.6		监测预警能力（$B1$）
监测预警能力（$B1$）			1.4			政府反应能力（$B3$）
政府反应能力（$B3$）		1.2				公众反应能力（$B4$）
公众反应能力（$B4$）		1.2				资源保障能力（$B6$）
资源保障能力（$B6$）	1					社会控制能力（$B2$）

根据专家意见，得到的一级指标之间、二级指标之间的重要性比较判断结果如表7－17所示。为了表述与计算方便，在该表中，指标序号即为各级指标重要性排列顺序，如在监测预警能力子系统中，指标重要性排序为：监测＞预警＞脆弱性识别＞威胁性识别，相应的指标序号排列顺序为：$C1 > C2 > C3 > C4$；在该表中，左侧指标（指标一）比右侧指标（指标二）重要，指标重要程度用表中相应数值表示，重要程度值来源于表4－7介绍的G_1法中的参考标准。根据比较判断表，运用G_1法，可以得到二级指标与一级指标权值，得到的各级指标的权值如表7－18中的权值列。

从表7－18中的权值来看，G_1法很好地体现了专家的意图取向，各指标权值的大小严格按照专家权衡的重要程度来体现，充分发挥了专家的聪明才智和丰富经验。不可否认的是，该指标权值不能很好地体现其客观性，这也是由指标本身的特点决定的。

7.4.5.2 指标隶属度与隶属指数的确定

1. 二级指标权值与隶属度的确定

根据所建立的指标评价标准以及所获得的2008年应急能力指标数据，运用改进的Logistic隶属函数，得到的2008年二级指标的隶属度如表7-18所示。

表7-18 二级指标的权值与隶属度（2008年）

一级指标	二级指标	隶属度矩阵				权值
		弱	临界	强	很强	
监测预警能力（*B*1）	监测	0.6667	0.3333	0	0	0.3504
	预警	0	0	0.8262	0.1738	0.292
	威胁性识别	0	0.659	0.341	0	0.2086
	脆弱性识别	0.3983	0.6017	0	0	0.149
社会控制能力（*B*2）	应急预案	0.535	0.465	0	0	0.3676
	宣传教育	0.6667	0.3333	0	0	0.2626
	机构职责	0.5264	0.4736	0	0	0.1875
	培训演练	0	0.5818	0.4182	0	0.1172
	法规标准	0	0.4919	0.5081	0	0.0651
政府反应能力（*B*3）	快速反应	0	0	0.6667	0.3333	0.375
	动员能力	0	0	0.6667	0.3333	0.2344
	资源整合	0	0	0.8262	0.1738	0.1953
	部门协调	0	0	0.732	0.268	0.1953
公众反应能力（*B*4）	应急行为	1	0	0	0	0.4737
	应急意识	0.586	0.414	0	0	0.3383
	心理康复	0.3343	0.6657	0	0	0.188
紧急救援能力（*B*5）	抢险抢救	0	0	0.7999	0.2001	0.2543
	疏散避难	0	0	0.2364	0.7636	0.1817
	通信报警	0	0	0.3343	0.6657	0.1514
	指挥协调	0	0	0.5607	0.4393	0.0946
	治安交通	0	0	0.5005	0.4995	0.0946

(续上表)

一级指标	二级指标	隶属度矩阵				权值
		弱	临界	强	很强	
紧急救援能力(*B*5)	善后处理	0	0.415	0.585	0	0.078 8
	恢复重建	0.406 6	0.593 4	0	0	0.078 8
	评估清理	1	0	0	0	0.065 7
资源保障能力(*B*6)	应急人员	0	0	0.151 3	0.848 7	0.393 2
	应急物资	0	0	0.457 4	0.542 6	0.280 8
	应急装备	0	0	0.297	0.703	0.200 6
	灾害保险	0	0.201 1	0.798 9	0	0.125 4

2. 一级指标与目标层的隶属指数的确定

运用加权平均型 $M(\bullet, \oplus)$ 模糊模型对二级指标的隶属度和权值进行运算，得到的火灾事件一级指标与整个应急能力系统的等级隶属指数，如表7－19所示。

表7－19　一级指标与目标层的隶属指数(2008年)

目标层	一级指标	隶属指数				权值
		弱	临界	强	很强	
火灾事件应急能力系统	监测预警能力	0.293 0	0.343 9	0.312 4	0.050 7	0.326 4
	社会控制能力	0.470 4	0.447 5	0.082 1	0	0.204 0
	政府反应能力	0	0	0.710 6	0.289 4	0.145 7
	公众反应能力	0.734 8	0.265 2	0	0	0.121 4
	紧急求援能力	0.097 7	0.079 5	0.443 5	0.379 2	0.101 2
	资源保障能力	0	0.025 2	0.347 7	0.627 1	0.101 2
系统应急能力现状		0.290 7	0.246 3	0.302 3	0.160 6	—

从隶属指数来看，2008年，广州市火灾应急能力较强，处于成熟阶段，较强阶段的隶属指数为0.302 3，但所占的比重并不占绝对优势，说明广州市应急能力还不稳定，需要不断建设，以便达到稳定阶段。从子系统来看，广州市的公众反应能力还比较弱，说明该地区民众应急行为、应急意识还比较薄弱，需要政府不断加大教育、宣传力度，以提高整个地区的民众的应急能力意识。

3. 系统应急能力发展过程分析

运用分析广州市2008年火灾应急能力现状的步骤，分别可以得到2001—

2008 年各年的应急能力现状，如表 7－20 所示。根据表 7－20 得到广州市火灾应急能力发展过程，如图 7－5 和图 7－6 所示。

表 7－20 广州市各年火灾应急能力隶属指数（2001—2008 年）

时间	应急能力发展现状			
	起步期	成长期	成熟期	稳定期
2001	0.666 6	0.264 5	0.076 2	0
2002	0.581 7	0.338 0	0.084 4	0
2003	0.416 1	0.331 3	0.228 5	0.028 2
2004	0.434 4	0.344 5	0.202 8	0.021 2
2005	0.419 8	0.323 1	0.233 8	0.033 0
2006	0.377 6	0.279 7	0.281 0	0.061 6
2007	0.326 6	0.254 2	0.315 3	0.105 3
2008	0.290 7	0.246 3	0.302 3	0.160 6

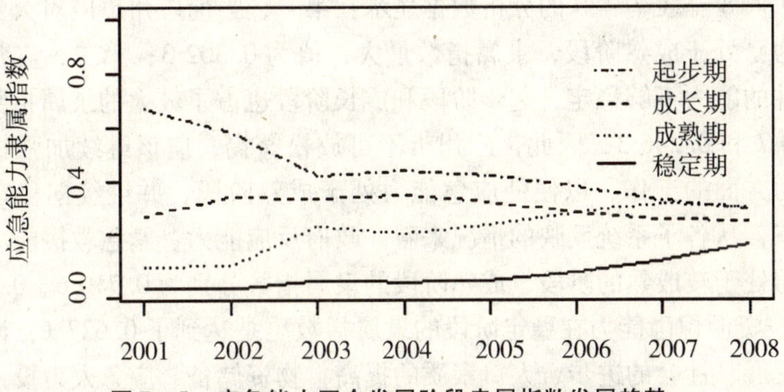

图 7－5 应急能力四个发展阶段隶属指数发展趋势

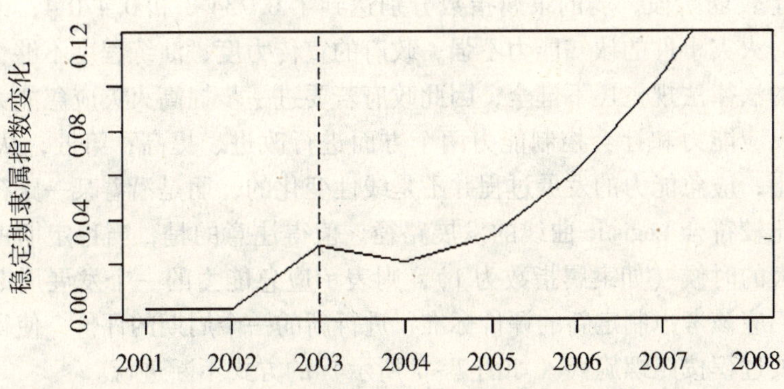

图 7－6 稳定期隶属指数发展变化趋势

从表 7 - 20 可以看出，广州市火灾应急能力在不断提高，稳定期的隶属指数从 2002 年的 0 增加到了 2008 年的 0.160 6，这与近年来广州市不断减少的火灾事故与火灾伤亡人数相吻合。图 7 - 5 显示，应急能力起步期、成长期的隶属指数在不断减小，而成熟期与稳定期的隶属指数在不断增加，说明广州市应急能力不断向较高层次发展。从稳定期发展过程来看，在 2003 年有一个大的跳跃，这与 2003 年这个特殊的年份有极大的关系。2003 年，全国上下都发生了不同程度的突发事件，尤其是“非典”灾害，给国家和人民带来了巨大的经济和社会损失，这也极大地引起了国家对突发事件的重视，从而加大了应急物资等方面的投入。在这样的环境下，由于外部效应，该地区的整体应急能力也得到了较大的提高，但应急系统的其他方面并没有得到很大的改善，因而在 2004 年，当应急物资等投入减少时，整体应急能力回落，随后沿着某一正常发展路径稳步上升。

7.4.5.3 火灾应急能力结果分析

表 7 - 18 至表 7 - 20 的分析数据显示：第一，当前广州市应对火灾事件的应急能力已处于成熟阶段，隶属指数最大，值为 0.302 3；第二，广州市应对火灾事件的能力不够稳定，起步阶段和成长阶段也占了较大的隶属指数，分别为 0.290 7 和 0.246 3，因此，广州市不可放松警惕，应该继续加强提高火灾应急能力方面的工作，以便使应急能力处于成熟阶段，并继续向稳定阶段迈进；第三，从各子系统反映的情况来看，政府反应能力、紧急救援能力和资源保障能力处于较成熟的阶段，成熟阶段的隶属指数分别为 0.710 6、0.443 5 和 0.347 7，资源保障能力在稳定阶段的隶属指数更是达到了 0.627 1，说明随着经济的发展、社会的进步、人口素质的提高，物资储备、应急人力投入和政府协调等各方面都得到了较大的提高；第四，广州市公众反应能力和社会控制能力还处于较弱阶段，弱的隶属指数分别达到了 0.734 8 和 0.470 4，说明广州市人口对火灾事件的认知能力不强，政府的宣传力度、演练程度不够，火灾应急方面的法律法规也还不健全，因此政府若要进一步提高火灾应急能力，可以从公众反应能力和社会控制能力两个方面进行改进、提高；第五，从图 7 - 6 可以看出，应急能力的发展过程并不是线性变化的，而是沿着某一路径曲线变化的，比较符合 Logistic 曲线的发展路径。值得注意的是，当稳定期占的隶属指数过大的时候（如隶属指数为 1），则表示应急能力的一个发展周期已经结束，我们应该考虑制定新的评价标准，进行新的一个周期的评价，使得应急能力的发展过程按照螺旋式（如图 7 - 7 所示）的方式不断进行。

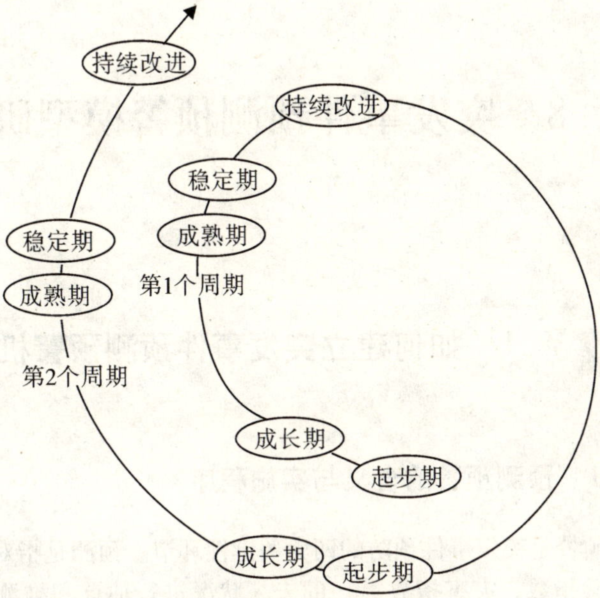

图 7－7 应急能力可持续发展过程

7.5 本章小结

本章主要从以下几个方面对突发事件的应急技术进行了研究：

（1）介绍了突发事件应急能力的内涵及其评价过程。

（2）从统计学角度对突发事件应急能力评价指标体系的构建原则、指标筛选方法以及指标标准进行了研究。

（3）提出了基于 Logistic 曲线的突发事件应急能力发展过程并建立了基于 Logistic 隶属函数的突发事件应急能力发展现状评价模型，为以后的火灾应急能力评价奠定了基础。

（4）从统计学角度建立了火灾事件的应急能力评价指标体系，运用该指标体系对广州市火灾事件的应急能力进行了评价。评价结果显示，广州市火灾应急能力发展按照曲线变化，火灾应急能力在不断加强，到 2008 年，火灾应急能力处于成熟阶段，但不够稳定。

（5）得出了理想的可持续发展的城市火灾应急能力发展过程是螺旋式周期性发展的结论。

8 突发事件预测预警模型研究

8.1 如何建立突发事件预测预警机制

8.1.1 预测预警的含义与实施程序

预测预警是突发事件预防的两大关键性环节。预测是指对突发事件的某些特征（风险指数、灾害指数等）的未来状况进行估计和推测，即由已知推测未来。这包含了两个方面的含义：第一，根据过去已有的历史资料和当前的实际情况，使用科学的理论和方法分析和推测未来可能出现的情况；第二，估计和推测已知事件的未来状况。预测不是只预计推测某一瞬间的行动，而应该被看作一个过程，预测过程如图 8－1 中的方框部分所示。

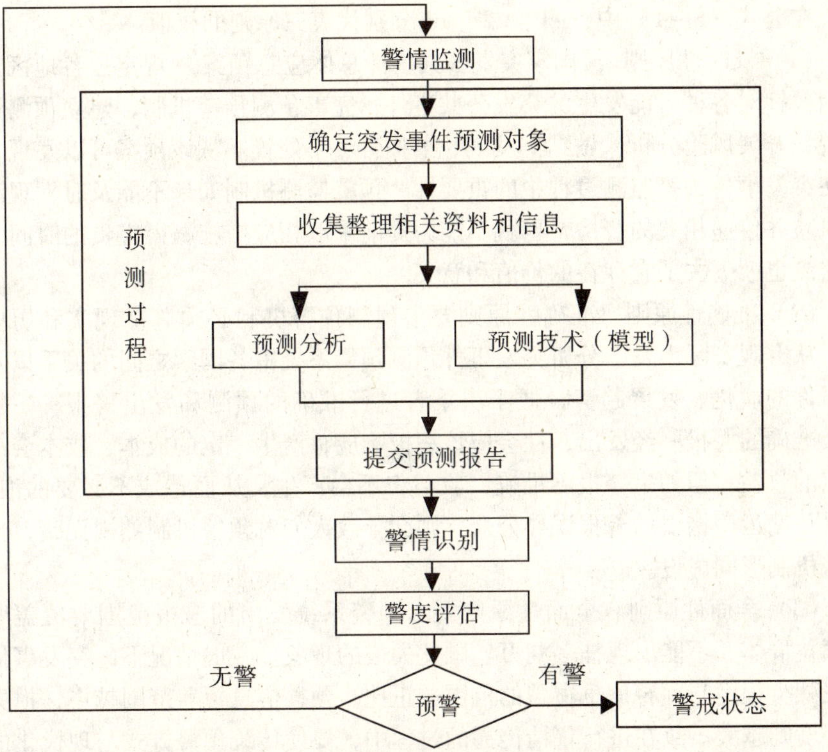

图8－1　突发事件预测预警实施程序

预警是指根据预测估计和推测的结果，确定警情的大小，判断是否发出警告，促使社会公众采取响应行动，减小突发事件的不利影响。预警最早是应用于军事领域，通过各种手段提前发现、分析和判断敌情，并将其威胁程度报告给指挥部，以提前采取应对措施的活动，后来，预警逐渐被应用到政治、经济、社会和自然等领域。在应急管理中，预警主要是指危险要素还没有转变为突发事件之前，将有关风险信息及时告知潜在的受影响者，使其采取必要的行动，做好预防的准备。预警分为及时性预警和决策性预警，由于技术限制，这里仅仅只是进行了决策性预警，即时效性并不是很强的预警。其预测与预警的关系参见图8－1。

8.1.2　预测预警遵循的原则

为了充分发挥突发事件的预测预警机制的效果，在构建预测预警机制的过程中必须遵守以下三个原则。预测预警效果与三原则是正比关系，即

$$预测预警效果 = w1 \times 及时性 + w2 \times 准确性 + w3 \times 全面性 \qquad (8-1)$$

在公式（8-1）中，$w1$、$w2$、$w3$ 分别代表三原则的权值。

（1）及时性原则。《国家突发公共事件总体应急预案》规定：各地区、各部门要针对各种可能发生的突发公共事件，完善预测预警机制，建立预测预警系统，开展风险分析，做到早发现、早报告、早处置。从该预案可以发现及时性在突发事件预警监测过程中的重要性。预警监测机制如果不能及时发现潜在的风险并传递相关的警情，也就不能为提前采取相应措施赢得宝贵的时间，预警监测也就失去了它存在的价值和意义。

（2）准确性原则。准确性原则要求预测预警机制必须尊重现实和历史资料，从客观实际出发，分析突发事件预测预警系统中各因素之间的关系以及突发事件的演化、发展趋势，便于决策者进行准确的预测和发出警报。一般来说，准确的警报一经发出，社会应该积极响应，产生一定的成本，成本会产生一定的收益；但如果警报不准确，收益将不会产生，从而造成不必要的浪费。如果长期运用错误的警报误导公众，则会导致人们对预警机制熟视无睹，预测预警机制形同虚设。

（3）全面性原则。全面性原则要求预警系统发出的警报范围要覆盖所有的利益群体，不能出现挂一漏万、顾此失彼的现象。一般情况下，突发事件的损失减少程度与预警信息覆盖的范围成正比，预警信息覆盖范围越广，损失减少程度则越大。故在进行警情传播的过程中，要使传统预警方式与现代化的预警方式相结合，尽可能地覆盖更多的利益群体，同时，在传播警情的过程中，要特别关注老人、小孩、残疾人等弱势群体。

8.2 突发事件灾害程度预测模型研究

突发事件的预测过程实质上是突发事件的事前风险评估过程，突发事件往往具有随机性特点，引起突发事件的原因往往也很复杂，这些都给突发事件的预测带来了很大的难度。一般来说，突发事件预测需要遵循可知性、连续性和可类推性原理。

突发事件的预测通常包括了预测目标、预测信息、预测模型和预测结果 4 个部分。预测模型是预测过程中的核心部分，它对预测结果具有举足轻重的作用，模型选择得好，则预测结果的精确度就高，对决策、预警具有指导性的意义，否则，则会误导决策者作出错误的决策。据不完全统计，当前各类预测方法有 300 多种，因此，针对具体的预测对象，选择合适的预测模型是一项技术性要求极高的工作，它要求决策者既要掌握多种预测方法和技术，又要拥有灵活运用这些技术和方法的能力。

由于影响预警监测系统的因素多且复杂，加上人在认知上的局限性，常规数学方法很难结合或利用专家和决策者在预测与评价的选择和判断过程中所蕴含的经验知识和智慧，很难利用思维规律和人脑的智能特征，进行定性与定量计算的综合集成。为此，钱学森指出："在解决复杂系统问题时，在难于或不宜建立数学模型的场合，要利用人的知识经验和人工智能、模糊识别等方法建立知识模型，越过数学模型的障碍，直接由知识模型转化为计算机模型，这样采用知识模型与数学模型相结合，形成广义模型，便于处理复杂系统的模型化问题。"[121]当前，投影寻踪、遗传算法、人工神经网络、灰色理论和模糊集值理论已经成为建立和发展这类广义模型的最有效方法。

本书将根据突发事件时间序列数据的特点，结合人工智能和工程技术方法，在前人研究的基础上，建立突发事件长期随机时间序列与短期随机时间序列模型，为决策者提供可信的决策依据。

8.2.1 长期随机时间序列预测模型

8.2.1.1 ARIMA 时间序列预测原理

ARIMA 模型是线性时间序列预测模型中最为经典的方法，对大多数时间序列模型都能给出较好的预测结果。但在突发事件的发展过程中，由于突发事件具有随机性强的特点，突发事件的时间序列并不是线性关系。因此，在对突发事件进行预测的过程中，既要充分考虑突发事件的规律性特征（时间序列的线性部分），也要考虑突发事件的随机性特征（时间序列的非线性部分）。这里，我们将突发事件的时间序列分为线性部分和非线性部分，线性部分将运用 ARIMA 模型来进行预测，而非线性部分则可以使用投影寻踪技术来处理，并对两部分预测结果进行有机结合，以期得到科学、准确的预测结果。这里只介绍 ARIMA 时间序列模型，投影寻踪技术的原理见 4.3.3 部分的介绍。

1. 平稳性检验

由于突发事件时间序列具有较强的随机性，故在对时间序列进行预测之前，需要对时间序列进行平稳性检验。平稳性检验有多种方法，如时序图检验法、相关系数检验法、逆序检验法、KPSS 检验、游程检验法与单位根检验法等。

对于只是简单地确定时间序列的平稳性，可以采用简单易行的时序图检验法、相关系数检验法。对于平稳时间序列，它的自相关函数和偏相关函数要么是拖尾的，要么是截尾的，也就是说平稳序列通常只具有短期的相关性。如果时间序列的自相关函数与偏相关函数都很快衰减到零，则可以认为序列是平稳的，否则认为是非平稳的。对于需要给出具体分析结论的平稳性检验，则可以使用单位根检验法或 KPSS 检验等。表 8－1 给出了各类平稳性检验方法的检验规则。

表 8－1　平稳性检验方法的检验规则

<table>
<tr><th>检验规则</th><th>规则介绍</th><th>适用方法</th><th>注意事项</th></tr>
<tr><td>P 规则</td><td>P 值小于临界值，则拒绝原假设</td><td>提供了 P 值的所有检验方法</td><td rowspan="3">所有假设条件中，KPSS 检验的原假设的时间序列是平稳的，其余的检验方法假设条件都与 KPSS 检验相反</td></tr>
<tr><td rowspan="2">临界值法</td><td>左侧单边：统计量小于临界值，则接受原假设</td><td>ADF、DFGLS、PP、NP</td></tr>
<tr><td>右侧单边：统计量大于临界值，则接受原假设</td><td>KPSS、ERS</td></tr>
</table>

2. *差分算子平稳性处理*

将非平稳数据处理为平稳序列有多种方法，如差分算子、季节差分和对数差分等，而比较常用的方法为运用差分运算来消除其非平稳性。即对非平稳时间序列进行差分，可以使非平稳时间序列化为平稳序列。

设时间序列 $\{X_t\}$ 的一阶差分为：$\Delta X_t = \Delta X_t - \Delta X_{t-1}$，对一阶差分序列再进行一阶差分得到 $\{X_t\}$ 的二阶差分，即 $\Delta^2 X_t = \Delta X_t - \Delta X_{t-1} = (X_t - X_{t-1}) - (X_{t-1} - X_{t-2})$，以此类推，则 $\{x_t\}$ 的 k 阶差分可表示为：$\Delta^k X_t = \Delta^{k-1} X_t - \Delta^{k-1} X_{t-1}$。

设 $\Delta = 1 - L$，则 $\Delta X_t = X_t - X_{t-1} = X_t - LX_t = (1-L)X_t$，$L$ 为时滞算子。故对于 d 阶差分算子，进行二次项展开，可以得到：

$$\begin{aligned}\Delta^d &= (1-L)^d = \sum_{i=0}^{d}(-1)^i L^i \\ &= 1 - C_d^1 L + C_d^2 L^2 + \cdots + (-1)^{d-1} C_d^{d-1} L^{d-1} + (-1)^d L^d\end{aligned} \tag{8-2}$$

由差分算子的性质可知，对于具有一次性线性趋势的观测数据，经过一次差分后可以得到平稳序列，对于二次抛物线趋势曲线，二次差分可以得到平稳序列，以此类推，则 d 次多项式序列，则可以通过 d 次差分得到平稳序列。

3. *ARIMA 时间序列线性预测过程*

ARIMA 模型是由 Box－Jenkins 提出的一种建模理论[122][123][124][125]。

定义 1：设 X_t 是非平稳时间序列，则对 X_t 做 d 阶差分后得到的表达式为：

$$\nabla^d X_t = Y_t \tag{8-3}$$

若 Y_t 满足 ARMA(p,q) 模型，则有：

$$Y_t = c + \varphi_1 Y_{t-1} + \varphi_2 Y_{t-2} + \cdots + \varphi_p Y_{t-p} + \varepsilon_t + \theta_1 \varepsilon_{t-1} + \cdots + \theta_q \varepsilon_{t-q} \tag{8-4}$$

将该模型称为 ARIMA(p,d,q)（Autoregressive Integrated Moving Average Models）模型[126]，用滞后算子可以表示为：

$$\Phi(L)(1-L)^d X_t = c + \Theta(L)\varepsilon_t \tag{8-5}$$

其中：$\Phi(L) = 1 - \varphi_1 L - \varphi_2 L^2 - \cdots - \varphi_p L^p$

$\Theta(L) = 1 + \theta_1 L + \theta_2 L^2 + \cdots + \theta_q L^q$

设 X_t 有如下形式：

$$X_t = A_0 \varepsilon_t + A_1 \varepsilon_{t-1} + \cdots = A(L)\varepsilon_t$$

代入公式（8-5），则有：

$$\Phi(L)(1-L)^d A(L) = \Theta(L) \tag{8-6}$$

设 $\varphi(L)$ 为广义自回归系数多项式，则：

$$\varphi(L)A(L) = \Theta(L) \tag{8-7}$$

其中：$\varphi(L) = 1 - \varphi_1 L + \varphi_2 L^2 - \cdots - \varphi_{p+d} L^{p+d}$

$A(L) = 1 + A_1 L + A_2 L^2 + \cdots$

$\Theta(L) = 1 + \theta_1 L + \theta_2 L^2 + \cdots + \theta_q L^q$

公式中，A_1，A_2，…的值由如下等式确定：

$$\begin{cases} A_1 = \theta_1 - \varphi_1 \\ A_2 = \theta_2 - \varphi_1 A_1 - \varphi_2 \\ \vdots \\ A_j = \theta_j - \varphi_1 A_{j-1} - \varphi_{p+d} A_{j-p-d} \\ \vdots \end{cases} \qquad A_j = \begin{cases} 0, j < 0 \\ \\ 1, j = 0 \end{cases} \qquad j > p \tag{8-8}$$

X_{t+l}的真实值为：

$$X_{t+l} = (A_0 \varepsilon_{t+l} + A_1 \varepsilon_{t+l-1} + \cdots + A_{l-1} \varepsilon_{t+l}) + (A_l \varepsilon_t + A_{l+1} \varepsilon_{t-1} + \cdots) \tag{8-9}$$

而ε_{t+l}，ε_{t+l-1}，…，ε_{t+l}不能获得，故可以设X_{t+l}的估计值为：

$$\hat{X}_{t+l} = A_0^* \varepsilon_t + A_1^* \varepsilon_{t-1} + \cdots + A_2^* \varepsilon_{t-2} + \cdots \tag{8-10}$$

则估计值与真实值之间的均方误差为：

$$E[(X_{t+l} - \hat{X}_{t+l})]^2 = (1 + A_1^2 + \cdots + A_{t-1}^2) \nabla^2 + \sum_{j=0}^{\infty} (A_{l+j} - A_j^*)^2 \nabla^2 \tag{8-11}$$

为使均方误差最小，则$A_{l+j} = A_j^*$，此时，第l期的预测值为：

$$\hat{X}_{t+l} = A_l \varepsilon_t + A_{l+1} \varepsilon_{t-1} + \cdots \tag{8-12}$$

第l期的预测误差为：

$$e_{t+l} = X_{t+l} - \hat{X}_{t+l} = \varepsilon_{t+l} + A_1 \varepsilon_{t+l-1} + \cdots + A_{l-1} \varepsilon_{t+1} \tag{8-13}$$

为了将 ARIMA 模型更有效地应用于非线性时间序列中，在运用 ARIMA 模型进行预测时，本书提出将平稳时间序列分为线性自相关部分和非线性部分，即

$$X_{t+l} = \hat{X}_{t+l} + \hat{e}_{t+l} \tag{8-14}$$

公式中，$\hat{X}_{t+l}$为线性自相关部分，$\hat{e}_{t+l}$为包含非线性关系的部分。线性部分采用ARIMA模型进行预测，而非线性部分则采用投影寻踪技术进行预测，通过两种预测技术的混合来提高突发事件的预测精度。

8.2.1.2　投影寻踪回归残差预测模型

对于时间序列的非线性部分，可以采用如下投影寻踪自回归的方法进行预测，具体预测过程如下：

1. 确定序列预测因子

设残差序列为$e=[e(1),e(2),\cdots,e(n)]$，则序列延迟$t$步的自相关系数$coff$（$t$）为：

$$coff(t)=\frac{\sum_{i=t+1}^{n}(e(i)-\bar{e})(e(i-t)-\bar{e})}{\sum_{i=1}^{n}(e(i)-\bar{e})^{2}}\qquad \bar{e}=\frac{1}{n}\sum_{i=1}^{n}e(i)\quad(8-15)$$

公式中，n为样本容量，$t=1,2,\cdots,m$，$m<(n/4)$，$coff(t)$的方差随着t的增大而增大，$coff$（t）的估计精度随t的增加而降低，故m应该取较小的数值。根据抽样分布理论，在$1-\alpha$的置信水平下，当

$$coff(t)\in\left[-\infty,\frac{-1-\mu_{\alpha/2}(n-t-1)^{0.5}}{n-t}\right]\cup\left[\frac{-1-\mu_{\alpha/2}(n-t-1)^{0.5}}{n-t},+\infty\right]\quad(8-16)$$

时，可以推测$\{e(i)\}$延迟t步相关性显著，$e(i-t)$可以作为$e(i)$的预测因子。$\mu_{\alpha/2}$的值可以从正态分布表中查出。

2. 建立投影值与预测因子的关系

投影寻踪将多维数据综合成以r为投影方向的一维投影值，即

$$z(i)=\sum_{t=1}^{m}r(t)e(i-t)\quad \text{s.t.}\quad rr^{T}=1\qquad(8-17)$$

由于在用多项式拟合时，当n较大时，所得到的正规方程组可能为“病态”方程组，为了避免出现这种情况，这里采用正交Hermite多项式[126]拟合

散点(z,e)的关系，则曲线拟合模型为：

$$\hat{e}(i)=\sum_{i=1}^{m}\sum_{j=1}^{k}c_i h_{ij}(z(i)) \qquad (8-18)$$

公式中，k 为多项式阶数，m 为正交多项式个数，c 为多项式系数，h 为正交 Hermite 多项式，即

$$h_r(z)=(k!)^{-1/2}\pi^{1/4}2^{-(k-1)/2}H_k(z)\psi(z) \qquad (8-19)$$

公式中：$\psi(z)=\sqrt{\frac{1}{2\pi}}e^{-\frac{z^2}{2}}$，$H_k(z)$ 为 Hermite 多项式。

Hermite 多项式采用递推的方式求出，即

$$H_r(z)=2(zH_{r-1}(z)-(k-1)H_{r-2}(z)) \qquad (8-20)$$

前 5 阶 Hermite 正交多项式为：

$$h_0(z)=0.7511$$
$$h_1(z)=1.0623z$$
$$h_2(z)=-0.5311+1.0623z^2$$
$$h_3(z)=-1.3010z+0.8673z^3$$
$$h_4(z)=0.4600-1.8399z^2+0.6133z^4$$
$$h_5(z)=1.4545z-1.9394z^3+0.3879z^5$$

根据选择的多项式与对应的残差点之间的线性关系，建立自回归方程，采用最小二乘法即可求得 Hermite 正交多项式系数，即

$$c=(c_1,c_2,\cdots,c_m)^T=(h^Th)^{-1}h^TZ \qquad (8-21)$$

其中：

$$h = \begin{bmatrix} h_1, k(z) \\ h_2, k(z) \\ \vdots \\ h_m, k(z) \end{bmatrix} \qquad Z = \begin{bmatrix} z_1 \\ z_2 \\ \vdots \\ z_m \end{bmatrix}$$

3. 优化投影指标函数

为了使预测残差与原始序列的残差达到最小，需要对投影指标函数进行优化，即

$$\min(g(r,c)) = \frac{1}{n-t}\sum_{i=t+1}^{n} \left|(e(i) - \hat{e}(i))\right| \qquad St.\ rr^T = 1 \quad (8-22)$$

运用基于实数编码的遗传算法可以求解公式（8－21）高维全局优化问题，原理同4.3.3。

4. 模型检验

计算第一次拟合残差，$e_1 = e - \hat{e}$ ，如果满足模型要求，则输出模型参数，并用该模型进行预测；否则，需要将 e_1 代替 e，增加多项式的阶次，从步骤1开始重新优化，直到满足模型要求为止。

8.2.1.3 ARIMA投影寻踪混合预测模型

对于交通事故、洪涝和台风等突发事件，我国历史资料相对丰富些，对于这种数据相对丰富且变化比较稳定的时间序列，根据情况可以使用ARIMA模型进行预测处理，但任何突发事件总是存在一定的随机性，故在预测的过程中，我们可以考虑结合以上ARIMA模型与投影寻踪技术的特点，充分发挥ARIMA模型处理线性关系和投影寻踪技术处理非线性关系的优势，对时间序列的线性部分与非线性部分分别建模，组成新的时间序列预测模型，提高突发事件预测的准确程度。

建立ARIMA投影寻踪混合预测模型的步骤如下：

（1）平稳性检验。对原序列进行平稳性检验，对不满足平稳性条件的原始序列进行平稳性变换，使其变为平稳序列，通常采用的平稳性处理方法为差分法（对单整阶数为 d 的序列进行 d 阶差分）。

（2）确定ARIMA模型的阶数 p 和 q。计算能够描述平稳序列特征的一些统计量（如 *AIC*、*BIC*），根据相应的评价原则确定 p 和 q 值。在实际应用中，在初始估计时，应尽量选择较少的参数。

（3）模型的确定与检验。对模型中的未知参数进行估计，并对参数和模型分别进行显著性和合理性检验。

（4）利用上述步骤得到的预测模型对平稳序列线性部分的数据进行预测，得到其预测结果 $\hat{X}_{t+l}$ 和预测残差 e_{t+l}，即

$$e_{t+l} = X_{t+l} - \hat{X}_{t+l} \tag{8-23}$$

（5）利用投影寻踪自回归残差模型对包含非线性部分的预测残差 e_{t+l} 序列进行预测，得到 $\hat{e}_{t+l}$。

（6）将步骤 4 和步骤 5 的结果进行结合，得到 $t+l$ 时刻的时间序列最终的预测结果，即

$$X_{t+l} = \hat{X}_{t+l} + \hat{e}_{t+l} \tag{8-24}$$

8.2.2 短期随机时间序列预测模型

由于我国对突发事件的系统研究时间并不长，加上社会制度的原因，在突发事件预测研究过程中，往往存在历史数据收集不全或缺失的情况，即使是现存的数据，突发事件的随机性也会导致其具有极强的随机性，这给突发事件的预测工作带来了极大的困难。如何在有限的历史资料中尽量挖掘出准确、有用的信息，使其更好地服务于预测决策工作，已经成为当前应急工作者的重大难题。

工程技术中三次 B 样条插值能够较好地使曲线变光滑，弥补缺失数据，且具有局部修改曲线的特性；灰色系统中的 GM 模型广泛应用于数据不够全面、信息不够确定的领域，一般四五个样本就能建立模型。从预测的结果来看，在许多预测的过程中都取得了较高的预测结果，如运用该模型对“5·12”汶川地震进行预测，得到过较好的预测效果。故可以结合 B 样条插值与灰色模型建立短期随机时间序列预测模型，以尽量弥补当前突发事件预测样本数据少、残缺多的缺陷。

8.2.2.1 三次 B 样条插值预测

B 样条曲线是 Gordon、Riesenfeld 等人于 1974 年拓展 Bezier 曲线之后提出的，拓展原理是运用 B 样条基函数代替 Bernstein 基函数。因为具有局部顶点可调、二阶连续等优点而广泛应用于工程制图、船体放样等工程领域，在工程领域表现出很强的实用性。本书将其使用范围进行扩展，使其应用于突发事件

预测过程中。在实际应用中，B 样条曲线的阶次越高，曲线的光滑度越好，但计算量会有很大的增加，一般来说，三次 B 样条曲线就能满足需要，故此处采用三次 B 样条曲线来对缺失数据进行弥补。

三次 B 样条曲线与突发事件相关联的特征是：三次 B 样条曲线是一条分段多项式曲线，体现了局部修改和局部预测的特征，当移动控制点 x_i 时，只会修改某段曲线，不会影响到其他的地方，能够体现近期观测结果对预测结果的局部影响；三次 B 样条曲线在节点区间内部至少二次可微，曲线具有较强的光滑度，这种光滑度能够很好地体现突发事件的发展趋势和过程。故三次 B 样条插值能够较好地满足我们的需求。

1. 三次 B 样条曲线

定义：设 x_1，…，x_m 是空间的 m 个控制点，则称公式（8-25）为 B 样条曲线，其中，$\varphi_{i,n}(t)$ 为 B 样条基函数，可以看出，B 样条曲线是分段函数，给定 m 个控制点，则可以生成 $m-n+1$ 段 $n-1$ 次的参数曲线[129]。

$$S_{i,n}(t)=\sum_{j=i-n+1}^{j}x_j\varphi_{j,n}(t)\quad 0\leqslant t\leqslant m,i=1,2,\cdots,m \tag{8-25}$$

当 $n=4$ 时，建立的 B 样条曲线为 3 次 B 样条曲线，即

$$S_{i,4}(t)=\sum_{j=i-3}^{i}x_j\varphi_{j,4}(t)\quad 0\leqslant t\leqslant m,i=1,2,\cdots,m \tag{8-26}$$

添加辅助节点为：$x_{-2}=x_{-1}=x_0=x_1$。

根据 De Boor－Cox 定义得到的三次 B 样条插值基函数如下：

设 $t=\{t_0,\cdots,t_m\}$ 是不减实数序列，则以 t 为样条节点的 $n-1$ 次 B 样条基函数为：

$$\varphi_{j,0}(t)=\begin{cases}1 & t_i\leqslant t<t_{i+1}\\ 0 & t\geqslant t_{i+1}\text{或 }t<t_i\end{cases}$$

$$\varphi_{i,n}(t)=\frac{t-t_i}{t_{i+n-1}-t_i}\varphi_{i,n-1}(t)+\frac{t_{i+n}-t}{t_{i+n}-t_{i+1}}\varphi_{i+1,n-1}(t)\qquad \left(\frac{0}{0}=0\right) \tag{8-27}$$

在公式中，$i=1$，2，…，m。特殊的是，当 $n=4$ 时，运用以上的递推公式，得到的等距三次 B 样条基函数如下：

$$\varphi_{0,4}(t)=\begin{cases}\dfrac{t}{3}\times\dfrac{t^2}{2}+\dfrac{4-t}{3}\times 0 & t\in[0,1)\\ \dfrac{t}{3}\times\dfrac{t(2-t)+(3-t)(t-1)}{2}\times\dfrac{4-t}{3}\times\dfrac{(t-1)^2}{2} & t\in[1,2)\\ \dfrac{t}{3}\times\dfrac{(3-t)^2}{2}+\dfrac{4-t}{3}\times\dfrac{(t-1)(2-t+1)+(3-t+1)(t-1-1)}{2} & t\in[2,3)\\ \dfrac{t}{3}\times 0+\dfrac{3-t+1}{2}\times\dfrac{4-t}{3} & t\in[3,4)\\ 0 & t\in(-\infty,0)\cup t\in(4,\infty)\end{cases} \tag{8-28}$$

经过参数变换，得到的等距三次B样条曲线的矩阵表达式为：

$$S_{i,4}(t)=\sum_{j=i-3}^{i}x_{j-i}\varphi_{i,4}(t)=\left[x_{(i-3)},x_{(i-2)},x_{(i-1)},x_i\right]\begin{bmatrix}\varphi_{(i-3,4)}(t)\\ \varphi_{(i-2,4)}(t)\\ \varphi_{(i-1,4)}(t)\\ \varphi_{(i-0,4)}(t)\end{bmatrix}$$

$$=\left[x_{(i-3)},x_{(i-2)},x_{(i-1)},x_i\right]\begin{bmatrix}\varphi_{(0,4)}(t-i+3)\\ \varphi_{(0,4)}(t-i+2)\\ \varphi_{(0,4)}(t-i+1)\\ \varphi_{(0,4)}(t-i)\end{bmatrix}$$

$$=\frac{1}{6}\left[x_{(i-3)},x_{(i-2)},x_{(i-1)},x_i\right]\begin{bmatrix}1&-3&3&1\\4&0&-6&3\\1&3&3&-3\\0&0&0&1\end{bmatrix}\begin{bmatrix}1\\(t-i)\\(t-i)^2\\(t-i)^3\end{bmatrix} \tag{8-29}$$

2. 反算三次B样条曲线控制点 x_i

根据公式（8－26），可以得到 m 个方程，即

$$S_{i,4}(t)=\begin{cases}S_{0,4}\ (1)\\ \vdots\\ S_{m,4}\ (m)\end{cases} \tag{8-30}$$

m 个方程中共有 $m+2$ 个控制点（包括辅助节点），添加单边边界条件：

$$x_{-1}=x_0=x_1$$

从而反算出控制点 x_i。将控制点带入 m 个方程，可得到三次 B 样条曲线方程。

3. 模型精度检验

对于所建立的三次 B 样条多项式，运用公式（8-31）进行模型检测，即

$$|R(x)|=|y-s_3(x)|\leqslant\frac{t^4}{384}M_4 \tag{8-31}$$

公式中 $t=\max|x_i-x_{x_{i-1}}|=1\ (1\leqslant i\leqslant n)$，$M_4=\max|S_{i,4}^4(t)|\ (0\leqslant i\leqslant n)$

4. 三次 B 样条预测

运用所建立的 B 样条曲线中的控制点建立拟合曲线，即

$$X=f(t) \tag{8-32}$$

根据该拟合曲线进行滞后点的预测，一般来说，运用这种预测方法只对短期有较好的预测效果，长期来说没有太大的实用价值，因此，比较适合短期随机时间序列的预测。

8.2.2.2 灰色系统中的GM(2,1)模型

在灰色系统中，GM(1,1)模型常用于描述有指数规律变化的过程，对于描述序列长期、连续与动态变化特征的摆动序列，要建立非 GM(1,1)模型的 GM(M,N)模型，其中，M 为模型变量阶数，N 为变量个数。由于突发事件的变化具有很强的随机性，是非单调变化、有摆动的发展过程，并不是单纯的指数发展过程，故对突发事件的预测应该尽量使用既能体现事物发展趋势变化特征，又能体现周期性变化特征的多阶灰色预测模型。当然，并不是变量阶数越高越好，随着阶数的增加，计算量加大，模型精度会急剧下降，故这里选择

GM(2,1)模型对突发事件时间序列进行预测。GM(2,1)模型[128][129][130]描述如下。

1. GM(2,1)模型

定义：设原始序列为 $X^{(0)}=(x^{(0)}(1),x^{(0)}(2),\cdots,x^{(0)}(n))$，其1次累加序列(1-AGO)为 $X^{(1)}=(x^{(1)}(1),x^{(1)}(2),\cdots,x^{(1)}(n))$，1次累减（1-AGO）序列为 $Y^{(1)}=(y^{(1)}(2),y^{(1)}(3),\cdots,y^{(1)}(n))$，$X^{(1)}$ 的紧邻均值生成序列为 $Z^{(1)}=(z^{(1)}(2),z^{(1)}(3),\cdots,z^{(1)}(n))$。

则称公式（8-33）为GM(2,1)模型

$$Y^{(1)}+a_1X^{(0)}+a_2Z^{(1)}=B \tag{8-33}$$

称公式（8-34）为GM(2,1)模型的白化微分方程

$$\frac{d^2x^{(1)}}{dt^2}+a_1\frac{dx^{(1)}}{dt}+a_2x^{(1)}=b \tag{8-34}$$

运用最小二乘法，得到公式（8-32）的系数为：

$$\hat{a}=(a_1,a_2,B)^T=(B^TB)^{-1}B^TY \tag{8-35}$$

其中：

$$B=\begin{bmatrix} -x^{(0)}(2), & -\frac{1}{2}(x^{(1)}(2)+x^{(1)}(1)), & 1 \\ -x^{(0)}(3), & -\frac{1}{2}(x^{(1)}(3)+x^{(1)}(2)), & 1 \\ \vdots & \vdots & \vdots \\ -x^{(0)}(n), & -\frac{1}{2}(x^{(1)}(n)+x^{(1)}(n-1)), & 1 \end{bmatrix}$$

$$=\begin{bmatrix} -x^{(0)}(2), & -z^{(1)}(2), & 1 \\ -x^{(0)}(3), & -z^{(1)}(3), & 1 \\ \vdots & \vdots & \vdots \\ -x^{(0)}(n), & -z^{(1)}(n), & 1 \end{bmatrix}$$

$$Y = \begin{bmatrix} x^{(0)}(2) - x^{(0)}(1) \\ x^{(0)}(3) - x^{(0)}(2) \\ \vdots \\ x^{(0)}(n) - x^{(0)}(n-1) \end{bmatrix} = \begin{bmatrix} y^{(1)}(2) \\ y^{(1)}(3) \\ \vdots \\ y^{(1)}(n) \end{bmatrix}$$

运用欧拉待定指数函数法解以上白化微分方程，解的情况分以下几种类型：

对于特征方程 $\lambda^2 + a_1\lambda + a_2 = 0$，

（1）当 $a_1{}^2 - 4a_2 > 0$ 时，此时特征方程的两个根为 x_1、x_2，则微分方程的解为：

$$\hat{x}^{(1)}(t+1) = c_1 e^{x_1 t} + c_2 e^{x_2 t} + \frac{b}{a_2} \tag{8-36}$$

（2）当 $a_1{}^2 - 4a_2 = 0$ 时，此时特征方程的重根为 x_1，则微分方程的解为：

$$\hat{x}^{(1)}(t+1) = (c_1 + c_2 t)e^{-\frac{1}{2}a_1 t} + \frac{b}{a_2} \tag{8-37}$$

（3）当 $a_1{}^2 - 4a_2 < 0$ 时，特征方程的两个虚根分别为 x_1、x_2，微分方程的解为：

$$\hat{x}^{(1)}(t+1) = (c_1\cos(x_1 t) + c_2\sin(x_2 t))e^{-\frac{1}{2}a_1 t} + \frac{b}{a_2} \tag{8-38}$$

在以上三种情况的条件下，c_1、c_2 的值由所给的边界条件确定，在本书的实证分析中，采用的边界条件为：

$$\hat{x}^{(1)}(1) = x^{(0)}(1), \hat{x}^{(1)}(n) = x^{(1)}(n) \tag{8-39}$$

2. 模型精度检验

在模型建立之后，需要对模型进行精度检验，通过精度检验的模型才能用于预测中，灰色模型的精度检验常用的有以下三种，其检验标准如表 8－2 所示，其中常用来显示模型精度的是相对误差检验。

表 8-2　灰色模型精度检验等级

等级＼指标	相对误差（%）	关联度	均方差比值	小误差概率
1 级	1%	0.90	0.35	0.95
2 级	5%	0.80	0.50	0.80
3 级	10%	0.70	0.65	0.70
4 级	20%	0.60	0.80	0.60

（1）相对误差检验。

设原始序列为 $X^{(0)}=(x^{(0)}(1),x^{(0)}(2),\cdots,x^{(0)}(n))$，对应的灰色模型的预测序列为 $\hat{x}^{(0)}=(\hat{x}^{(0)}(1),\hat{x}^{(0)}(2),\cdots,\hat{x}^{(0)}(n))$，

则残差序列为：

$$\begin{aligned}e^{(0)}&=(\hat{x}^{(0)}(1)-x^{(0)}(1),\hat{x}^{(0)}(2)-x^{(0)}(2),\cdots,\hat{x}^{(0)}(n)-x^{(0)}(n))\\&=(e^{(0)}(1),e^{(0)}(2),\cdots,e^{(0)}(n))\end{aligned}\tag{8-40}$$

则相对误差（*error*）为：

$$error=\frac{1}{n}\left(\sum_{i=1}^{n}\left|\frac{e^{(0)}(i)}{x^{(0)}(i)}\right|\right)\times100\%\tag{8-41}$$

若 *error* 超过表所给的残差检验标准，则需要对残差或序列进行修正和调整。

（2）关联度检验。

设原始序列为 $X^{(0)}=(x^{(0)}(1),x^{(0)}(2),\cdots,x^{(0)}(n))$，对应的灰色模型的预测序列为 $\hat{x}^{(0)}=(\hat{x}^{(0)}(1),\hat{x}^{(0)}(2),\cdots,\hat{x}^{(0)}(n))$，则两序列的绝对关联度（*corr*）为：

$$corr=\frac{1}{n}\sum_{i=1}^{n}\frac{\min\left|x^{(0)}(i)-\min(\hat{x}^{(0)})\right|+\rho\times\max\left|x^{(0)}(i)-\max(\hat{x}^{(0)})\right|}{\left|x^{(0)}(i)-\hat{x}^{(0)}(i)\right|+\rho\times\max\left|x^{(0)}(i)-\max(\hat{x}^{(0)}(i))\right|}\tag{8-42}$$

公式中，ρ 为分辨系数，主要是为了提高关联系数之间的差异显著性，

$\rho \in (0,1)$，一般取 $\rho = 0.5$。如果 *corr* 在表 8－2 中给定的范围内，则模型通过关联度检验，否则，需要对模型进行修正。

（3）后验差检验。

设原始序列为 $X^{(0)} = (x^{(0)}(1), x^{(0)}(2), \cdots, x^{(0)}(n))$，对应的灰色模型的预测序列为 $\hat{x}^{(0)} = (\hat{x}^{(0)}(1), \hat{x}^{(0)}(2), \cdots, \hat{x}^{(0)}(n))$，则残差序列为 $e^{(0)} = (e^{(0)}(1), e^{(0)}(2), \cdots, e^{(0)}(n))$，$X^{(0)}$ 的均值、标准差分别为 $\bar{x} = \frac{1}{n}\sum_{i=1}^{n} x^{0}(i)$、$s_1 = \sqrt{\frac{1}{n-1}\sum_{i=1}^{n}(x^{0}(i) - \bar{x}^{2})}$，$e^{(0)}$ 的均值、方差分别为 $\bar{e} = \frac{1}{n}\sum_{i=1}^{n} e^{0}(i)$、$s_2 = \sqrt{\frac{1}{n-1}\sum_{i=1}^{n}(e^{0}(i) - \bar{e}^{2})}$。

则后验差比值为：

$$c = \frac{s_2}{s_1} \tag{8-43}$$

小误差概率为：

$$p = P\{\mid e^{(0)}(i) - \bar{e} \mid < 0.6745 s_1\} \tag{8-44}$$

一般来说，后验差比值体现了残差波动性相对于原始序列波动性的大小，比值越小，则相对于原始序列波动性，残差波动性较小；小误差概率体现了模型预测的误差与精度，小误差概率越大，则模型预测误差越小，精度越高。如果后验差比值和小误差概率不在表 8－2 给定的范围内，则需要调整模型。

8.2.2.3 基于三次 B 样条曲线的 GM（2，1）动态组合预测

在文献［132］中，王如云运用样条插值和 GM 模型对信息较少的时间序列进行了预测，文献［133］运用样条插值与 GM(1,1) 模型对电容量进行预测，都表现出了较好的预测效果。但自然样条插值本身有一定的缺陷：第一，自然样条曲线不具有局部性，修改某一部分曲线需要对曲线整体进行调整；第二，求解自然样条曲线需要求解由多个线性方程联立的线性方程组，计算量大。B 样条曲线具有局部性和计算量小的特点，能够克服自然样条曲线的不足，对短期的时间预测具有较好的预测效果。

在实际应用中，不论是哪一类 GM(M,N) 模型，往往会出现模型精度不能

满足要求的情形，特别是当 $M \geqslant 2$ 时，模型精度会急剧下降。GM(2,1)通过累加或累减的方式从整体上考虑预测序列的发展趋势和动态变化状态，当数据间值变化较大时，会加大模型预测误差，从而减小模型精度。故对原始序列进行 B 样条插值可以减小数据间值变化，从而达到提高 GM(2,1)预测模型的精度。本书将对原始序列进行三次 B 样条插值，运用预测数据弥补原始序列中的数据缺失，使其提高 GM(2,1)预测模型的精度。

为了更好地体现预测值的动态性以及整个时间序列对预测值的影响，可以将三次 B 样条曲线预测值与 GM(2,1)预测值进行等权组合，使预测值具有更好的可信度。

基于三次 B 样条曲线的 GM（2，1）动态组合预测过程如下：

（1）数据预处理。消除指标数据数量级差异，生成预测时间序列灾害指数列。本书采用的标准化方法是：

$$Normalx = Ip + Ib + Ie + Io + Im \tag{8-45}$$

在公式中，*Normalx* 表示雷电灾害被害指数，指数越大，表示雷电灾害造成的损失越大，雷电灾害越严重，p、b、e、o 和 m 分别表示伤亡人数、建筑物受损、电子电器设备受损、受损输电线路和直接经济损失。

为了减少数量级差异，在实际计算 *Normalx* 时，将 p、b、e、o 和 m 换算成标准化指数 Ip、Ib、Ie、Io 和 Im。换算方法为 p、b、e、o 使用公式（8－46）进行标准化，m 使用公式（8－47）进行标准化。

$$normx = \begin{cases} x/100 & 0 < x < 10^2 \\ \log(x) - 1 & x \geqslant 10^2 \end{cases} \tag{8-46}$$

$$normx = \begin{cases} x/1\,000 & 0 < x < 10^3 \\ \log(x) - 3 & x \geqslant 10^3 \end{cases} \tag{8-47}$$

（2）等间距时间序列的构成。对步骤 1 中构成的灾害指数序列进行 3 次 B 样条插值运算，使其变为间距较小的等间距时间序列。

（3）运用 B 样条线性组合对生成的时间序列进行预测，预测过程见 8.2.2，本书所形成的各个城市的三次 B 样条曲线，由于序列数据过少且序列中间还有缺失年份，对曲线精度的检验显得意义不大，故只是运用预测值进行相对误差的检验，而没有对曲线本身进行精度检验。

（4）运用生成的等间距时间序列进行 GM(2,1) 预测，预测过程见 8. 2. 2。

（5）将步骤（3）和步骤（4）的预测结果进行等权组合，得到新的预测结果。

8. 3　广东省雷电灾害指数预测预警分析

8. 3. 1　数据特点与模型选择

作为雷电灾害大省，除了对风险指数进行分析之外，我们也有必要运用预测技术对其风险进行预测。鉴于雷暴日等参数的不可得性，选用灾害指数来代替预测指标，依据预测的灾害指数确定下一期的受灾情况，并进一步分析风险指数与灾害指数之间的关系。风险指数和灾害指数分别与当地的经济、人口以及雷电本身的特点之间的关系，为后来的风险预测提供准确、丰富的依据。对广东省 18 个城市雷电灾害的灾害指数进行灾害程度预测时使用的数据来源于《广东省防灾减灾年鉴》（1995—2009 年），各城市数据结构如表 8 - 3 所示，收集整理的数据特点是：

（1）根据雷电的灾害对象，选择人员伤亡、建筑物受损、电子电器设备受损、受损输电线路和直接经济损失 5 个指标作为统计预测指标，以显示雷电灾害所带来的损失，即风险脆弱性。

（2）收集数据时间段为 1995—2009 年的 15 年，由于统计方法的巨大差异，1999 年、2003 年、2006 年和 2007 年的数据过于粗糙，不能用于雷电灾害的风险预测。

（3）2006 年和 2007 年连续两年数据的缺失在很大程度上会影响 2008 年及其以后年份的风险预测。为了显示模型精度，需要预留 1 个年份作为预测精度比较，实证分析中选择 2005 年作为预测精度对比年。

（4）东莞、清远、肇庆、揭阳等城市在某些年份不能提供完整的雷电灾害指标数据，致使指标数据缺失和不完整，实证中为这些缺失指标赋值为 0，这在一定程度上会影响预测的准确度。

通过测试整理，最后选择 1995—2004 年的 8 组数据（1999 年和 2003 年数据缺失）作为模型预测样本。面对如此少的信息量，即使是进行短期预测也会比较难。故试图运用 8. 2. 2 中介绍的短期时间序列模型对广东省 18 个城市雷电灾害的灾害指数进行下一期预测（2005 年），以检验模型精度与合理性。

表 8-3 广州市雷电灾害统计指标数据表

年份＼指标	人员伤亡（人）	建筑物受损（宗）	电子电器设备受损（宗）	受损输电线路（宗）	直接经济损失（万元）
1995	1	4	28	67	3 500
1996	13	9	74	31	2 100
1997	21	27	118	209	3 700
1998	12	8	120	54	560
2000	28	15	82	46	1 669
2001	21	6	102	7	2 310
2002	13	10	1 207	53	3 900
2004	49	29	185	47	3 507. 3
2005	38	18	177	34	1 049. 9
2008	8	6	81	15	304. 54
2009	11	6	8	138	1 200. 14

8. 3. 2 广东省雷电灾害灾害指数预测预警分析

8. 3. 2. 1 数据处理与灾害指数等级划分

用8. 2. 2 中的数据处理方式对各指标做标准化处理，得到的标准化灾害指数如表 8 -4 所示。

表 8-4 广州市雷电灾害统计指标标准化数据表

年份＼指标	人员伤亡（人）	建筑物受损（宗）	电子电器设备受损（宗）	受损输电线路（宗）	直接经济损失（万元）	灾害指数
1995	0. 01	0. 04	0. 28	0. 67	1. 54	2. 54
1996	0. 13	0. 09	0. 74	0. 31	1. 32	2. 59
1997	0. 21	0. 27	1. 07	1. 32	1. 57	4. 44
1998	0. 12	0. 08	1. 08	0. 54	0. 56	2. 38
2000	0. 28	0. 15	0. 82	0. 46	1. 22	2. 93
2001	0. 21	0. 06	1. 01	0. 07	1. 36	2. 71
2002	0. 13	0. 1	2. 08	0. 53	1. 59	4. 43
2004	0. 49	0. 29	1. 27	0. 47	1. 54	4. 06
2005	0. 18	1. 25	0. 34	1. 02	3. 17	0. 38
2008	0. 06	0. 81	0. 15	0. 30	1. 40	0. 08
2009	0. 06	0. 08	1. 14	1. 08	2. 47	0. 11

选择与广州市关联度大（如表 8－5 所示）的 5 个城市（梅州、汕头、茂名、韶关、佛山）作为灾害等级划分标准依据，取 6 个城市灾害指数的均值，采用 PAM 聚类法进行分类，得到的灾害指数分级标准如表 8－6 所示。

表 8－5　广州与各城市的雷电灾害灾害指数的关联度

城市	关联度	城市	关联度
梅州市	0.79	肇庆市	0.48
汕头市	0.74	清远市	0.39
茂名市	0.74	东莞市	0.38
韶关市	0.73	河源市	0.37
佛山市	0.71	潮州市	－0.25
深圳市	0.55	湛江市	－0.11
云浮市	0.55	中山市	－0.12
揭阳市	0.53	惠州市	－0.06
汕尾市	0.52		

表 8－6　广东省雷电灾害灾害指数分级标准

灾害等级	灾害指数	标示颜色
重度灾害	>3	红
中度灾害	2～3	橙
轻度灾害	1～2	黄
微度灾害	0～1	蓝

8.3.2.2　预测结果比较分析

1. GM(2,1)模型预测结果分析

依据 6.2.2.3 中的模型步骤，采用 GM(2,1)模型对光滑的三次 B 样条曲线与未光滑的曲线对广州市雷电灾害灾害指数进行预测，预测结果及精度显示如表 8－7 所示。

表 8-7 光滑曲线与未光滑曲线的 GM（2，1）模型比较（2005 年）

城市	光滑 GM(2,1)			未光滑 GM(2,1)		
	预测值	模型误差	相对误差	预测值	模型误差	相对误差
广州市	3.802 9	7.921 4	0.199 7	11.024 2	6.486 3	2.477 7
湛江市	1.451 1	6.150 1	0.151 7	5.147 6	4.936 5	3.085 4
河源市	1.027 4	12.641 3	0.237 8	1.465 6	15.187 5	0.765 8
梅州市	3.414 2	11.592 9	0.050 5	7.975 3	5.985 7	1.453 9
惠州市	1.855 3	9.348 7	0.025 0	2.159 6	9.439 9	0.193 1
肇庆市	4.321 1	6.806 5	6.450 2	6.893 0	6.045 3	10.884 5
清远市	3.601 4	5.025 3	0.968 0	5.346 5	4.186 6	1.921 6
揭阳市	1.254 8	13.372 6	2.060 5	2.604 0	15.000 0	5.351 2
茂名市	2.562 2	10.201 9	1.153 1	6.382 1	12.372 6	4.363 1
东莞市	1.135 0	6.185 2	0.081 0	1.199 0	6.766 8	0.141 9
潮州市	0.172 2	8.279 1	0.093 7	0.536 9	8.757 8	1.825 8
韶关市	3.258 5	8.112 5	0.015 1	7.305 2	4.247 0	1.275 8
云浮市	0.828 1	7.118 6	0.335 6	5.473 1	5.932 6	7.827 6
佛山市	2.762 5	13.818 2	0.000 9	6.470 8	8.513 5	1.344 5
汕头市	-1.549 6	12.801 0	7.456 7	7.941 6	8.726 0	32.090 0
汕尾市	1.032 0	15.270 3	1.948 6	1.848 5	18.822 0	4.281 4
深圳市	1.921 1	11.764 5	0.164 3	2.989 6	10.539 1	0.811 9
中山市	0.616 5	8.255 6	0.051 5	0.451 3	7.058 0	0.305 7

从表 8-7 可以看出：第一，就模型精度而言，光滑曲线 GM(2,1)模型的预测精度相对于未光滑曲线 GM(2,1)模型并未得到很好的改善，这主要是由于未光滑序列中，序列数据少，引起的误差较小，但模型相对误差都在 20% 之内，符合运用该模型进行短期预测的要求；第二，就预测结果而言，相对于未光滑曲线 GM(2,1)模型，光滑曲线 GM(2,1)模型的预测结果有了很大的改善，相对误差在 20% 之内的占到了 55.6%，而未光滑曲线 GM(2,1)模型的预测结果基本都不能满足预测要求；第三，对序列进行科学的光滑能够很好地改善预测结果；第四，预测结果受近期数据影响比较严重，数据缺失会极大地影响预测结果，故在数据缺失的情况下，尽量通过科学方式进行数据补救，以提高预测的准确程度。

运用基于B样条曲线的GM(2,1)模型能够从整体上把握曲线的预测走向，能够较好地体现序列的整体波动性特征。实际上，突发事件往往更容易受接近预测点的序列点的数据的影响，因此，可以运用三次B样条局部变动的特征对时间序列进行短期（下一期）预测，使预测结果体现局部动态性。故在实际预测过程中，可以对两种预测方法进行等权组合，使预测结果反映局部和整体波动性的双重特征。

2. 三次B样条预测结果与GM(2,1)模型预测结果分析

运用三次B样条模型、基于三次B样条曲线的GM(2,1)模型与组合模型三种方法对广东省18个城市的灾害指数进行预测的结果如表8-8所示。

表8-8 广东省各城市灾害各种预测方法的指数预测值与相对误差比较（2005年）

城市	灾害指数	B样条	相对误差	光滑GM(2,1)	相对误差	组合预测	相对误差
广州市	3.17	3.004 0	0.052 4	3.802 9	0.199 7	3.403 5	0.073 7
湛江市	1.26	1.312 8	0.041 9	1.451 1	0.151 7	1.382 0	0.096 8
河源市	0.83	0.839 2	0.011 1	1.027 4	0.237 8	0.933 3	0.124 5
梅州市	3.25	3.335 7	0.026 4	3.414 2	0.050 5	3.375 0	0.038 5
惠州市	1.81	1.941 2	0.072 5	1.855 3	0.025 0	1.898 2	0.048 7
肇庆市	0.58	1.596 6	1.752 8	4.321 1	6.450 2	2.958 8	4.101 4
清远市	1.83	3.650 1	0.994 6	3.601 4	0.968 0	3.625 8	0.981 3
揭阳市	0.41	0.489 9	0.194 9	1.254 8	2.060 5	0.872 4	1.127 8
茂名市	1.19	1.170 3	0.016 6	2.562 2	1.153 1	1.866 2	0.568 2
东莞市	1.05	0.971 6	0.074 7	1.135 0	0.081 0	1.053 3	0.003 1
潮州市	0.19	0.287 5	0.513 2	0.172 2	0.093 7	0.229 8	0.209 5
韶关市	3.21	3.038 7	0.053 4	3.258 5	0.015 1	3.148 6	0.019 1
云浮市	0.62	0.362 9	0.414 7	0.828 1	0.335 6	0.595 5	0.039 5
佛山市	2.76	2.765 2	0.001 9	2.762 5	0.000 9	2.763 8	0.001 4
汕头市	0.24	-1.616 5	7.735 4	-1.549 6	7.456 7	-1.583 1	7.596 3
汕尾市	0.35	0.704 7	1.013 4	1.032 0	1.948 6	0.868 4	1.481 1
深圳市	1.65	1.159 5	0.297 3	1.921 1	0.164 3	1.540 3	0.066 5
中山市	0.65	0.719 6	0.107 1	0.616 5	0.051 5	0.668 0	0.027 7

注：当灾害指数预测值小于0时，取预测值为0作为分级依据，表8-9和表8-10采用相同处理方式。

从表 8－8 可以看出，第一，三种模型的预测结果有一定的一致性，但 B 样条预测的结果更准确一些，也就是说，雷电灾害指数受近几年的灾害指数影响比较大；第二，由于灾害指数序列随机性过强，采用短期随机时间序列模型并不能对所有城市的灾害指数进行很好的预测，肇庆、汕头、汕尾、清远、云浮和潮州的预测结果不理想，占到总城市数的 1/3，理论上说预测结果不可用，但分析预测结果所对应的灾害等级，可以发现，预测结果基本都在所划分的等级之内，故预测结果可以作为划分灾害等级的参考依据；第三，有 2/3 的城市的预测结果都达到了预测要求，预测结果具有可用性，也就是说，组合模型达到了 67% 的检验精度，是一种可用的方法，预测结果可以作为一种参考依据；第四，对三次 B 样条预测与基于 B 样条的 GM(2,1) 两种方法的预测结果进行加权组合，得到的预测结果能够体现两种方法的优点，得到的预测结果更符合实际情况。

8.3.2.3 预测预警分析

1. 灾害指数等级预测分析

根据预测结果与灾害指数等级划分标准，可以预测各城市的灾害指数等级，根据实际情况，对广东省 2005 年、2009 年和 2010 年的灾害指数等级进行预测，预测等级结果如表 8－9 和表 8－10 所示。

表 8－9 广东省雷电灾害灾害指数等级划分表（2005 年、2009 年）

城市	2005 年灾害指数等级划分			2009 年灾害指数等级划分			
	预测值	预测等级	实际等级	灾害指数	组合预测值	预测等级	实际等级
广州市	3.403 5	4	4	2.47	0.968 4	1	3
湛江市	1.382 0	2	2	0.890 1	0.871 0	1	1
河源市	0.933 3	1	1	0.391 9	－0.043 3	1	1
梅州市	3.375 0	4	4	0.602 17	－1.429 5	1	1
惠州市	1.898 2	2	2	0.710 15	－0.053 6	1	1
肇庆市	2.958 8	3	1	1.069 2	0.603 8	1	2
清远市	3.625 8	4	2	0.683 5	1.553 4	2	1
揭阳市	0.872 4	1	1	0.061 8	0.434 7	1	1
茂名市	1.866 2	2	2	1.129 1	0.214 1	1	2
东莞市	1.053 3	2	2	0.915 25	－0.138 2	1	1

（续上表）

城市	2005 年灾害指数等级划分			2009 年灾害指数等级划分			
	预测值	预测等级	实际等级	灾害指数	组合预测值	预测等级	实际等级
潮州市	0.229 8	1	1	0.082 3	0.279 7	1	1
韶关市	3.148 6	4	4	0.590 4	0.060 8	1	1
云浮市	0.595 5	1	1	0.478 1	0.660 0	1	1
佛山市	2.763 8	3	3	1.286 13	-0.437 4	1	2
汕头市	-1.583 1	1	1	0.089 2	0.144 2	1	1
汕尾市	0.868 4	1	1	0.070 5	0.247 8	1	1
深圳市	1.540 3	2	2	1.185 86	-0.008 1	1	2
中山市	0.668 0	1	1	1.053 33	0.111 0	1	2

表 8-10 广东省雷电灾害灾害指数等级划分表（2009—2010 年）

城市	2009 年灾害指数等级划分		2010 年预测灾害指数等级划分	
	灾害指数	实际等级	预测灾害指数	预测等级
广州市	2.470 0	3	3.368 0	4
湛江市	0.890 1	1	0.593 4	1
河源市	0.391 9	1	0.630 6	1
梅州市	0.602 2	1	0.421 2	1
惠州市	0.710 2	1	0.913 4	1
肇庆市	1.069 2	2	1.945 0	2
清远市	0.683 5	1	-0.204 0	1
揭阳市	0.061 8	1	0.191 3	1
茂名市	1.129 1	2	2.253 4	3
东莞市	0.915 2	1	1.535 2	2
潮州市	0.082 3	1	-0.073 8	1
韶关市	0.590 4	1	0.045 3	1
云浮市	0.478 1	1	0.615 0	1
佛山市	1.286 1	2	1.440 0	2
汕头市	0.089 2	1	0.115 7	1
汕尾市	0.070 5	1	0.132 5	1
深圳市	1.185 9	2	2.070 3	3
中山市	1.053 3	2	1.651 5	2

从表8－9和表8－10可以看出：第一，2005年组合预测灾害等级的误判率为11%，误判对象多数是指标数据缺失的城市，其中较大的误判为清远市，将轻度灾害（3级）误判为重度灾害（1级）；而2009年预测等级误判率达到28%，说明虽然运用B样条插值解决了数据光滑问题，但由于雷电灾害指数受近期灾害指数影响比较大，2006年和2007年数据的缺失极大地影响了灾害预测的准确性。第二，从灾害指数等级划分情况来看，2005—2009年的4年间，雷电灾害等级划分发生了很大变化，各城市的雷电灾害指数明显减小，灾害等级也在明显下降，除广州市之外，基本上所有的城市处于轻度和微度灾害的等级分布中，说明广东省在雷电灾害预防方面已经取得了显著成果。第三，2009—2010年的灾害指数等级没有太大的变化，广州、深圳和中山等地依然是较大灾害发生地，其余地方发生的雷电灾害相对较小，此时，可以考虑根据新的情况重新划分雷电灾害等级标准，以制定更好的雷电预防措施。

2. 风险指数与灾害指数对比分析

（1）为了更好地显示各城市的灾害指数等级地理分布情况，使用地图对灾害指数等级进行区划显示，并运用区划分布特点对灾害指数影响因子进行分析。2004—2005年的灾害指数区划显示结果如图8－2至图8－4所示。从图中可以看出，2005年以前，雷灾严重的城市集中在粤北和粤中地区，而粤东和粤南地区的灾害程度要轻一些。

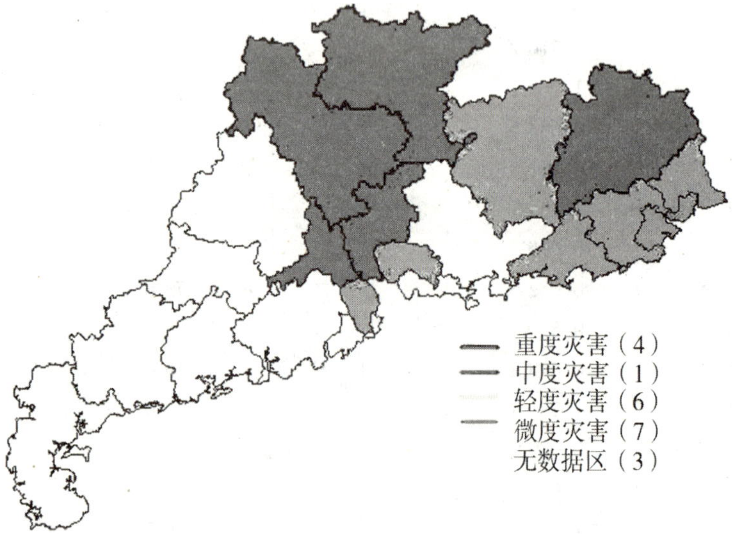

图8－2　广东省雷电灾害指数区划图（2004年）

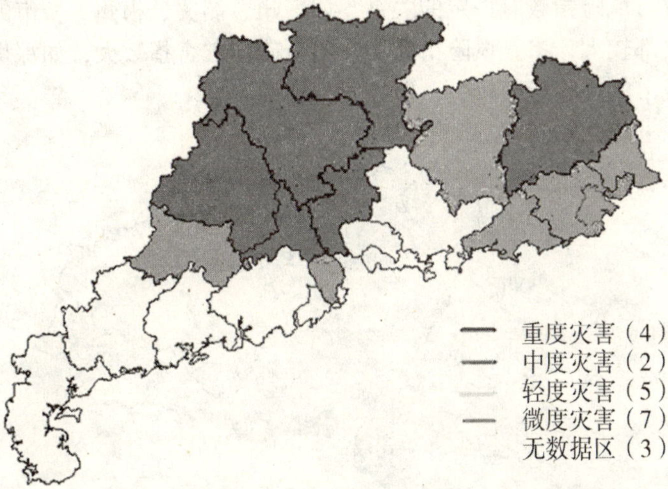

图 8－3　广东省雷电灾害预测灾害指数区划图（2005 年）

（2）从图 8－4 可以发现，2004 年，广东省各大城市的年雷暴日天数相差并不是很大，但沿海地区相对要多一些，这说明雷电灾害的灾害程度与雷电发生的次数并不是简单的正比关系。

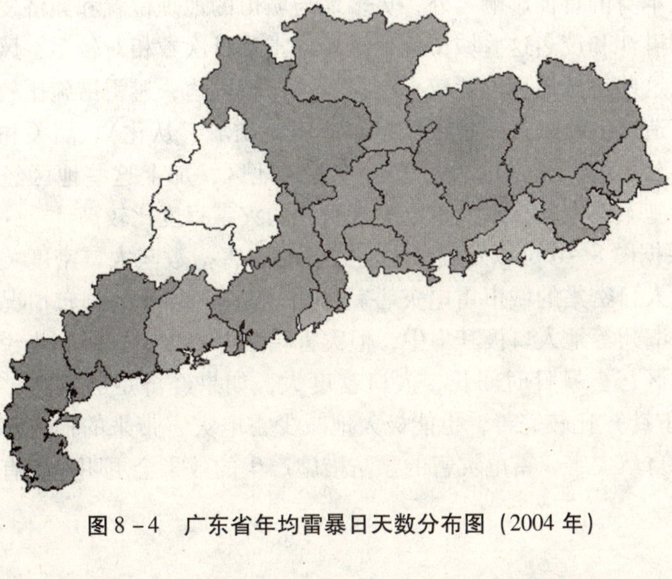

图 8－4　广东省年均雷暴日天数分布图（2004 年）

（3）结合 4.4.6 中的风险评估结果，如图 4－12 所示可以发现两个现象，一是灾害指数与风险指数有一定的关系，如广州、韶关、梅州等城市的风险指数和灾害指数都较大；二是风险指数大并不能确定灾害指数大，如深圳、湛江和茂名这些城市的风险指数较大，但灾害指数并不大。

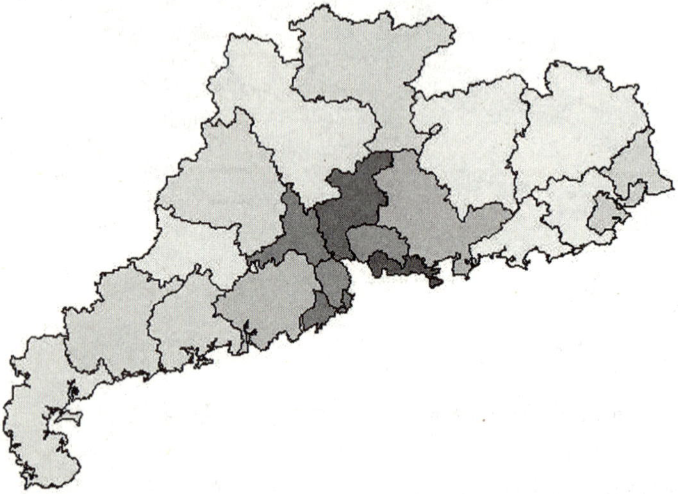

图 8－5 广东省人均地区生产总值分布图（2005 年）

（4）根据（3）中的两个现象和图 8－5 可以得出，雷电灾害的灾害程度除了受雷电本身的特征影响之外，更多地与城市的地理位置和经济发展水平有关。深圳、湛江和茂名这些城市地处沿海，雷暴日次数相对较多，风险指数要大一些，但这些地区地理位置较平缓，经济比较发达，避雷措施比较完善，致使雷电灾害造成的损失并不是很严重；广州（增城、从化）、韶关和梅州这些城市地处粤北山区，是雷电极易引起灾害的地区，加上这些地区经济不够发达，避雷措施不够完善，致使雷电灾害引起的灾害程度比较高。

（5）根据图 8－6 可以发现，雷电灾害的灾害指数与人口密度关系不是很大，并不是人口密集的城市雷电灾害就严重。从图 8－6 的分布情况来看，深圳、汕头和潮州等地人口极其集中，但灾害指数并不大，这进一步说明，即使地处沿海地区，雷暴日时间长，人口密度大，如果经济足够发达，避雷措施（如设置避雷针）比较完善，也能极大地减少雷电灾害带来的损失。相对于洪涝、干旱等自然灾害，雷电灾害的预防措施产生的效果会更明显、有效。

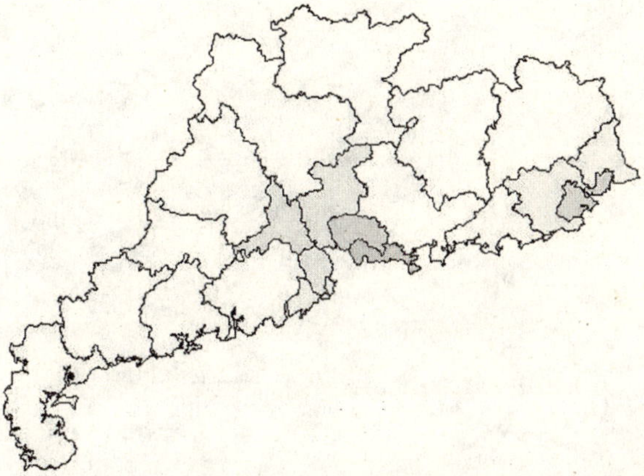

图8-6 广东省人口密度分布示意图（2005年）

综合以上因素，2005年以后，决策者可以加强粤北地区的防雷避灾措施，以便极大地减少雷电灾害给广东省带来的生命财产损失。

3. 决策效果分析

为了更好地预防雷电灾害，广东省采取了各种有效措施。2005年，为了更好地借鉴各类典型雷电灾害案例，广东省要求每年编写《广东省雷电灾害实例》，防雷条例要求：防雷设施必须每年检测一次，其中油库、气库、化学品仓库、易燃易爆场所的防雷设施，每半年检测一次，检测不合格的，必须立即整改。2006年，广东省建立了从化光联村“广州野外雷电试验基地”，该基地是国内唯一固定的野外雷电综合试验观测基地，该基地的建立极大地提高了雷电定位系统的标定和电涌保护器（SPD）的测试，从而能够更有效地进行雷电防护设施的设置。从图8-7和图8-8来看，广东省的这一系列措施确实取得了显著的成绩，2008—2009年没有雷电灾害重度灾害地区，基本都处于轻度和微度灾害等级。从图8-8的预测结果来看，2010年，广东省雷电灾害主要分布在西南面，而东北地区较少，灾害损失相对较小，这与实际情况基本相符。根据广东省气象局2010年广东省主要气候特点和重大气候事件的报道：“2010年，广东省雷电日数为2004年以来第一多，落雷总数和平均落雷密度为第二多，但略少于2008年；广东省雷电发生区域以珠江三角洲及西南部地区较多，粤北较少；雷电造成各地不同程度的人员伤亡和财产损失。”[134]据统计，2008年虽然雷暴天数较多，但雷电灾害损失比较小，如图8-9所示，2008年，雷电灾害的灾害指数等级分布基本都在轻度和微度，这些结果都再次说明，雷电灾害所引起的灾害损失与雷暴天数并不是简单的比例关系，雷电灾害所带来的损失是多方因素的综合反映，这通常会和人们的习惯思维相违背。

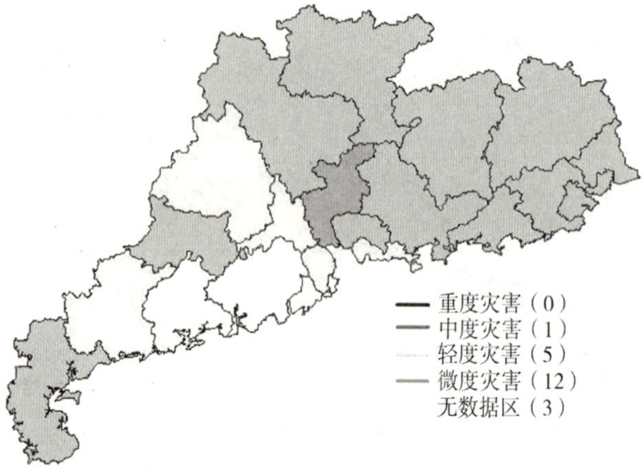

图 8－7　广东省雷电灾害灾害指数分布示意图（2009 年）

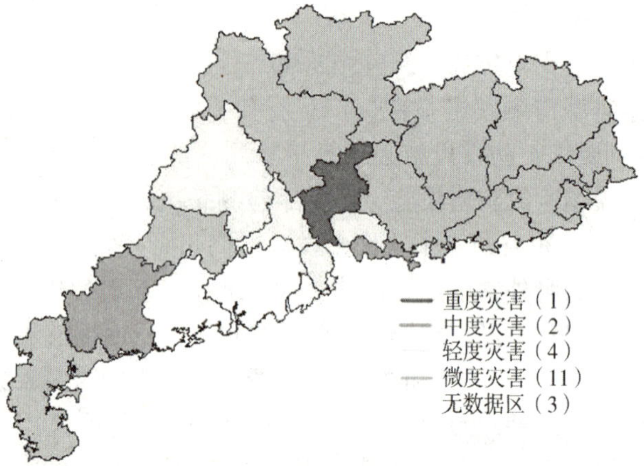

图 8－8　广东省雷电灾害预测灾害指数分布示意图（2010 年）

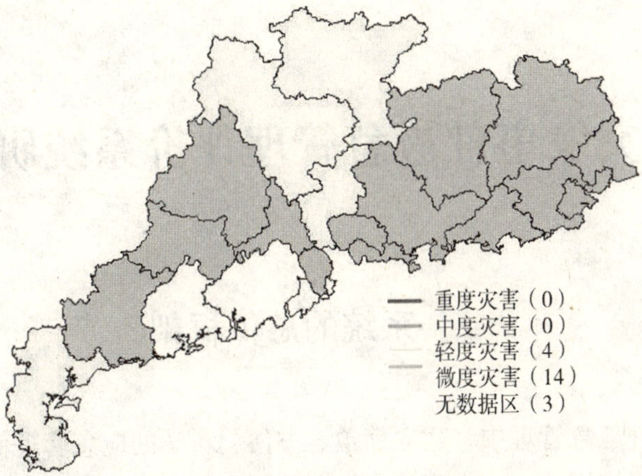

图 8－9 广东省雷电灾害指数分布示意图（2008 年）

8.4 本章小结

本章主要从以下几个方面对突发事件的预测技术进行了研究：

（1）介绍了预测预警内容、实施原则和过程。

（2）根据采集的突发事件时间序列样本的数据特点，将突发事件预测方法分为长期预测与短期预测两种类型。

（3）设计了用于长期预测的 ARIMA 投影寻踪混合预测模型和用于短期预测的基于三次 B 样条曲线的 GM(2,1)动态组合预测模型。

（4）运用基于三次 B 样条曲线的 GM(2,1)动态组合预测模型对广东省雷电灾害灾害指数进行了预测，结论显示，B 样条光滑曲线能够提供好的预测效果，组合预测更能体现预测结果的合理性；2010 年广东省雷电灾害灾害指数的预测结果与实际情况基本相符。

（5）运用 GIS 技术，结合雷电灾害风险评估结论、人口密度和经济发展水平等因素，对引起广东省雷电灾害不同灾害程度的成因进行了详细分析。分析结论显示，雷电灾害所引起的灾害损失是各种因素的综合反映，并不是与雷暴天数的简单比例关系。

9 突发事件应急管理评价系统研制

9.1 系统的总体框架

在突发事件应急管理中，建立简单、方便、科学的应急管理信息系统对决策者来说是相当实用的。一方面，突发事件具有一定的专一性，并不是所有的统计方法都适用，需要有针对性地对突发事件进行科学的统计和分析；另一方面，现有的一些应急系统方法过于简单、陈旧，各类方法不能得到及时更新，或者更新起来比较复杂，不利于应急技术分析和科学研究。全书将从科学研究的角度对本书所建立的评估、评价和预测方法以系统模块为单位进行系统实现，使其在更有利于科学研究的同时更好地为应急工作者服务。

全书所设计的应急管理系统为突发事件应急管理信息系统原型，如图9－1所示。

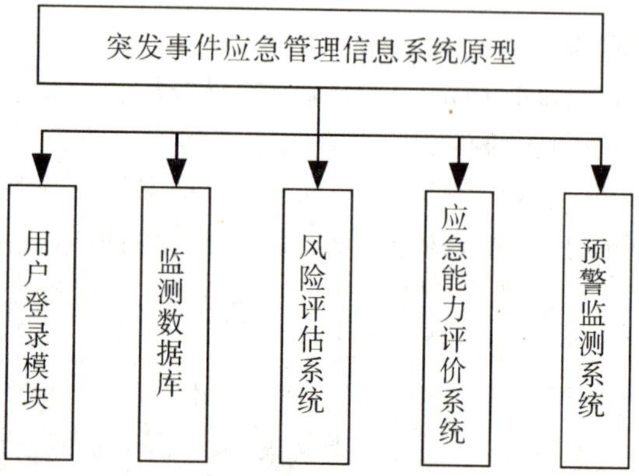

图9－1　突发事件应急评估系统结构图

从图9－1可以看出，该系统包括5个子系统，各子系统功能如下：

（1）用户登录模块：为了保证数据库的完整性和系统安全性，该模块用来对登录用户进行安全性登录控制和权限约束。

（2）监测数据库：该模块用来建立在评估、评价和预测预警过程中所需的各类监测数据库。

（3）风险评估系统：运用第4—6章建立的评估模型，显示突发事件的风险评估的过程。

（4）应急能力评价系统：运用第7章的应急能力评价原理，显示城市应急能力评价过程。

（5）预警监测系统：运用第8章建立的长期和短期随机时间序列预测模型，显示突发事件预测预警过程。

9.2　系统的设计方案

在该系统的设计过程中，由于风险评估、应急能力和预测预警结果是应急工作中进行科学决策的主要依据，也是本书的核心内容。因此，本书将在确定登录用户是合法使用者、数据库已经建立的条件下，主要从风险评估、应急能力评估和预测预警评估三个方面对突发事件应急评估系统进行设计和构建，系统采用树状结构来进行管理，以方便方法的更新和扩充。

9.2.1　突发事件风险评估系统设计

根据第4—6章的原理，从主观和客观两个方面，在已经建立了指标体系的前提下，建立的风险评估系统主要实现如图9－2中的3个大功能和9个小功能。这9个小功能是三种评估方法的分步过程，根据实际情况，用户进行有效的选择，最终实现各类突发事件的风险评估。

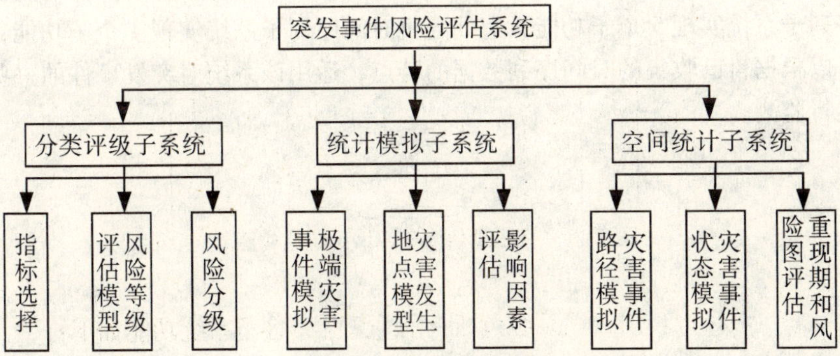

图9－2　突发事件风险评估系统功能结构图

9.2.2 突发事件应急能力评估系统设计

根据第7章的原理，应急能力评估系统将根据城市应急能力可持续发展的模式，在周期内按Logistic曲线发展的特点进行城市应急能力评估，实现算法是基于Logistic隶属函数的多层模糊综合评价方法，主要包括以下5个功能，如图9－3所示，这5个功能共同组成了较为科学的突发事件应急能力评估过程。

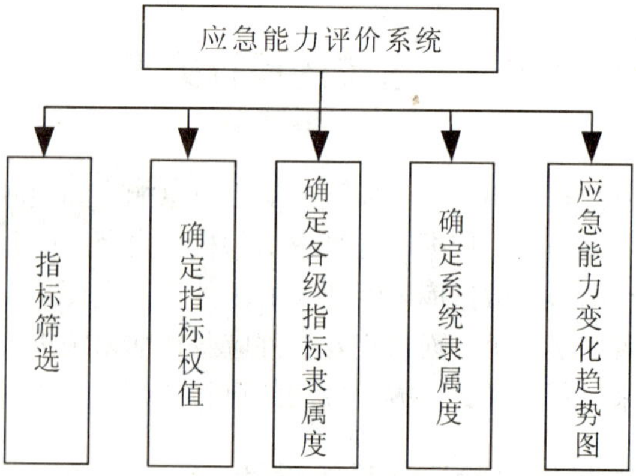

图9－3　突发事件应急能力评估系统功能结构图

9.2.3 突发事件预测预警评估系统设计

根据第8章的原理与采集预测样本数据的特点，将预测预警系统分为长期随机时间序列与短期随机时间序列两个子系统，如图9－4所示。长期随机时间序列子系统实现5个子功能，短期随机时间序列子系统实现4个子功能，用户可以根据自己收集的时间序列数据的特点，运用该系统对突发事件的一些特征进行监测。

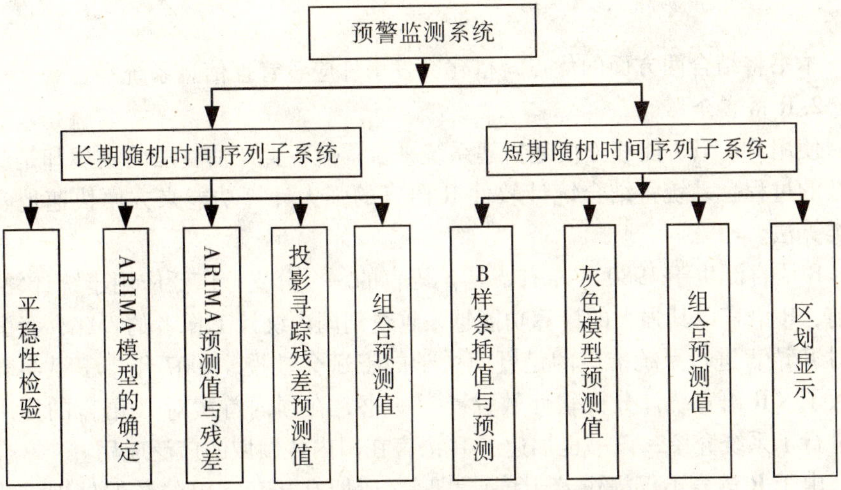

图9－4　突发事件预测预警评估系统功能结构图

9.3　系统原型及运行环境

突发事件应急管理信息系统是以C#.NET作为主要的开发平台，以R语言作为算法实现工具进行开发的。在开发过程中，将充分结合两种语言的优点，使开发出来的系统使用方便、实用、可扩充性强。

9.3.1　系统开发环境介绍

1. C#.NET介绍

C#是一种语言，.NET是一个平台，C#编程语言是由微软公司专门为.NET平台设计的语言，它可以被程序员移植到.NET上，而这种移植对于程序员来说是比较容易的。由于C#是从C、C++和Java发展而来的，它结合了这三种语言最优秀的特点，并拥有自己的特性。C#是事件驱动的、完全面向对象的可视化编程语言，可以使用集成开发环境（IDE）编写C#程序。使用IDE，程序员可以方便地建立、运行、调试和测试C#程序。

作为Microsoft的XML Web服务平台，.NET在使用过程中体现了极大的相容性，不论编程语言或操作系统差别如何，XML Web服务都能在Internet上传输和共享该应用程序，根据XML和Internet行业标准构建的基于.NET平台的产品系列，提供了包括从开发、管理、体验到使用每一方面的XML Web

服务。

本书将结合两方面的优点，搭建突发事件应急管理信息系统平台。

2. R 语言介绍

使用 C#. NET 能够方便地搭建系统平台，但各类评估算法的实现却是一个复杂的过程。系统将结合统计软件 R 语言的强大计算功能来方便快速地实现各类算法。

R 语言诞生于 1980 年左右，是 S 语言的一个分支，广泛应用于统计领域。当前，R 语言以其强大的计算功能越来越受到国内统计工作者的青睐，我国首先对 R 语言进行系统推广的是暨南大学的王斌会教授，2007 年，王斌会教授出版了《R 语言统计分析软件教程》[94] 一书，在国内首次对 R 语言的使用方法进行了系统介绍，该书也加速了 R 语言在国内各领域的广泛应用。

由于 R 语言不仅提供若干统计程序，还拥有一套完整的数据处理、计算和制图机制，因此，R 语言是一种统计软件，更是一种进行数学计算的环境。R 语言的基本思想是：为用户提供大量的数学计算、统计计算的函数和一些集成的统计工具，使用户能够灵活机动地进行数据分析，创造出符合实际需要的新的统计计算方法。更重要的一点是，在使用 R 语言的过程中，不用担心版权问题，因为 R 是一个免费、开放的自由软件，它有 Linux、UNIX、Mac OS 和 Windows 版本，可以免费下载和使用。

R 语言的强大功能主要包括：简便而强大的编程语言，可实现分支、循环，用户可自定义功能，可操纵数据的输入和输出等；数据存储和处理；数组运算工具（向量、矩阵运算方面的功能尤其强大）；完整连贯地统计分析工具；优秀的统计制图功能。

基于 R 语言的优点与强大功能，故在系统设计过程中，将在搭建的系统平台上使用 R 来实现系统中的各类算法功能。

9.3.2 系统执行功能介绍

通过对系统进行详细设计，实现功能的过程如下：

1. 运行突发事件应急管理信息系统

用户登录界面如图 9 - 5 所示，通过用户名、密码和识别码的设置，能够很好地对系统的安全性进行控制。

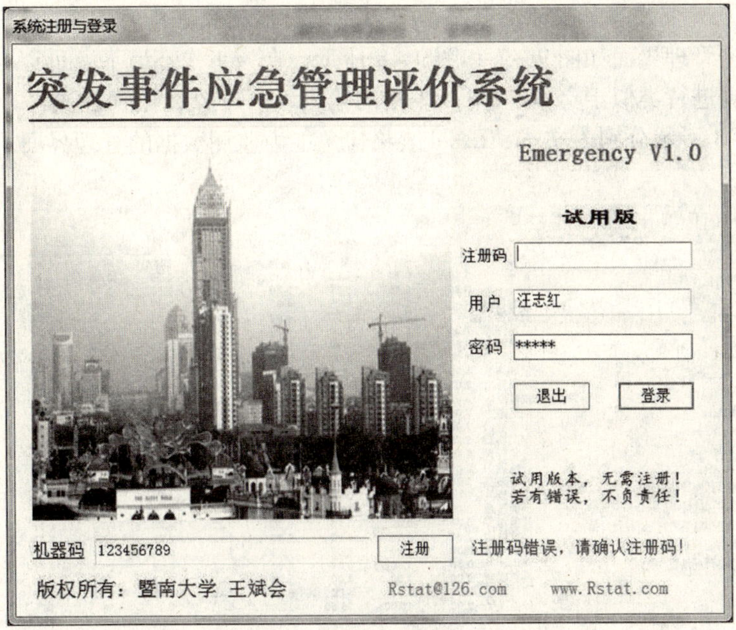

图9－5　系统用户登录界面

2. 用户进入系统

系统工作环境如图9－6所示。在图9－6中，对系统的内部结构采用树形结构进行管理，用户通过展开分割线左边的树节点，就能找到该系统所设计的各项功能，如突发事件监测数据库、突发事件预测预警系统等；分割线右边为系统输出窗口，在分割线左侧选择相应的数据和处理功能，右边的输出窗口则会输出相应的计算结果或图形显示结果。

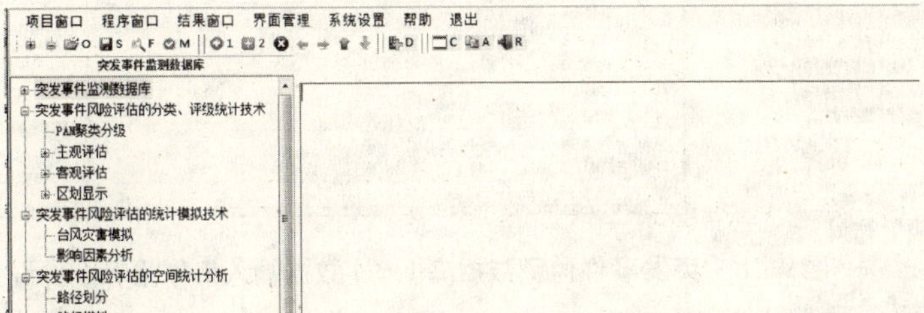

图9－6　突发事件应急管理信息系统工作环境

3. 展开突发事件监测数据库，可以实现对监测数据库的管理

数据管理界面如图 9 - 7 和图 9 - 8 所示，在该工作环境下，可以方便地对监测数据进行类似于文本、Excel 表格的输入、修改等数据管理操作。图 9 - 7 和图 9 - 8 所示分别为文本、Excel 表格应急能力监测数据的管理界面。

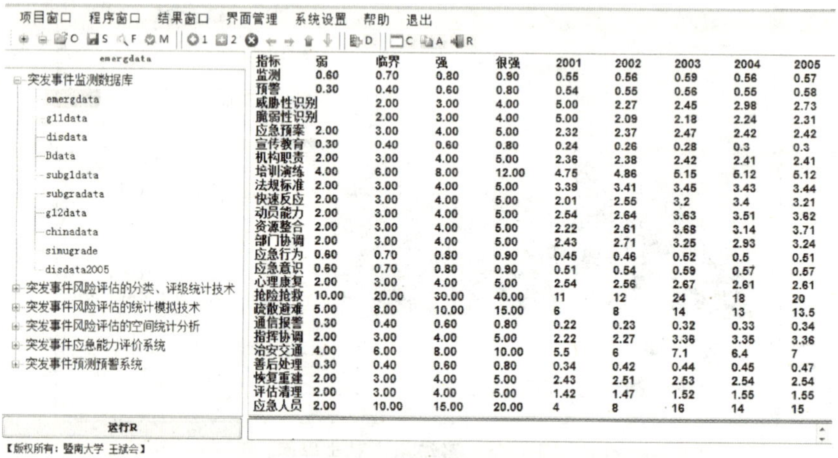

图 9 - 7 突发事件监测数据库文本数据输入工作情况

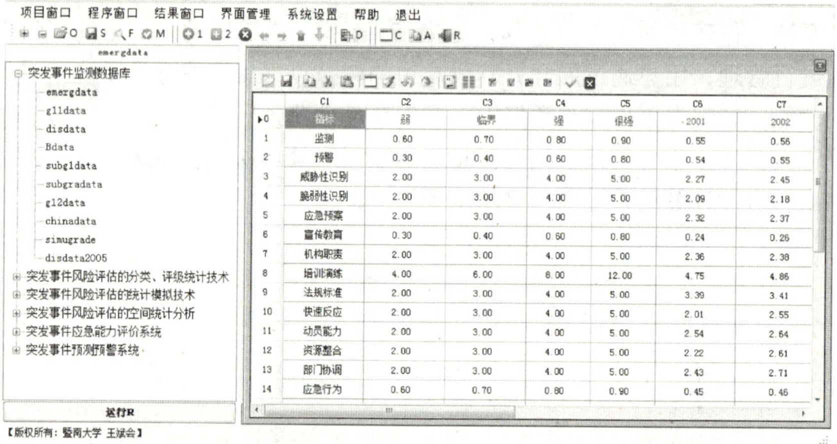

图 9 - 8 突发事件监测数据库 Excel 数据输入工作情况

4. 展开突发事件风险评估系统，可对突发事件风险指数进行评估

（1）主观评估过程，对指标进行组合加权和 PAM 聚类，得到的主观评价结果如图 9 - 9 所示。

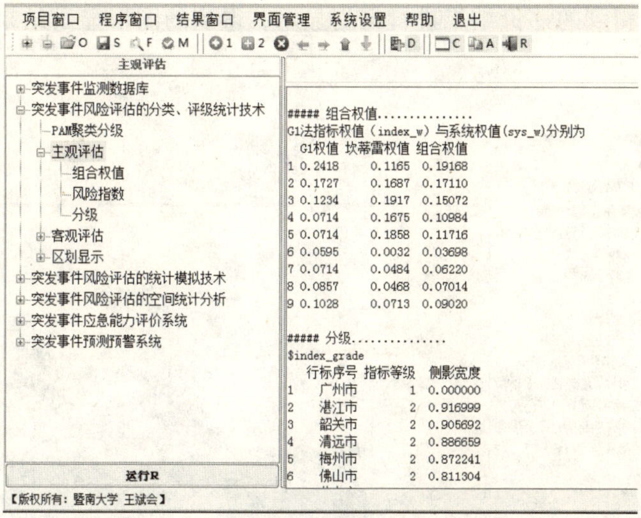

图9-9 突发事件风险指数主观评估结果图

（2）客观评估过程。选择模拟数据，则生成各等级的模拟数据矩阵，对模拟数据进行基于遗传算法的投影寻踪处理，则在右侧显示窗口得到投影向量，对投影向量进行模拟和拟合，得到投影值和拟合模型。其输出结果如图9-10所示。

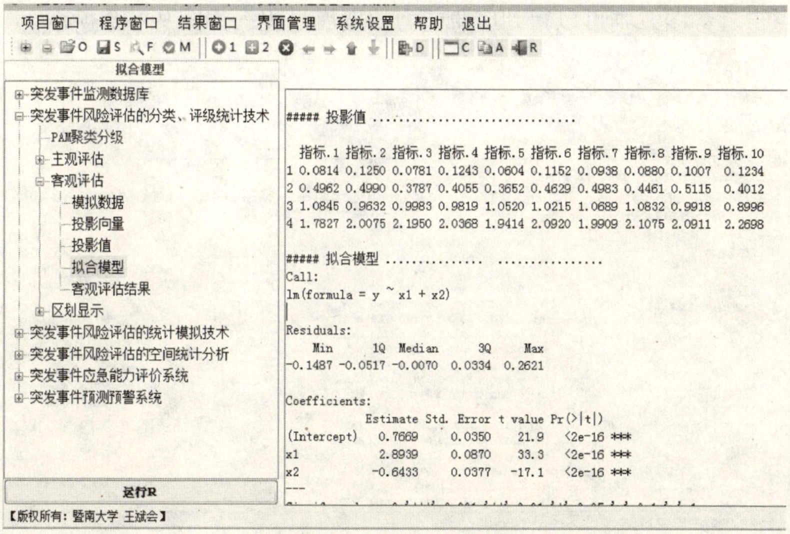

图9-10 突发事件风险指数客观评估结果图

（3）对得到的评价结果进行区划显示，得到的图形显示结果如图9－11所示。

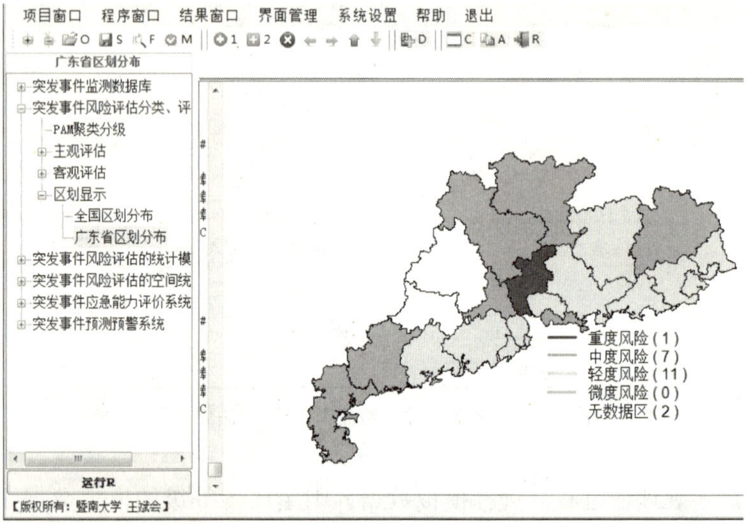

图9－11　突发事件风险评估区划显示结果图

5. 展开突发事件应急能力评价系统，可以对突发事件应急能力进行评价

点击隶属度，则在右边窗口显示指标及子系统的隶属度，如图9－12所示，点击趋势图，则可以得到应急能力的发展过程，如图9－13所示。

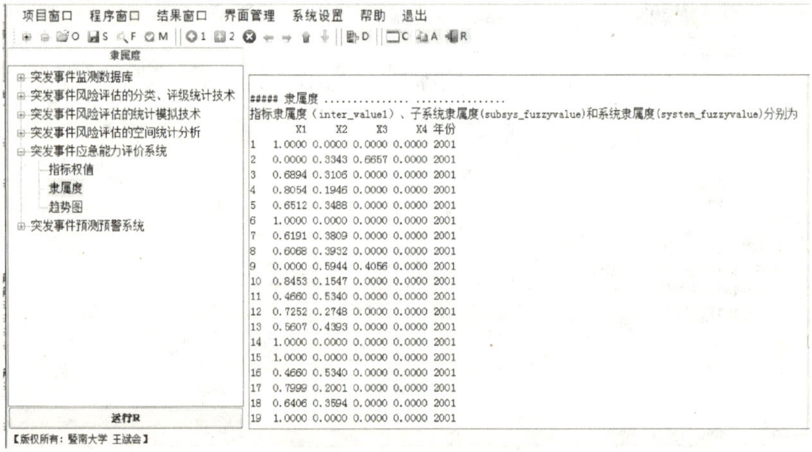

9－12　突发事件应急能力隶属度确定界面

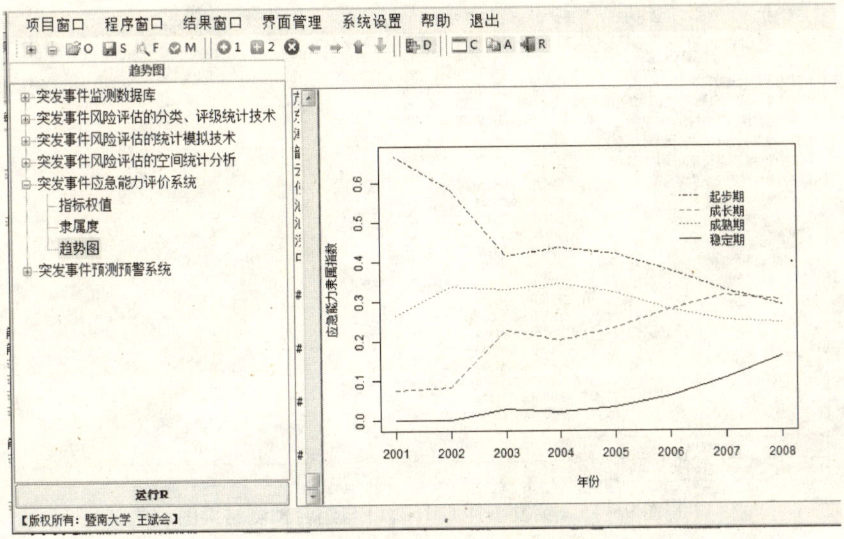

图 9－13　突发事件应急能力发展趋势结果图

6. 展开突发事件预测预警系统

可以运用第 8 章介绍的方法、原理对突发事件进行预测，并运用 GIS 技术对预测结果进行预警显示，各类预测结果如图 9－14 和图 9－15 所示，区划显示结果如图 9－16 所示。

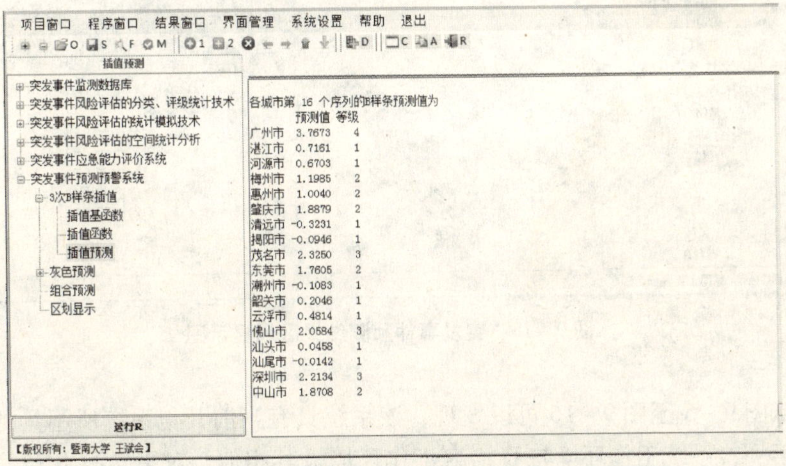

图 9－14　突发事件 B 样条插值预测结果图

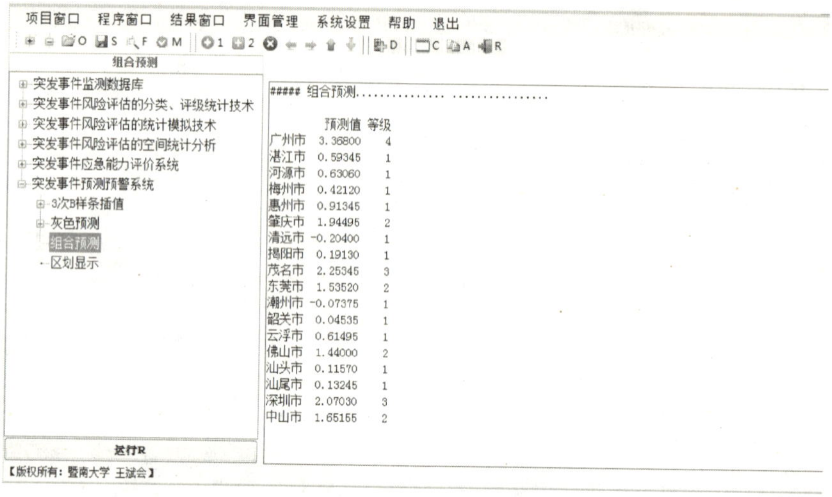

图 9-15 突发事件 GM(2,1) 与组合预测结果图

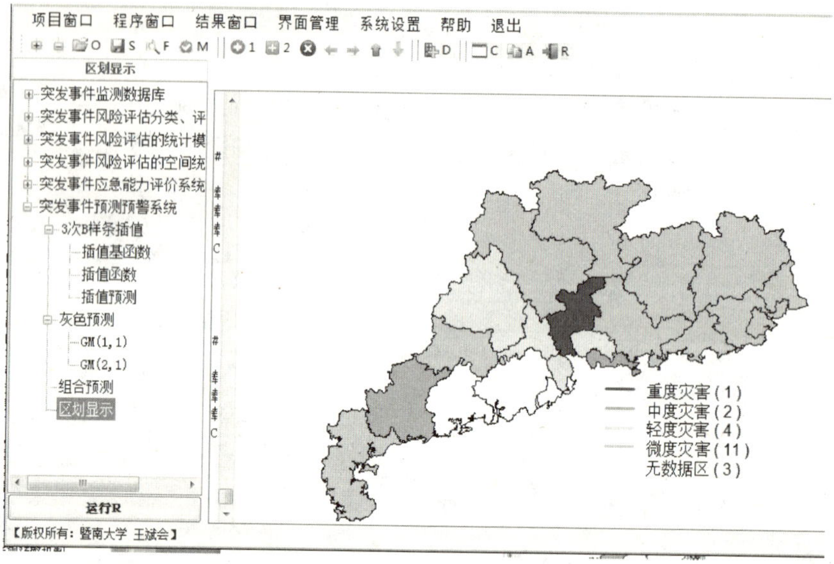

图 9-16 突发事件预测结果区划显示图

从图 9-5 至图 9-16 可以发现，该系统具有当前其他系统所不具备的优点：第一，系统工作环境与 R 语言工作环境极其相似，对于熟悉 R 语言的使用者而言，这种工作环境一点都不陌生，他们马上就可以很熟练地进行操纵；第二，用户只需要在监测数据库中输入相应的数据，展开各子系统的树形菜单，点击相应功能，马上就可以得到想要的结果，因此，即使用户不熟悉 R

语言工作环境，也能进行方便的操作；第三，对于开发人员来说，只要设计者用R语言将算法设计好，就可以直接装载到左边的树结构中，使应急工作的工作积累和深入研究更加方便。

9.4　本章小结

本章是本书研究成果的总结，也是本书研究成果的系统化显示，通过该系统的研制，能够极大地方便应急工作者的研究工作，更快地提高应急技术水平，为我国的应急事业作出更多的贡献。其主要内容包括：

（1）介绍了突发事件应急管理信息系统的设计工具。

（2）介绍了突发事件应急管理信息系统的设计过程与结构。

（3）介绍了突发事件应急管理信息系统的运行环境与工作过程。

附　录

表 1　我国雷电事故与损失情况（2006 年）

省份	雷电事故	雷电损失	经度	纬度	城市
北京市	365	341	116.47	39.90	北京
天津市	181	167	117.18	39.15	天津
河北省	1 392	1 253	114.47	38.03	石家庄
山西省	327	293	112.57	37.87	太原
内蒙古自治区	416	371	111.80	40.82	呼和浩特
辽宁省	559	462	123.40	41.83	沈阳
吉林省	557	481	125.32	43.87	长春
黑龙江省	479	402	126.68	45.75	哈尔滨
上海市	197	169	121.48	31.23	上海
江苏省	1 217	1 030	118.83	32.03	南京
浙江省	1 583	1 414	120.15	30.23	杭州
安徽省	588	496	117.30	31.85	合肥
福建省	2 692	2 494	119.30	26.08	福州
江西省	1 557	1 283	115.87	28.68	南昌
山东省	2 180	1 988	117.00	36.63	济南
河南省	995	873	113.70	34.80	郑州
湖北省	856	702	114.35	30.62	武汉
湖南省	1 194	1 018	113.00	28.18	长沙
广东省	8 770	7 993	113.25	23.13	广州
广西壮族自治区	1 133	920	108.33	22.80	南宁
海南省	412	280	110.33	20.03	海口
重庆市	321	277	106.53	29.53	重庆

（续上表）

省份	雷电事故	雷电损失	经度	纬度	城市
四川省	1028	845	104.08	30.65	成都
贵州省	852	630	106.70	26.58	贵阳
云南省	1 530	1 106	102.68	25.00	昆明
西藏自治区	96	54	91.17	29.67	拉萨
陕西省	184	138	108.90	34.27	西安
甘肃省	111	90	103.82	36.05	兰州
青海省	161	119	101.75	36.63	西宁
宁夏回族自治区	46	32	106.27	38.33	银川
新疆维吾尔自治区	82	63	87.60	43.80	乌鲁木齐

数据来源：张义军，陶善昌，马明．雷电灾害［M］．北京：气象出版社，2009. 35—45.

表 2　广东省雷电灾害情况（2004 年）

城市	x1	x2	x3	x4	x5	x6	x7	x8	x9
广州市	77.60	49.00	3 507.30	29.00	185.00	5 975.71	45 906.00	99.22	0.75
深圳市	73.90	3.00	876.10	5.00	13.00	26 148.12	54 236.00	84.56	0.23
珠海市	64.20	5.00	481.90	3.00	43.00	4 695.37	40 311.00	51.06	0.81
汕头市	52.60	8.00	394.30	4.00	35.00	351.58	11 673.00	236.15	0.57
韶关市	77.90	22.00	1 830.70	4.00	127.00	341.03	10 648.00	17.24	5.06
河源市	84.40	6.00	269.80	7.00	34.00	239.19	6 084.00	21.05	1.41
梅州市	79.60	0.00	2 267.20	2.00	181.00	257.40	7 054.00	31.24	7.69
惠州市	78.10	5.00	402.90	8.00	47.00	1 007.78	19 189.00	26.28	0.52
汕尾市	52.90	3.00	218.70	2.00	9.00	45.56	7 019.00	59.13	0.75
中山市	84.50	3.00	250.10	5.00	11.00	4 479.35	29 060.00	77.46	0.37
江门市	87.60	5.00	479.60	16.00	74.00	795.53	17 039.00	40.41	0.48
佛山市	80.00	14.00	1 459.00	12.00	189.00	2 747.30	33 669.00	91.18	0.73
阳江市	68.00	3.00	332.00	1.00	33.00	477.11	10 963.00	33.64	1.11
湛江市	94.60	33.00	532.10	16.00	46.00	182.19	8 450.00	56.65	0.90
茂名市	94.40	11.00	685.10	12.00	66.00	118.55	12 036.00	58.53	0.84
清远市	93.00	9.00	2 494.60	8.00	136.00	412.26	7 344.00	20.43	2.11

（续上表）

城市	x1	x2	x3	x4	x5	x6	x7	x8	x9
东莞市	76.00	0.00	333.10	2.00	35.00	5 769.59	27 554.00	65.71	0.95
潮州市	66.50	1.00	109.10	1.00	6.00	139.83	10 075.00	80.51	1.18
揭阳市	77.30	4.00	273.00	5.00	35.00	88.24	6 983.00	114.83	0.18

数据来源：《广东省防灾减灾年鉴》（2004 年）、《广东统计年鉴》（2004 年）、雷电灾害网站，x1—x9的具体含义见表 4－12。

参考文献

1. 陈群祥．对我国应急管理体系建设的回顾与思考［J］．长春工业大学学报（社会科学版），2008（3）：70—73.

2. 王宏伟．突发事件应急管理：预防、处置与恢复重建［M］．北京：中央广播电视大学出版社，2009. 24—31.

3. 张尧庭，张晓朴．综合评价的历史和一些结论［J］．统计研究，1995（2）：39—43.

4. 胡俊锋，范春波，杨月巧．基于抽样统计方法的洪涝灾害损失评估［J］. 自然灾害学报，2010（6）：27—30.

5. 张新荣，张铁军，陶健红，邵亮，王勇，李文莉．利用 MM5 模式对河西暴雪的数值模拟分析［J］．自然灾害学报，2010（1）：53—60.

6. 董文，张新，池天河．基于 3D - GIS 的海平面上升预测模拟及影响分析系统［J］．自然灾害学报，2010（2）：86—90.

7. 张坤，洪伟，吴承祯，丁新新．改进的投影寻踪等级评价模型——在水蚀荒漠化评价中的应用［J］．自然灾害学报，2010（3）：100—104.

8. 张俊香，卓莉，刘旭拢．广东省台风暴潮灾害社会经济系统脆弱性分析——模糊数学方法［J］．自然灾害学报，2010（1）：116—121.

9. 娄伟平，陈海燕，邱新法，杨祥珠，赵慧娟．基于粒子群优化神经网络的台风灾情定量评估［J］．自然灾害学报，2010（4）：135—140.

10. 宋国利，臧淑英，钟婷婷．温州市乐清湾土地利用的生态风险——基于 RS 和 GIS 的分析［J］．自然灾害学报，2010（6）：76—85.

11. 董晨娥，王孝卿，肖清华等．基于 GIS 的气象灾害评估系统的研究与应用［J］．自然灾害学报，2010（6）：107—111.

12. Amod Sagar Dhakal，Taakaaki Amada，Masamu Aniya. Land Slide Hazard Mapping and the Application of GIS in the Kulekhani Watershed，Nepal［J］. *Mountain Research and Development*，1999，19（1）：3 – 16.

13. Mario Mejía-Navarro ，Ellen E. Wohl，Sherry D. Oaks. Geological Hazards，Vulnerability，and Risk Assessmentusing GIS：Model for Glenwood Springs，

Colorado [J]. *Geomorphology*, 1994, 10 (1): 331 -354.

14. 葛全胜等. 中国自然灾害风险综合评估初步研究 [M]. 北京: 科学出版社, 2008. 103.

15. FEMA. State Capability Assessment for Readiness: A Report to the Unite State Senate Committee on Appropriations [R]. 1997.

16. 薄涛, 李士雪. 突发公共卫生事件应急能力评价研究现状与展望 [J]. 预防医学论坛, 2007, 7 (13).

17. Federal Emergency Management Agency. *HAZUS*: *Risk Assessment Tool* [*OL*]. http://www.fema.gov/nimcast/AssessmentP - df BlankSelect.do assessmentId =3, 2005.

18. Nezih Altaya, Walter G. Green IIIb. OR/MS Research in Disaster Operations Management [J]. *European Journal of Operational Research*, 2006, 175 (1): 475 -493.

19. 金磊. 安全奥运论: 城市灾害防御与综合危机管理 [M]. 北京: 清华大学出版社, 2003.

20. 刘新建, 陈晓君. 国内外应急管理能力评价的理论与实践综述 [J]. 燕山大学学报, 2009, 3 (33).

21. 邓云峰, 郑双忠, 刘功智, 刘铁民. 城市应急能力评估体系研究 [J]. 中国安全生产科学技术, 2005 (6): 33—36.

22. 邓云峰, 郑双忠. 城市突发公共事件应急能力评估——以南方某市为例 [J]. 中国安全生产科学技术, 2006 (2): 9—13.

23. 刘传铭, 王玲. 政府应急管理组织绩效评测模型研究 [J]. 哈尔滨工业大学学报 (社会科学版), 2006 (1): 64—68.

24. 铁永波, 唐川, 周春花. 城市灾害应急能力评价研究 [J]. 灾害学. 2006 (1): 8—12.

25. 刘建, 郑双忠, 邓云峰, 李安贵, 宋存义. 基于 G1 法的应急能力评估指标权重的确定 [J]. 中国安全科学学报, 2006 (1): 30—33.

26. 张风华, 谢礼立. 城市防震减灾能力评估研究 [J]. 自然灾害学报, 2001 (4): 57—64.

27. 王文娟. 突发公共卫生事件政府应急能力指标体系研究 [D]. 大连: 大连理工大学硕士学位论文, 2006.

28. 戢一鸣, 张金隆. 应用 FAHP 确定供应链绩效评价指标权重 [J]. 华中师范大学学报 (自然科学版), 2005 (2): 190—194.

29. 胡大立. 应用灰色系统理论评价企业竞争力 [J]. 科技进步与对策,

2003（1）：159—161.

30. 侯启娉．基于DEA的研究型高校科研绩效评价应用研究［J］．研究与发展管理，2005（1）：118—124.

31. 杜栋，庞庆华．现代综合评价方法与案例精选［M］．北京：清华大学出版社，2005.

32. 方鹏骞，张治国，杨梅．TOPSIS法在医院绩效评价中的应用［J］．中国卫生统计，2005（3）：169—170.

33. ［美］罗伯特·S. 卡普兰，大卫·P. 诺顿．平衡计分卡的实际应用［M］．北京：中国人民大学出版社，1999. 26.

34. 王硕，张礼兵，金菊良．系统预测与综合评价方法［M］．合肥：合肥工业大学出版社，2006. 1—14.

35. 白勤虎，吴慈生，王新元．我国工业重大灾害的Delphi预测方法及其应用——重大危险源辨识的德尔菲（Delphi）专家系统设计［J］．合肥工业大学学报（自然科学版），1996（S1）：40—45.

36. 张建同，尤建新．非线性时序法在城市大气污染预测中的应用［J］．自然灾害学报，2007（3）：96—99.

37. 王志兴，李成振，陈刚．冰情预报的投影寻踪回归模型［J］．自然灾害学报，2009（5）：174—177.

38. 田铮等．投影寻踪方法与应用［M］．西安：西北工业大学出版社，2008.

39. 余运河，胡邦辉，孔玉寿，谭言科，许云海．RLS－BP人工神经网络算法在降水预报中的应用［J］．气象科学，2004（3）：333—341.

40. 周叶芳，朱拥军．一种识别冰雹云的相似演变聚类方法研究［J］．安徽农业科学杂志，2007（30）：9637—9642.

41. 孔春芳，徐凯，吴冲龙．近30年来湖北洪涝灾害时序特征及预测分析——基于分形与混沌理论的研究［J］．自然灾害学报，2009（6）：182—188.

42. 李秀珍，孔纪名，王成华．最优加权组合模型在滑坡变形预测中的应用［J］．自然灾害学报，2008（2）：53—57.

43. 萨师煊，王珊．数据库系统概论［M］．北京：高等教育出版社，2008. 198—233.

44. 广东省应急管理网，http：//www. gdemo. gov. cn/ywwk/.

45. 计雷，迟宏等．突发事件应急管理［M］．北京：高等教育出版社，2009. 60—61.

46. 王宇锋．工程项目风险评价的作用与标准［J］．科技资讯，2008（19）：137.

47. ［美］海姆斯（Haimes，Y. Y.）．风险建模、评估和管理（第2版）［M］．胡平等译．西安：西安交通大学出版社，2007. 51—54.

48. 王宏伟．突发事件应急管理：预防、处置与恢复重建［M］．北京：中央广播电视大学出版社，2009. 75—76.

49. 阎春宁．风险管理学［M］．上海：上海大学出版社，2002.

50. 百度百科，http：//baike. baidu. com/view/41300. htm.

51. 王凤娇，任钟冬，韦良文，郭云才．雷电灾害等级划分及发生潜势指标探讨［J］．气象科技，2009（6）.

52. 陈述云．综合评价中指标的客观赋权方法［J］．上海统计，1995（6）：16—18.

53. 曾宪报．统计权数论［D］，大连：东北财经大学博士学位论文，1998.

54. 张文辉．转型期城市区域重大火灾风险认知、评估和防范［M］．北京：中国建筑工业出版社，2009. 105—107.

55. 郭亚军．综合评价理论与方法［M］．北京：科学出版社，2002. 39—40.

56. 郭亚军，潘德惠．一类决策问题的新算法［J］．决策与决策支持系统，1992（3）：56—62.

57. 田铮等．投影寻踪方法与应用［M］．西安：西北工业大学出版，2006. 1—10.

58. 付强，赵小勇．投影寻踪模型原理及其应用［M］．北京：科学出版社，2006：20—30.

59. C. B. Lucasius，G. Kateman. Understanding and Using Genetic Algorithms—Part 1［J］．*Chemometrics and Intelligent Laboratory Systems*，1993（1）：1－33.

60. C. B. Lucasius，G. Kateman. Understanding and Using Genetic Algorithms-Part2［J］. *Chemometrics and Intelligent Laboratory Systems*，1994（2）：99－145.

61. 张义军，陶善昌，马明．雷电灾害［M］．北京：气象出版社，2009. 35—45.

62. 王凤娇，任钟冬，韦良文，郭云才．雷电灾害等级划分及发生潜势指标探讨［J］．气象科技，2009（6）：744—747.

63. 陈志强，刘钊，张建辉．聚类分析中PAM算法的分析与实现［J］．计算机与现代化，2003（9）：1—3.

64. *Weil , R. L. , Ramberg J. S. , Schmeiser B. W.* An Approximate Method for Generating Symmetric Random Variables [J]. *Comm. ACM*, 1972, 15: 987-990.

65. Rebonato R. *Managing Model Risk in Handbook of Risk Management* [M]. London: FT-Prentice Hall, 2001.

66. Stewart J. P. , Seyhan E. and Graves R. W. *Calibration of Semi-Stochastic Procedure for Simulating High-Frequency Ground Motions* [M]. PEER. 2011.

67. Bensi M. T. , Kiureghian A. D. and Straub D. *A Bayesian Network Methodology for Infrastructure Seismic Risk Assessment and Decision Support* [M]. PEER, 2011.

68. Konakli K. and Kiureghian A. D. *Stochastic Dynamic Analysis of Bridges Subjected to Spatially Varying Ground Motions* [M]. PEER, 2011.

69. Haining R. P. (2003). *Spatial Data Analysis: Theory and Practice* [M]. Cambridge: Cambridge University Press, 2003.

70. Sheather S. J. and Jones M. C. A Reliable Data-based Band Width Selection Method for Kernel Density Estimation [J]. *Journal of the Royal Statistical Society Series B*, 1991, 53: 683-690.

71. Freimer M. , Mudholkar G. S. , Kollia G. and Lin C. T. A Study of the Generalized Tukey Lambda Family [J]. *Communications in Statistics - Theory and Methods*, 1988 (17): 3547-3567.

72. Nelder J. and Wedderburn R. Generalized Linear Models [J]. *Journal of the Royal Statistical Society*, 1972, 135 (3): 370-384.

73. McCullagh P. and Nelder J. *Generalized Linear Models, Second Edition* [M]. Boca Raton: Chapman and Hall/CRC, 1989.

74. Ramaley J. F. Buffon's Noodle Problem [J]. *The American Mathematical Monthly* (*Mathematical Association of America*), 1969, 76 (8): 916-918.

75. Geman S. and Geman D. Stochastic Relaxation, Gibbs Distributions, and the Bayesian Restoration of Images [J]. *IEEE Transactions on Pattern Analysis and Machine Intelligence*, 1984, 6 (6): 721-741.

76. Andrew D. Martin, Kevin M. Quinn, Jong Hee Park. MCMCpack: Markov Chain Monte Carlo in R. [J]. *Journal of Statistical Software*, 2011, 42 (9): 1-21.

77. 全国科学技术名词审定委员会, http: //baike. baidu. com/view/5408. htm.

78. 王喜年. 风暴潮灾害及其预报与防御对策 [J]. 海洋预报, 1998

(3): 12—20.

79. 国际灾难数据库, http: //www. emdat. be/.

80. 陈佩燕, 杨玉华, 雷小途, 钱燕珍. 我国台风灾害成因分析及灾情预估 [J]. 自然灾害学报, 2009 (1): 64—73.

81. 樊琦, 梁必骐. 热带气旋灾情的预测及评估 [J]. 地理学报, 2000 (S1): 52—55.

82. 马清云, 李佳英, 王秀荣, 王维国, 高兰英. 基于模糊综合评价法的登陆台风灾害影响评估模型 [J]. 气象, 2008 (5): 20—25.

83. 张永恒, 范广洲, 马清云, 李泽椿, 曹海维. 浙江省台风灾害影响评估模型 [J]. 应用气象学报, 2009 (6): 772—776.

84. Johnson M. E., Watson C., Jr. Fitting Statistical Distributions to Data in Hurricane Modeling [J]. *American Journal of Mathematical and Management Sciences*, 2007, 27: 479-498.

85. Vickery P. J., Skerlj P. F., Twisdale L. A Simulation of Hurricane Risk in the US Using an Empirical Track Model [J]. *J. Struct. Engin.*, 2000, 126: 1222-1237.

86. James M. K., Mason L. B. *Synthetic tropical cyclone database* [J], *J. Wtrwy.*, *Port*, *Coastal*, *and Oc. Engrg*, 2005, 131, 181-192.

87. Emanuel K. A., Ravela S. Vivant E., Risi, C. A Statistical-Deterministic Approach to Hurricane Risk Assessment [J]. *Bull. Amer. Meteor. Soc.*, 2006, 87, 299-312.

88. Rumpf J., Weindl H., H¨oppe P., Rauch E., Schmidt V. Tropical Cyclone Hazard Assessment Using Model-Based Track Simulation [J]. *Natural Hazards*, 2009, 48: 383-398

89. Baddeley A., Gregori P., Mateu J., Stoica R., Stoyan D. *Case studies in Spatial Point Process Modeling* [M]. New York: Springer Science, Bussiness Media Incorporated, 2006.

90. Silverman, B. W. *Density Estimation for Statistics and Data Analysis* [M]. New York: Chapman & Hall, 1986.

91. Hastings, W. *Monte Carlo Sampling Methods Using Markov Chains and Their Application* [J]. Biometrika, 1970, 57 (1): 97-109.

92. Metropolis N., Rosenbluth A., Rosenbluth M., Teller A., Teller E. Equations of State Calculations by Fast Computing Machines [J]. *Journal of Chemical Physics*, 1953, 21 (6): 1087-1092.

93. Hall T., Jewson S. Statistical Modeling of North Atlantic Tropical Cyclone Tracks [J]. *Tellus*, 2007, 59A: 486-498.

94. 王斌会. R语言统计分析软件教程 [M]. 深圳: 中国教育文化出版社, 2006. 167—178.

95. 新快报, http://news.sina.com.cn/c/2003-06-01/0854176837s.shtml.

96. 新华网, http://news.xinhuanet.com/video/2006-05/22/content_4582182.htm.

97. 文汇报, http://news.sina.com.cn/c/2007-05-08/085711774700s.shtml.

98. 中央电视台, http://news.qq.com/a/20100720/000013.htm.

99. Iman R. L., Johnson M. E., Watson C. C. Statistical aspects of forecasting and planning for hurricanes [J]. *Am Stat*, 2006, 60 (2): 105-121.

100. William L., Waugh Jr., Kathleen T. *Emergency Management: Principles and Practice for Local Government* [M]. The International City/County Management Association, 2007. 90.

101. Iman R. L., Johnson M. E., Watson C. Jr. Uncertainty Analysis for Computer Model Projections of Hurricane Losses [J]. *Risk Analysis*, 25, 1299—1312.

102. Haining R. P. *Spatial Data Analysis: Theory and Practice* [M]. Cambridge: Cambridge University Press, 2003.

103. 顾建华, 邹其嘉. 加强城市灾害应急管理能力建设 确保城市的可持续发展 [J]. 防灾技术高等专科学校学报, 2005 (2): 38—42.

104. 黄典剑, 李传贵. 突发事件应急能力评价: 以城市地铁为对象 [M]. 北京: 冶金工业出版社, 2006.

105. 王绍玉. 城市灾害应急管理能力建设 [J]. 城市与减灾, 2003 (3): 4—6.

106. 李海文. 美国联邦应急管理署集成救灾体系对我国灾害防救工作的启迪 [J]. 安全、健康和环境, 2003 (11): 31—34.

107. 金磊. 中国增强现代化城市的应急管理能力探析——美国世贸中心"9·11"事件一周年思考 [J]. 重庆邮电学院学报 (社会科学版), 2002 (4): 26—29.

108. 田依林. 城市突发公共事件综合应急能力评价研究 [D]. 武汉: 武汉理工大学博士学位论文, 2008. 31—32.

109. 张兴凯, 邓云峰. 城市应急能力评估关键技术与应急辅助决策支持系统研究 [R]. 中国安全生产科学研究院, 2006.

110. 朱正威, 胡增基. 我国地方政府灾害管理能力评估体系的构建: 以美国、日本为鉴［J］．学术论坛，2006（5）：47—53.

111. 杨青，田依林，宋英华．基于过程管理的城市灾害应急管理综合能力评价体系研究［J］．中国行政管理，2007（3）：103—107.

112. 田依林．城市突发公共事件综合应急能力评价研究［D］．武汉：武汉理工大学博士学位论文，2008.

113. 田依林．城市突发公共事件综合应急能力评价研究［D］．武汉：武汉理工大学博士学位论文，2008. 125—126.

114. 杭州商学院省自然科学基金课题组．“序号总和理论”及其在综合经济效益排序中的应用［J］．数量经济技术经济研究，1996（1）：59—62.

115. 苏为华，陈骥，朱发仓．综合评价技术的扩展与集成问题研究［M］．北京：中国统计出版社，2007. 82—84.

116. ［英］S. 西格耳．非参数统计［M］．北星译．北京：科学出版社，1986. 74.

117. 唐恢一．城市学［M］．哈尔滨：哈尔滨工业大学出版社，2001. 157—160.

118. 秦寿康．综合评价原理与应用［M］．北京：电子工业出版社，2003. 99—103.

119. 黄典剑．突发事件应急能力评价：以城市地铁为对象［M］．北京：冶金工业出版社，2006. 86—87.

120. 秦寿康．综合评价原理与应用［M］．北京：电子工业出版社，2003. 120—124.

121. 钱学森．创建系统学［M］．太原：山西科学技术出版社，2001. 7—18.

122. 余锦华，王振堂．经济预测方法程序和实例：经济前瞻和市场动态分析［M］．广州：中山大学出版社，1996.

123. ［荷］弗朗西斯．商业和经济预测中的时间序列模型［M］．封建强译．北京：中国人民大学出版社，2002.

124. 高铁梅．计量经济分析方法与建模 Eviews 应用及实例［M］．北京：清华大学出版社，2009.

125. 茆诗松．统计手册（第 2 版）［M］．北京：科学出版社，2006.

126. 郑小平，高金吉，刘梦婷．事故预测理论与方法［M］．北京：清华大学出版社，2009. 57—85.

127. 李庆杨．数值分析基础教程［M］．北京：高等教育出版社，2005. 76—88.

128. 程正兴，李水根. 数值逼近与常微分方程数值解［M］. 西安：西安交通大学出版社，2000. 104—123.

129. 邓聚龙. 灰色系统（社会·经济）［M］. 北京：国防工业出版社，1985. 29—35.

130. 邓聚龙. 灰色系统理论教程［M］. 武汉：华中理工大学出版社，1990. 254—259.

131. 刘思峰，谢乃明. 灰色系统理论及其应用［M］. 北京：科学出版社，2008. 180—189.

132. 王如云，方保镕. 单变量系统样条插值微分模型预测法［J］. 河海大学学报，1992（4）：47—52.

133. Wang Xiaojia，Yang Shanlin，Ding Jing. Dynamic GM(1,1) Model Based on Cubic Spline for Electricity Consumption Prediction in Smart Grid［C］. *China Communications*，2010（4）：83 – 88.

134. 2010 年广东省主要气候特点和重大气候事件［OL］. http：//www. grmc. gov. cn/Article/2010/12/30/Article_ 5514. html，2010 – 12 – 30 .